Verzeichnis der Gefahrstoffe in Apotheken

Liste nach § 6 GefStoffV und Tabellen zur Kennzeichnung

Dr. Ute Stapel
Fabiola Melchert

Verzeichnis der Gefahrstoffe in Apotheken

Liste nach § 6 GefStoffV und Tabellen zur Kennzeichnung

5., überarbeitete Auflage

Dr. Ute Stapel
Fabiola Melchert

5., überarbeitete Auflage 2023
ISBN 978-3-7741-1699-3 (E-Book ISBN: 978-3-7741-1728-0)

Apothekerhaus Eschborn, Carl-Mannich-Straße 26, 65760 Eschborn
avoxa.de, govi.de

Titelbild: FINE GERMAN DESIGN
Satz: Fotosatz H. Buck, Kumhausen
Abbildungen: Avoxa – Mediengruppe Deutscher Apotheker GmbH
Druck: medienHaus Plump GmbH, Rheinbreitbach
Printed in Germany

Bibliografische Information der Deutschen Nationalbibliothek
Die Deutsche Nationalbibliothek verzeichnet diese Publikation in der Deutschen Nationalbibliografie; detaillierte bibliografische Daten sind im Internet über http://dnb.d-nb.de abrufbar.

Wichtiger Hinweis Die Broschüre fasst in handlicher Form die wesentlichen Dinge des Gefahrstoffrechts zusammen, die den Apothekenbetrieb betreffen. Der Leitfaden dient als Einstieg in die Materie; die Ausführungen sind nicht rechtsverbindlich. Für Detailfragen sind die Gesetze, Verordnungen und Richtlinien im Original heranzuziehen. Alle Daten wurden mit größter Sorgfalt zusammengestellt. Alle Angaben sind ohne Gewähr, eine Haftung ist ausgeschlossen.
Aus Gründen der besseren Lesbarkeit wird auf die gleichzeitige Verwendung der Sprachformen männlich, weiblich und divers (m / w / d) verzichtet. Sämtliche Personenbezeichnungen gelten gleichermaßen für alle Geschlechter.

Inhalt

Vorwort zur 5. Auflage

In der 5. Auflage des Gefahrstoffverzeichnisses für Apotheken wurden Aktualisierungen aufgrund von geänderten Rechtsgrundlagen eingepflegt und weitere Stoffe aufgenommen.

Zu den bisher 29 Gefahrenklassen wurden 4 weitere Gefahrenklassen (eine Gesundheitsgefahr und 3 Umweltgefahren) eingeführt.

Der Anhang XVII der REACH-Verordnung ist um weitere 6 Stoffe ergänzt worden. Die Gemische zu Tätowierzwecken nehmen hier einen breiten Raum ein.

Ebenso wurden die Änderungen der neuen Explosivstoffverordnung (EU Verordnung 2019/1148, explosive Grundstoffe) berücksichtigt. Hier sind umfangreiche neue Pflichten bei der Abgabe zu beachten. Gleichzeitig ist der Anhang I der Explosivstoffverordnung um die Synonyme erweitert worden.

Das Kapitel 4c Grundstoffüberwachungsgesetz hat die neue Überschrift Drogenausgangsstoffe bekommen. Hiermit soll klarer zum Ausdruck gebracht werden, dass die zu überwachenden Stoffe nicht im Grundstoffüberwachungsgesetz sondern in der Verordnung (EG) Nr. 273/2004 betreffend Drogenausgangsstoffe verankert sind. In diesen Rechtsbestimmungen wurde zudem der Begriff Endverbleibserklärung (EVE) gestrichen. Im Rahmen der Dokumentation gibt es nur noch die Kundenerklärung oder das Abgabebuch.

Das „Abgabebuch für Gefahrstoffe" (Govi, 2023) wurde ergänzt bezogen auf die rechtlichen Vorgaben zur Abgabe von Drogenausgangsstoffe und explosiven Grundstoffen. Dies ist eine Erleichterung für den Apothekenalltag, denn nunmehr kann mit dem „Abgabebuch" eine vollständige Dokumentation jeglicher Abgabe von Gefahrstoffen durchgeführt werden.

Die Stoffliste selbst ist überarbeitet und den neuen gesetzlichen Anforderungen angepasst worden. Hierbei ist zu beachten, dass viele Stoff mittlerweile höher eingestuft wurden, sodass es neben Änderungen bei der Abgabe auch zu Änderungen im Arbeitsschutz kommen kann. Zusätzlich wurde der Hinweis aufgenommen, ob die Abgabe einen aktuellen Sachkundenachweis erfordert.

Somit liegt nun wieder ein aktuelles kompaktes Werk vor, dass sich sowohl als Kennzeichnungs- und Abgabehilfe im Apothekenalltag bewährt als auch für die Vorbereitung zur Erlangung der Sachkunde für Gefahrstoffe insbesondere auch im Rahmen der Ausbildung eignet. Wir danken unseren aufmerksamen Leserinnnen und Lesern für Ihre Anregungen und Hinweise. Frau Dr. Schenk danken wir für ihre Hinweise und ihre Unterstützung bei der Aktualisierung.

Dr. Ute Stapel, Fabiola Melchert,
Bönen und Olfen im März 2023

Vorwort zur 4. Auflage

Die CLP-Verordnung mit ihren Piktogrammen, Signalwörtern, Gefahrenklassen und Gefahrenkategorien sowie die H- und P-sätze gehören mittlerweile zum Apothekenalltag. Auch die Anwendung der Chemikalienverbots-Verordnung hat sich etabliert.

In der 4. Auflage des Gefahrstoffverzeichnisses für Apotheken wurden Aktualisierungen aufgrund von geänderten Rechtsgrundlagen eingepflegt und weitere Stoffe aufgenommen.

Der Anhang XVII der REACH-Verordnung ist um weitere Stoffe ergänzt worden. In der Chemikalienverbots-Verordnung ist in der Anlage 2 der Eintrag 3 seit Ende 2018 nicht mehr gültig, so dass die Anlage 2 nunmehr nur noch zwei Einträge umfasst.

Die CLP-Verordnung ist um eine weitere Gefahrenklasse erweitert worden und entspricht mit dieser Auflage der 13. Anpassung an den technischen Fortschritt (engl. Adaption to technical Progress –ATP), gültig ab Mai 2020, ist aber schon jetzt anwendbar. Ebenso ist die Stoffliste erweitert und an die Änderungen der CLP-Verordnung und der Chemikalienverbots-Verordnung angepasst worden.

Die Änderungen der neuen Explosivstoffverordnung sind nicht mit aufgenommen worden, da die dortigen Änderungen erst ab 2021 gelten.

Dank der kompakten und praxisorientierten Erläuterungen zum Gefahrstoffrecht hat sich das Werk als Kennzeichnungs- und Abgabehilfe im Apothekenalltag bewährt, ebenso für die Vorbereitung zur Erlangung der Sachkunde für Gefahrstoffe. Wir danken unseren aufmerksamen Leserinnnen und Lesern für Ihre Anregungen und Hinweise. Frau Dr. Schenk danken wir für ihre Vorschläge und ihre Unterstützung.

Dr. Ute Stapel, Fabiola Melchert,
Bönen und Olfen im August 2019

Vorwort zur 3. Auflage

Die Umstellung, der am 20. Januar 2009 in Kraft getretenen CLP-Verordnung (EG) Nr. 1272 / 2008 in Verbindung mit der REACH-Verordnung ist abgeschlossen. Dies wird in der 3. aktualisierten Auflage des Verzeichnisses berücksichtigt.

Ab 1. Juni 2017 müssen nun alle Stoffe und Gemische, die in Verkehr gebracht werden, gemäß der Verordnung über die Einstufung, Kennzeichnung und Verpackung (CLP) gekennzeichnet werden.

Seit der letzten Auflage hat es weitere Änderungen im Grundstoffüberwachungsgesetz und in der Verordnung über die Vermarktung und Verwendung von Ausgangsstoffen für Explosivstoffe gegeben. Auf nationaler Ebene ist die Chemikalien-Verbotsverordnung seit dem 20. Januar 2017 in Kraft.

Einige Sprengstoffgrundstoffe sind zurzeit in den Rechtsbestimmungen noch erfasst; hier sind jedoch weitere rechtliche Änderungen im Rahmen der Übergangsvorschrift bis zum 1.1.2019 schon angekündigt.

Aufgrund dieser Veränderungen war es notwendig, eine Anpassung des Gefahrstoffverzeichnisses an das geltende Recht durchzuführen.

Alle apothekenüblichen Reagenzien / Chemikalien / Rezepturausgangsstoffe sind nach der aktuellen Gesetzgebung eingestuft und mit weiteren für den Apothekenbetrieb relevanten Informationen zur Lagerung und Abgabe ergänzt worden, so dass das vorliegende Verzeichnis der apothekenüblichen Gefahrstoffe den aktuellen Rechtsvorschriften entspricht.

Mit der 2012 in Kraft getretenen Apothekenbetriebsordnung besteht nicht mehr die Verpflichtung, bestimmte Prüfmittel bereitzuhalten. Da jedoch der Apotheker nach den Rechtsvorschriften verpflichtet ist, Ausgangsstoffe zu prüfen und Arzneimitteln nach den anerkannten pharmazeutischen Regeln herzustellen, muss im Labor eine Grundausstattung an Reagenzien und Stoffen vorhanden sein. Es gilt weiterhin, dass bei Stoffen / Gemischen, die mit einem ordnungsgemäßen Prüfzertifikat geliefert werden, zumindest die Identität in der Apotheke festzustellen ist.

Aus Gründen der Übersichtlichkeit und schnelleren Auffindbarkeit sind die „Tabelle der apothekenüblichen Reagenzien" und die „Tabelle der weiteren Chemikalien und Rezepturausgangsstoffe" in einer Tabelle („Tabelle der apothekenüblichen Gefahrstoffe") zusammengefasst worden. Als Rechtsgrundlage für die apothekenüblichen Gefahrstoffe liegen zuerst die CLP-Verordnung – falls dort keine Informationen vorhanden sind – die Daten der Europäischen Chemikalienagentur (ECHA) zugrunde. Falls auch dort keine Informationen zum Gefahrstoff vorhanden sind, wurde auf Informationen der aktuellen Sicherheitsdatenblätter der Hersteller zurückgegriffen.

Die nach der „alten ApBetrO" vom 02.12.2008 in der Anlage 1 vorgeschriebenen Prüfmittel sind für den Überblick als möglicher Grundstock für den Apothekenbetrieb in den Anhang verschoben worden.

Nach den Rechtsvorschriften muss der Apotheker ein Gefahrstoffverzeichnis führen, welches einen Überblick über die im Betrieb eingesetzten Gefahrstoffe gibt. Das Verzeichnis ist auf aktuellem Stand zu halten und muss einen Verweis auf die zugehörigen Sicherheitsdatenblätter enthalten. Die Sicherheitsdatenblätter enthalten Angaben zu den physikalisch-chemischen, sicherheitstechnischen, toxikologischen und ökologischen Daten sowie Empfehlungen zum sachgerechten Umgang. Aktuelle Sicherheitsdatenblätter sind notwendig, um die für den Gesundheitsschutz der Mitarbeiter notwendigen Schutzmaßnahmen sachgerecht zu treffen. Hierzu wird eine CD mit Sicherheitsdatenblättern von allen in diesem Verzeichnis aufgeführten Gefahrstoffen unterschiedlicher Hersteller mitgeliefert. Diese dienen der Orientierung. Aktuelle Sicherheitsdatenblätter sind in der Regel auf den Internetseiten der Anbieter zu finden.

Das Buch ist nicht nur als Verzeichnis, sondern auch als Abgabe- und Kennzeichnungshilfe für den Apothekenbetrieb gedacht. Ebenso kann es von Pharmaziestudenten, PTA und Personen, die die Sachkunde zur Abgabe von Gefahrstoffen erlangen möchten, zur Vorbereitung verwendet werden.

Wir danken Frau Dr. Schenk für die Hinweise und die Unterstützung bei der Aktualisierung.

Dr. Ute Stapel, Fabiola Melchert,
Bönen und Olfen im September 2017

1 Apothekenübliche Gefahrstoffe

Das Verzeichnis der apothekenüblichen Gefahrstoffe soll einen Überblick über die im Betrieb verwendeten Gefahrstoffe geben und dient zudem der Ersatzstoffprüfung. In einem Gefahrstoffverzeichnis sind die in der Apotheke vorhandenen gefährlichen Stoffe und Gemische, also die Ausgangsstoffe und Reagenzien, aufzulisten. Ein Verweis auf die aktuellen Sicherheitsdatenblätter ist vorgeschrieben.

Das Gefahrstoffverzeichnis muss mindestens folgende Angaben (§ 6 (12) GefStoffV) enthalten:

- Bezeichnung des Gefahrstoffs,
- Einstufung des Stoffs oder Angaben zu den gefährlichen Eigenschaften,
- Angaben zu den im Betrieb verwendeten Mengenbereichen (Wird eine Substanz üblicherweise in einer Menge von 5 g bestellt, ist der Bestand mit „5g" zu erfassen, auch wenn im laufenden Betrieb die Menge geringfügig abweicht),
- Bezeichnung der Arbeitsbereiche, in denen Beschäftigte dem Gefahrstoff ausgesetzt sein können,
- Verweis auf Sicherheitsdatenblatt.

Mit Hilfe dieses Buches können die Vorratsgefäße / Standgefäße in der Apotheke ordnungsgemäß gekennzeichnet und ihr Bestand vermerkt werden.

Die Liste der apothekenüblichen Gefahrstoffe in Kapitel 1 kann als betrieblich vorgeschriebenes Verzeichnis der Gefahrstoffe dienen, sofern der Lagerort und die üblicherweise vorhandenen Bestände erfasst werden. Nicht aufgeführte Gefahrstoffe sind zu ergänzen, bei nicht vorhandenen Gefahrstoffen soll in der Spalte 15 „Lagerort" ein Strich eingefügt werden. Zudem ist für alle Stoffe zu prüfen und zu vermerken, dass das aktuelle Sicherheitsdatenblatt vorhanden ist.

Das Gefahrstoffverzeichnis ist fortlaufend aktuell, mindestens aber einmal jährlich zu prüfen und bei wesentlichen Änderungen fortzuschreiben; dies ist mit Datum und Unterschrift zu dokumentieren (siehe Formular S. 177).

Erläuterungen zur Tabelle „Apothekenübliche Gefahrstoffe"

Die Autorinnen haben in dem „Verzeichnis der Gefahrstoffe in Apotheken" zu jedem Eintrag so viele Informationen wie möglich sorgfältig zusammengestellt. Lesen Sie bitte vor der Anwendung der Tabelle die Erläuterungen, um korrekt mit der Tabelle arbeiten zu können.

Die „Erläuterungen" sind als PDF als Download ergänzend zum Buch erhältlichunter https://download.govi.de/668-300-755. Sie können ausgedruckt und neben die Gefahrstofftabelle gelegt werden, um beim Arbeiten stets alle Angaben im Blick zu haben. Der Ausdruck kann auch für Notizen zu einem Gefahrstoff verwendet werden.

Erläuterungen zur Tabelle „Apothekenübliche Gefahrstoffe"

Das Verzeichnis enthält folgende Angaben:

Spalte	Angaben mit Erläuterungen
1	Gängige Bezeichnung des Stoffes
2	EG-Nummer und CAS-Nummer (Chemical Abstract Service) als Produktidentifikatoren nach CLP-Verordnung
3	GHS-Piktogramm / Nr. (siehe Innenseite Umschlag, Abbildung 1, immer bezogen auf die Kennzeichnung des Stoffes, nicht auf die Einstufung)
4	Signalwort
5	H-Sätze (standardisierte Gefahrenhinweise nach Anhang I CLP-Verordnung)
6	Quelle: CLP (EG-CLP Verordnung 1272/2008, 18. ATP – Legaleinstufung nach Anhang VI), ECHA (Europäische Chemikalienagentur – Kennzeichnung auf der Basis der nach REACH registrierten Stoffe), SDBI (Sicherheitsdatenblatt), GESTIS – Kennzeichnung auf Basis der GESTIS-Stoffdatenbank der Deutschen Gesetzlichen Unfallversicherung
7	CMR-Eigenschaften
8	Ausgewählte P-Sätze (standardisierte Sicherheitshinweise nach Anhang I CLP-Verordnung) Bei der Abgabe an Privatpersonen sollte immer der P102 (Empfehlung) ergänzt werden. Ein Sicherheitshinweis für die Entsorgung ist nach Maßgabe der Kennzeichnungstabelle 5.3 zu ergänzen.
9	Farbcodierung (empfohlen von der Bundesapothekerkammer). Nicht für Abgabegefäße!
10	Innerbetriebliche Lagerung unter Verschluss nach Maßgabe der Gefahrstoffverordnung § 8 (7) oder anderen Rechtsbestimmungen z. B. BtMG
11	Abgabe / private Endverbraucher – kindergesicherter Verschluss (nach Anhang II CLP-Verordnung)
12	Abgabe / private Endverbraucher – tastbarer Warnhinweis (nach Anhang II CLP-Verordnung)
13	Verbote / Beschränkungen bei der Abgabe Verbot bedeutet, dass die Abgabe an private Endverbraucher / die breite Öffentlichkeit verboten ist. Beim Hinweis „Verbot" kann dennoch eine legale Abgabe für Forschung und Analytik, berufsmäßige Verwender oder gewerbliche Verwender zulässig sein. Die dann gemäß Chemikalien-Verbotsverordnung zu beachtenden Vorschriften werden in Spalte 14 erfasst (z. B. eine Abgabe an berufliche / gewerbliche Verwender ist nur mit Info / Doku möglich). Ein aktuelles Sicherheitsdatenblatt ist bei berufsmäßigen oder gewerblichen Verwendern immer abzugeben. In der Stoffliste wird bei der Abgabe von Stoffen immer von der Abgabe in einer Apotheke ausgegangen; daher erfolgt auch immer die Kontrolle von Betäubungsmitteln (BtM) und Verschreibungspflicht (Rx). – BtM / Verbot: der Stoff ist in der Anlage zum BtMG erfasst. Es besteht ein Verkehrsverbot, keine Abgabe an private Erwerber, Abgabe im gewerblichen Bereich nur mit Erlaubnis. – Rx / Verbot: Verschreibungspflicht. Die Stoffe dürfen nicht an Privatpersonen abgegeben werden. Die Abgabe an berufliche Verwender, die erlaubterweise mit Arzneimitteln umgehen, z. B. an einen Arzt oder eine PTA-Schule kann ggf. zulässig sein. Würde sich gefahrstoffrechtlich in diesem Fall eine „Info" oder „Doku" ergeben, so erfolgt in Spalte 14 der entsprechende Hinweis. – REACH / Verbot: Verbote und Beschränkungen nach Anhang XVII der REACH-Verordnung 1907 / 2006 – Expl / Verbot: Abgabeverbote und Beschränkungen an Privatpersonen nach Anhang I EU-Verordnung 219 / 1148 über die Vermarktung und Verwendung von Ausgangsstoffen für Explosivstoffe (ExplV) – ExplT: Meldepflicht verdächtiger Transaktionen nach Anhang II der EU-Verordnung 219 / 1148 über die Vermarktung und Verwendung von Ausgangsstoffen für Explosivstoffe – DrogS: Abgabebestimmungen der Stoffe Kategorie 1 bis 4 der EU-Verordnungen betreffend Drogenausgangsstoffe (= DrogS); VO (EU) Nr. 1258 / 2013 zu VO (EG) Nr. 273 / 2004 sowie VO (EU) Nr. 1259 / 2013 zu VO (EG) Nr. 111 / 2005; siehe auch Kapitel 4 Punkt 4c – (Verbot): für diese Stoffe gelten Beschränkungen, da es sich um Stoffe mit CMR-Eigenschaften nach Anhang XVII Nr. 28–30 der REACH-VO handelt, die jedoch nicht von Anhang VI der CLP-VO erfasst sind.
14	Dokumentations- / Informationspflichten Sachk.: aktuelle Sachkunde für die Abgabe erforderlich Info: Informationspflicht nach § 9 Chemikalien-Verbotsverordnung, siehe auch Kapitel 4d Doku, Doku / Abgabebuch / Kundenerklärung, Doku / Expl: Dokumentation der Abgabe nach § 9 Chemikalien-Verbotsverordnung im Abgabebuch und unter Umständen zusätzlich je nach Vorgabe nach Expl oder DrogS; siehe auch Kapitel 4 (Info), (Doku), (Doku / Abgabebuch / Kundenerklärung): eine mündliche Informationspflicht bzw. Dokumentation ist rechtlich nicht erforderlich, wird aber empfohlen.

Spalte	Angaben mit Erläuterungen
15	Lagerort; R = Rezeptur, L = Labor; bitte ergänzen, falls vorhanden
16	Lagermenge; bitte die üblicherweise vorrätig gehaltene Menge angeben
17	Verweis auf das in der Apotheke vorliegende Sicherheitsdatenblatt

Ergänzend zu den Erläuterungen sind „Häufig gestellte Fragen“ in Kapitel 6 zusammengestellt.

1 Apothekenübliche Gefahrstoffe

Tabelle 1: Apothekenübliche Gefahrstoffe

Bitte beachten Sie die „Erläuterungen zur Tabelle Apothekenübliche Gefahrstoffe"

Stoffname 1	Produktidentifikator EG- / CAS-Nummer Index-Nr. 2	Pikto-gramm / e 3	Signal-wort 4	H-Sätze 5	Quelle 6	CMR-Eigen-schaften 7	P-Sätze 8
Acetaldehyd	EG 200-836-8, CAS 75-07-0, Index 605-003-00-6	GHS02, GHS07, GHS08	Gefahr	H224, H319, H335, H341, H350	CLP	Carc. 1B, Muta. 2	P210, P280, P305+P351+P338, P308+P313, P403+P233, P405
Acetanhydrid unter 100 l	EG 203-564-8, CAS 108-24-7	GHS02, GHS05, GHS07	Gefahr	H226, H302+H312 +H332, H314	CLP		P210, P261, P280, P303+P361+P353, P305+P351+P338, P405, P501
Acetanhydrid ab 100 l	EG 203-564-8, CAS 108-24-7, Index 607-008-00-9	GHS02, GHS05, GHS07	Gefahr	H226, H302+H312 +H332, H314	CLP		P210, P261, P280, P303+P361+P353, P305+P351+P338, P405, P501
Aceton	EG 200-662-2, CAS 67-64-1, Index 606-001-00-8	GHS02, GHS07	Gefahr	EUH066, H225, H319, H336	CLP		P210, P240, P305+P351+P338, P403+P233, P405
Acetonitril	EG 200-835-2, CAS 75-05-8, Index 608-001-00-3	GHS02, GHS07	Gefahr	H225, H302+H312 +H332, H319	CLP		P210, P280, P301+P312, P303+P361+P353, P304+P340, P305+P351+P338
N-Acetylanthranilsäure	EG 201-914-4, CAS 89-52-1	GHS07	Achtung	H302+H312 +H332	ECHA		P261, P302+P352, P304+P340, P501
Acetylsalicylsäure	EG 200-064-1, CAS 50-78-2	GHS07	Achtung	H302	ECHA		P301+P312
Aciclovir	EG 261-685-1, CAS 59277-89-3	GHS07	Achtung	H315, H319, H335	ECHA		P280, P302+P352, P304+P340, P312, P332+P313, P337+P313, P405
Acriflaviniumchlorid	EG 685-466-9, CAS 69235-50-3	GHS05, GHS07, GHS09	Gefahr	H302, H318, H411	ECHA		P273, P280, P301+P312, P305+P351+P338
Adrenalinhydrogentartrat	EG 200-097-1, CAS 51-42-3	GHS06	Gefahr	H300	ECHA		
Aescin	EG 229-880-6, CAS 6805-41-0	GHS07, GHS09	Achtung	H302+H332, H319, H335, H411	ECHA		P280, P301+P312, P304+P340, P305+P351+P338, P337+P313, P405
Agaricinsäure	EG 211-566-5, CAS 666-99-9	-	-	-			
Allantoin	EG 202-592-8, CAS 97-59-6	-	-	-	ECHA		
Allopurinol	EG 206-250-9, CAS 315-30-0	GHS06	Gefahr	H301, H317	ECHA		P280, P301+P310, P302+P352, P333+P313, P405

Farbcodierung BAK 9	Lagerung unter Verschluss – intern – 10	Abgabe – kindergesicherter Verschluss 11	Abgabe – tastbares Warnzeichen 12	Verbote / Beschränkungen bei der Abgabe 13	Informations- / Dokumentationspflichten / Sachkunde 14	Lagerort L = Labor R = Rezeptur (ggf. ergänzen) 15	Lagermenge (ändern, falls abweichend) 16	Sicherheitsdatenblatt vorhanden 17
Rot	ja	nein	ja	ChemVerbotsV	Info / Doku / Sachk.			
				REACH	REACH / (Verbot)			
Gelb, Orange, Hellblau	nein	ja	ja	DrogS 2A Schwellenwertunterschreitung	(Doku)			
Gelb, Orange, Hellblau	nein	ja	ja	DrogS 2A Schwellenwertüberschreitung	Doku / Kundenerklärung			
Gelb, Orange, Hellblau	nein	nein	ja	DrogS 3	(Doku)			
				ExplT	(Doku)			
Gelb, Orange, Hellblau	nein	nein	ja					
Gelb, Orange	nein	nein	ja	DrogS 1	Erlaubnis / Doku / Kundenerklärung			
	nein	nein	ja					
Gelb, Orange, Hellblau	nein	nein	nein					
Hellblau	nein	nein	ja					
	ja	ja	ja	AMVV	Rx / Verbot			
				ChemVerbotsV	Info / Doku / Sachk.			
Orange, Hellblau	nein	nein	ja					
	nein	nein	nein					
	nein	nein	nein					
Gelb	ja	ja	ja	AMVV	Rx / Verbot			
				ChemVerbotsV	Info / Doku / Sachk.			

Stoffname 1	Produktidentifikator EG- / CAS-Nummer Index-Nr. 2	Pikto-gramm / e 3	Signal-wort 4	H-Sätze 5	Quelle 6	CMR-Eigen-schaften 7	P-Sätze 8
Aloin	EG 215-808-0, CAS 1415-73-2	GHS07	Achtung	H315, H319, H335	ECHA		P280, P304+P340, P332+P313, P337+P313, P405
Aluminium (pyrophor)	EG 231-072-3, CAS 7429-90-5, Index 013-001-00-6	GHS02	Gefahr	H250, H261	CLP		P210, P280, P302+P334, P370+P378, P402+P404, P501
Aluminium, phlegmati-siert (Pulver oder Späne)	EG 231-072-3, CAS 7429-90-5, Index 013-002-00-1	GHS02	Gefahr	H228, H261	CLP		P210, P223, P501
Aluminiumacetat, basisch	EG 205-518-2, CAS 142-03-0	GHS05, GHS09	Gefahr	H318, H400, H412	ECHA		P273, P280, P305+P351+P338, P391
Aluminiumchlorid- He-xahydrat	EG 616-520-1, EG 231-208-1, CAS 7784-13-6	GHS05	Gefahr	H314, H318	ECHA		P280, P303+P361+P353, P305+P351+P338, P405
Aluminiumkaliumsulfat-Dodecahydrat	EG 616-521-7, CAS 7784-24-9	-	-	-	ECHA		
Aluminiumsulfat Octadecahydrat	EG 616-524-3, CAS 7784-31-8	GHS05, GHS07, GHS08	Gefahr	H290, H318, H412	ECHA		P273, P280, P305+P351+P338
Ambroxolhydrochlorid	EG 245-899-2, CAS 23828-92-4	GHS07	Achtung	H315, H319, H335	ECHA		P261, P280, P305+P351+P338, P405
Ameisensäure - wasser-frei 98,8-100,5 % (m / m)	EG 200-579-1, CAS 64-18-6, Index 607-001-00-0	GHS02, GHS05, GHS06	Gefahr	EUH071, H226, H302, H314, H331	CLP, ECHA		P210, P280, P303+P361+P353, P304+P340, P305+P351+P338, P310
Ameisensäure ab 90 %	EG 200-579-1, CAS 64-18-6, Index 607-001-00-0	GHS02, GHS05, GHS06	Gefahr	EUH071, H226, H302, H314, H331	CLP, ECHA		P210, P280, P303+P361+P353, P304+P340, P305+P351+P338, P405
Ameisensäure 85 %	EG 200-579-1, CAS 64-18-6, Index 607-001-00-0	GHS05	Gefahr	H314	CLP		P280, P303+P361+P353, P305+P351+P338, P405
Ameisensäure 10 bis < 90 %	EG 200-579-1, CAS 64-18-6, Index 607-001-00-0	GHS05	Gefahr	H314	CLP		P280, P303+P361+P353, P305+P351+P338, P405
Ameisensäure 2 bis < 10 %	EG 200-579-1, CAS 64-18-6, Index 607-001-00-0	GHS07	Achtung	H315, H319	CLP		P280, P302+P352, P305+P351+P338
Amfetaminsulfat	EG 200-457-8, CAS 60-13-9	GHS06	Gefahr	H301	ECHA		P264, P301+P310, P330, P405
Amiloridhydrochlorid-Dihydrat	EG 620-474-8, CAS 17440-83-4	GHS06, GHS07	Gefahr	H300, H319, H411	ECHA		P273, P280, P301+P310, P305+P351+P338, P405

Farb-codierung BAK 9	Lagerung unter Ver-schluss – intern – 10	Abgabe – kinderge-sicherter Verschluss 11	Abgabe – tastbares Warn-zeichen 12	Verbote / Beschränkungen bei der Abgabe 13	Informations- / Dokumentations-pflichten / Sachkunde 14	Lagerort L = Labor R = Rezeptur (ggf. ergänzen) 15	Lager-menge (ändern, falls ab-weichend) 16	Sieher-heitsda-tenblatt vorhanden 17
Gelb, Orange, Hellblau	nein	nein	nein					
	nein	nein	nein	ExplT	(Doku)			
	nein	nein	ja	ExplT	(Doku)			
Hellblau	nein	nein	nein					
Gelb, Hellblau	nein	ja	ja					
	nein	nein	nein					
Hellblau	nein	nein	nein					
Gelb, Orange, Hellblau	nein	nein	nein					
Gelb, Orange, Hellblau	ja	ja	ja	ChemVerbotsV	Info / Doku / Sachk.			
Gelb, Orange, Hellblau	ja	ja	ja	ChemVerbotsV	Info / Doku / Sachk.			
Gelb, Hellblau	nein	ja	ja					
Gelb, Hellblau	nein	ja	ja					
Gelb, Hellblau	nein	nein	nein					
	ja	ja	ja	BtMG ChemVerbotsV	BtM / Verbot Info / Doku / Sachk.			
Hellblau	ja	ja	ja	AMVV ChemVerbotsV	Rx / Verbot Info / Doku / Sachk.			

Stoffname 1	Produktidentifikator EG- / CAS-Nummer Index-Nr. 2	Piktogramm / e 3	Signalwort 4	H-Sätze 5	Quelle 6	CMR-Eigenschaften 7	P-Sätze 8
Aminoazobenzol	EG 200-453-6, CAS 60-09-3, Index 611-008-00-4	GHS08, GHS09	Gefahr	H350, H410	CLP	Carc. 1B	P201, P273, P280, P308+P313, P391, P405
Aminophenazon	EG 200-365-8, CAS 58-15-1	GHS06	Gefahr	H301, H315, H319, H335	ECHA		P261, P280, P301+P310, P305+P351+P338, P405
4-Aminophenol	EG 204-616-2, CAS 123-30-8, Index 612-128-00-X	GHS07, GHS08, GHS09	Achtung	H302+H332, H341, H410	CLP	Muta. 2	P261, P273, P280, P308+P313, P405
Ammoniaklösung, konzentrierte 25-30 %	EG 215-647-6, CAS 1336-21-6, Index 007-001-01-2	GHS05, GHS07, GHS09	Gefahr	H314, H335, H400	CLP, ECHA		P261, P271, P273, P280, P305+P351+P338, P405
Ammoniaklösung, ab 5 %	EG 215-647-6, CAS 1336-21-6, Index 007-001-01-2	GHS05, GHS07, GHS09	Gefahr	H314, H335, H400	SDBl Hersteller		P261, P271, P273, P280, P301+P330+P331, P305+P351+P338, P405
Ammoniaklösung unter 5 %	EG 215-647-6, CAS 1336-21-6, Index 007-001-01-2	GHS05, GHS09	Gefahr	H314, H400	CLP		P273, P280, P305+P351+P338, P405
Ammoniumacetat	EG 211-162-9, CAS 631-61-8	-	-	-	ECHA		
Ammoniumacetat	EG 211-162-9, CAS 631-61-8	GHS07	Achtung	H319	ECHA		P280, P305+P351+P338
Ammoniumbitumino-sulfonat	EG 232-439-0, CAS 8029-68-3	GHS07	Achtung	H319, H412	ECHA		P273, P280, P305+P351+P338, P337+P313
Ammoniumcarbonat	EG 233-786-0, CAS 10361-29-2	GHS05, GHS07	Gefahr	H302, H315, H318	ECHA		P264, P270, P280, P301+P312, P302+P352, P305+P351+P338
Ammoniumcer(IV)-Nitratlösung 0,1 mol / l	EG 240-827-6, EG 213-639-5, CAS 16774-21-3, CAS 7664-93-9	GHS03, GHS05, GHS07, GHS09	Gefahr	EUH208, H272, H290, H314, H317, H411	SDBl Hersteller		P210, P220, P273, P280, P303+P361+P353, P305+P351+P338
Ammoniumcer(IV)nitrat	EG 240-827-6, CAS 16774-21-3	GHS03, GHS05, GHS07, GHS09	Gefahr	H272, H290, H302, H314, H317, H318, H410	ECHA		P210, P260, P273, P280, P303+P361+P353, P305+P351+P338
Ammoniumchlorid	EG 235-186-4, CAS 12125-02-9, Index 017-014-00-8	GHS07	Achtung	H302, H319	CLP		P270, P280, P301+P312, P305+P351+P338, P337+P313
Ammoniumdichromat	EG 232-143-1, CAS 7789-09-5, Index 024-003-00-1	GHS03, GHS05, GHS06, GHS08, GHS09	Gefahr	H272, H301, H312, H314, H317, H330, H334, H340, H350, H360FD, H372, H410	CLP	Carc. 1B, Muta. 1B, Repr. 1B	P201, P273, P280, P310, P405, P501

Farbcodierung BAK 9	Lagerung unter Verschluss – intern – 10	Abgabe – kindergesicherter Verschluss 11	Abgabe – tastbares Warnzeichen 12	Verbote / Beschränkungen bei der Abgabe 13	Informations- / Dokumentationspflichten / Sachkunde 14	Lagerort L = Labor R = Rezeptur (ggf. ergänzen) 15	Lagermenge (ändern, falls abweichend) 16	Sicherheitsdatenblatt vorhanden 17
Rot	ja	nein	nein	ChemVerbotsV REACH	Info / Doku / Sachk. REACH / (Verbot)			
Gelb, Orange, Hellblau	ja	ja	ja	ChemVerbotsV	Info / Doku / Sachk.			
Gelb, Orange	nein	nein	ja					
Gelb, Orange, Hellblau	nein	ja	ja					
Gelb, Orange, Hellblau	nein	ja	ja					
Gelb, Hellblau	nein	ja	ja					
	nein	nein	nein					
Hellblau	nein	nein	nein					
Hellblau	nein	nein	nein					
Gelb, Hellblau	nein	nein	ja					
Gelb, Hellblau	nein	ja	ja	ChemVerbotsV	Info / Sachk.			
Gelb, Hellblau	nein	ja	ja	ChemVerbotsV	Info / Sachk.			
Hellblau	nein	nein	ja					
Rot	ja	ja	ja	ChemVerbotsV REACH	Info / Doku / Sachk. REACH / (Verbot)			

Stoffname 1	Produktidentifikator EG- / CAS-Nummer Index-Nr. 2	Pikto-gramm / e 3	Signal-wort 4	H-Sätze 5	Quelle 6	CMR-Eigen-schaften 7	P-Sätze 8
Ammoniumeisen(II)-sulfat Hexahydrat	EG 616-518-0, CAS 7783-85-9	GHS07	Achtung	H315, H319, H335	ECHA		P280, P302+P352, P304+P340, P305+P351+P338, P405
Ammoniumeisen(III)-sulfat Dodecahydrat	EG 616-517-5, CAS 7783-83-7	GHS07	Achtung	H315, H319	ECHA		P280, P302+P352, P305+P351+P338
Ammoniummolybdat Tetrahydrat	EG 601-720-3, CAS 12054-85-2	-	-	-	ECHA		
Ammoniumnitrat ab 16 % N	EG 229-347-8, CAS 6484-52-2	GHS03, GHS07	Achtung	H272, H319	ECHA		P210, P220, P280, P305+P351+P338, P370+P378, P501
Ammoniumnitrat unter 16 % N	EG 229-347-8, CAS 6484-52-2	GHS03, GHS07	Achtung	H272, H319	ECHA		P210, P220, P280, P305+P351+P338, P370+P378, P501
Ammoniumoxalat Monohydrat	EG 611-933-3, CAS 6009-70-7	GHS07	Achtung	H302+H312, H319	ECHA		P280, P301+P312, P302+P352, P305+P351+P338
Ammoniumperoxodi-sulfat	EG 231-786-5, CAS 7727-54-0, Index 016-060-00-6	GHS03, GHS07, GHS08	Gefahr	H272, H302, H315, H317, H319, H334, H335	CLP		P210, P280, P301+P312, P302+P352, P304+P340, P305+P351+P338, P405
Ammoniumsulfat	EG 231-984-1, CAS 7783-20-2	-	-	-	ECHA		
Ammoniumthiocyanat	EG 217-715-6, CAS 1762-95-4	GHS05, GHS07	Gefahr	EUH032, H302+H312+H332, H318, H412	ECHA		P273, P280, P301+P312, P302+P352, P304+P340, P305+P351+P338
Ammoniumvanadat	EG 232-261-3, CAS 7803-55-6	GHS06, GHS08, GHS09	Gefahr	H301, H319, H332, H361d, H372, H411	ECHA	Repr. 2	P280, P301+P310, P304+P340, P305+P351+P338, P337+P313, P405
Amoxicillin-Natrium	EG 252-124-1, CAS 34642-77-8	GHS08	Gefahr	EUH208, H317, H334	ECHA		P261, P280, P302+P352, P304+P340, P342+P311
Amoxicillin-Trihydrat	EG 933-899-1, CAS 61336-70-7	GHS08	Gefahr	EUH208, H317, H334	ECHA		P261, P280, P304+P340, P342+P311
Amphotericin B	EG 215-742-2, CAS 1397-89-3	GHS07	Achtung	H315, H319, H335	ECHA		P261, P280, P304+P340, P305+P351+P338, P337+P313, P405
Ampicillin	EG 200-709-7, CAS 69-53-4	GHS07, GHS08	Gefahr	EUH208, H317, H334	ECHA		P261, P280, P304+P340, P333+P313, P342+P311

Farbcodierung BAK 9	Lagerung unter Verschluss – intern – 10	Abgabe – kindergesicherter Verschluss 11	Abgabe – tastbares Warnzeichen 12	Verbote / Beschränkungen bei der Abgabe 13	Informations- / Dokumentationspflichten / Sachkunde 14	Lagerort L = Labor R = Rezeptur (ggf. ergänzen) 15	Lagermenge (ändern, falls abweichend) 16	Sicherheitsdatenblatt vorhanden 17
Gelb, Orange, Hellblau	nein	nein	nein					
Gelb, Hellblau	nein	nein	nein					
	nein	nein	nein					
Hellblau	nein	nein	nein	ChemVerbotsV ExplV Grenzwertüberschreitung REACH	Info / Sachk. Abgabeverbot / Kundenerklärung bei gewerbl., berufl. REACH / (Verbot)			
Hellblau	nein	nein	nein	ChemVerbotsV ExplV Grenzwertunterschreitung	Info / Sachk. (Doku)			
Gelb, Hellblau	nein	nein	ja					
Gelb, Orange, Hellblau	nein	nein	ja	ChemVerbotsV	Info / Sachk.			
	nein	nein	nein					
Gelb, Orange, Hellblau	nein	nein	ja					
Gelb, Orange, Hellblau	ja	ja	ja	ChemVerbotsV	Info / Doku / Sachk.			
Gelb, Orange	nein	nein	ja	AMVV	Rx / Verbot			
Gelb, Orange	nein	nein	ja	AMVV	Rx / Verbot			
Gelb, Orange, Hellblau	nein	nein	nein	AMVV	Rx / Verbot			
Gelb, Orange	nein	nein	ja	AMVV	Rx / Verbot			

Stoffname 1	Produktidentifikator EG- / CAS-Nummer Index-Nr. 2	Piktogramm / e 3	Signalwort 4	H-Sätze 5	Quelle 6	CMR-Eigenschaften 7	P-Sätze 8
Ampicillin-Natrium	EG 200-708-1, CAS 69-52-3	GHS07, GHS08	Gefahr	EUH208, H317, H334	ECHA		P261, P280, P302+P352, P342+P311
Ampicillin-Trihydrat	EG 615-347-9, CAS 7177-48-2	GHS07, GHS08	Gefahr	EUH208, H317, H334	ECHA		P261, P280, P304+P340, P333+P313, P342+P311
tert-Amylalkohol	EG 200-908-9, CAS 75-85-4, Index 603-007-00-2	GHS02, GHS05, GHS07	Gefahr	H225, H312, H315, H318, H332, H335, H336	CLP, ECHA		P210, P280, P303+P361+P353, P304+P340, P305+P351+P338, P310, P312, P332+P313, P405
Anethol	EG 224-052-0, CAS 4180-23-8	GHS07	Achtung	H317	ECHA		P261, P272, P280, P302+P352, P333+P313
4-Anilino-N-phenethyl-piperidin	EG 642-161-5, CAS 21409-26-7	GHS07	Achtung	H302+H312 +H332	ECHA		P261, P302+P352, P304+P340, P501
Anisaldehyd	EG 204-602-6, CAS 123-11-5	-	-	-	ECHA		
Anisöl	EG 283-872-7, CAS 84775-42-8	GHS07, GHS08	Achtung	H317, H341, H351, H412	ECHA	Carc. 2, Muta. 2	P261, P273, P280, P302+P352, P308+P313, P405
Anthranilsäure unter 1 kg	EG 204-287-5, CAS 118-92-3	GHS05	Gefahr	H318	ECHA		P280, P305+P351+P338, P310
Anthranilsäure ab 1 kg	EG 204-287-5, CAS 118-92-3	GHS05	Gefahr	H318	ECHA		P280, P305+P351+P338, P310
Äpfelsäure	EG 210-514-9, CAS 6915-15-7	GHS07	Achtung	H319	ECHA		P264, P280, P305+P351+P338, P337+P313
Apomorphinhydrochlorid Hemihydrat	EG 206-243-0, CAS 41372-20-7	GHS06	Gefahr	H301	ECHA		P301+P310, P330, P405
Arbutin	EG 207-850-3, CAS 497-76-7	-	-	-	ECHA		
Arsen(III)-oxid	EG 215-481-4, CAS 1327-53-3, Index 033-003-00-0	GHS05, GHS06, GHS08, GHS09	Gefahr	H300, H314, H350, H410	CLP	Carc. 1A	P201, P273, P280, P305+P351+P338, P308+P313, P405, P501
Atropin	EG 200-104-8, CAS 51-55-8, Index 614-010-00-3	GHS06	Gefahr	H300+H330	CLP		P284, P301+P310, P304+P340, P330, P403+P233, P405
Atropinsulfat	EG 611-792-8, CAS 5908-99-6	GHS06	Gefahr	H300+H330	ECHA		P260, P284, P301+P310, P304+P340, P405
Azelainsäure	EG 204-669-1, CAS 123-99-9	GHS07	Achtung	H315, H319	ECHA		P280, P302+P352, P305+P351+P338
Bacitracin	EG 215-786-2, CAS 1405-87-4	-	-	-	ECHA		

Farb-codierung BAK 9	Lagerung unter Ver-schluss – intern – 10	Abgabe – kinderge-sicherter Verschluss 11	Abgabe – tastbares Warn-zeichen 12	Verbote / Beschränkungen bei der Abgabe 13	Informations- / Dokumentations-pflichten / Sachkunde 14	Lagerort L = Labor R = Rezeptur (ggf. ergänzen) 15	Lager-menge (ändern, falls ab-weichend) 16	Sieher-heitsda-tenblatt vorhanden 17
Gelb, Orange	nein	nein	ja	AMVV	Rx / Verbot			
Gelb, Orange	nein	nein	ja	AMVV	Rx / Verbot			
Gelb, Orange, Hellblau	nein	nein	ja					
Gelb	nein	nein	nein					
Gelb, Orange	nein	nein	ja	DrogS 1	Erlaubnis / Doku / Kundenerklärung			
	nein	nein	nein					
Gelb, Orange	nein	nein	ja					
Hellblau	nein	nein	nein	DrogS 2B Schwellen-wertunterschreitung	(Doku)			
Hellblau	nein	nein	nein	DrogS 2B Schwellen-wertüberschreitung	Doku / Kundener-klärung			
Hellblau	nein	nein	nein					
	ja	ja	ja	BtMG ChemVerbotsV	BtM / Verbot Info / Doku / Sachk.			
	nein	nein	nein					
Rot	ja	ja	ja	ChemVerbotsV REACH	Info / Doku / Sachk. REACH / (Verbot)			
Orange	ja	ja	ja	AMVV ChemVerbotsV	Rx / Verbot Info / Doku / Sachk.			
Orange	ja	ja	ja	AMVV ChemVerbotsV	Rx / Verbot Info / Doku / Sachk.			
Gelb, Hellblau	nein	nein	nein					
	nein	nein	nein	AMVV	Rx / Verbot			

Stoffname 1	Produktidentifikator EG- / CAS-Nummer Index-Nr. 2	Pikto-gramm / e 3	Signal-wort 4	H-Sätze 5	Quelle 6	CMR-Eigen-schaften 7	P-Sätze 8
Baldriantinktur	EG 200-578-6, CAS 64-17-5, Index 603-002-00-5	GHS02	Gefahr	H225	CLP		P210, P240, P241, P280, P303+P361+P353, P403+P235
Baldriantinktur - etherische	EG 200-578-6, EG 200-467-2, CAS 64-17-5, CAS 60-29-7	GHS02, GHS07	Gefahr	EUH019, EUH066, H224, H302, H336	CLP		P210, P233, P240, P241, P301+P312, P403+P235, P405
Bariumchlorid Dihydrat	EG 600-412-6, CAS 10326-27-9	GHS06	Gefahr	H301, H319, H332	ECHA, SDBl Her-steller		P261, P264, P270, P301+P310, P304+P340, P305+P351+P338, P312, P405
Bariumhydroxid Octa-hydrat	EG 602-490-7, CAS 12230-71-6	GHS05, GHS07	Gefahr	H302+H332, H314, H318	ECHA		P260, P280, P301+P312, P303+P361+P353, P304+P340, P305+P351+P338, P405
Bariumnitrat	EG 233-020-5, CAS 10022-31-8	GHS03, GHS06	Gefahr	H272, H301, H319, H332	ECHA		P210, P220, P261, P301+P310, P304+P340, P305+P351+P338, P405
Beclomethasondi-propionat	EG 226-886-0, CAS 5534-09-8	GHS08	Gefahr	H360FD, H373	ECHA	Repr. 1B	P202, P280, P308+P313, P405
Bendamustinhydro-chlorid	EG 631-540-0, CAS 3543-75-7	GHS06, GHS08	Gefahr	H301, H351, H360	ECHA	Carc. 2, Repr. 1B	P201, P280, P301+P310, P308+P313, P405
Benzaldehyd	EG 202-860-4, CAS 100-52-7, Index 605-012-00-5	GHS07	Achtung	H302+H332, H319, H335	CLP, ECHA		P261, P301+P312, P304+P340, P305+P351+P338, P312, P405
Benzalkoniumchlorid	EG 616-786-9, CAS 8001-54-5	GHS05, GHS07	Gefahr	H302+H312, H314, H318, H332	ECHA		P260, P280, P301+P312, P302+P352, P303+P361+P353, P305+P351+P338, P405
Benzin	EG 931-254-9, CAS 64742-49-0	GHS02, GHS07, GHS08, GHS09	Gefahr	H225, H304, H315, H336, H411	ECHA		P210, P280, P301+P310, P403+P233, P405, P501
Benzocain	EG 202-303-5, CAS 94-09-7	GHS07, GHS08	Gefahr	H317, H370	ECHA		P280, P302+P352, P333+P313, P405
3-(1, 3-Benzodio-xol-5-yl)- 2-methyl-2-oxirancarbonsäure	CAS 2167189-50-4	-	-	-	keine		
Benzoesäure	EG 200-618-2, CAS 65-85-0, Index 607-705-00-8	GHS05, GHS08	Gefahr	H315, H318, H372	CLP		P280, P302+P352, P305+P351+P338, P314

Farbcodierung BAK 9	Lagerung unter Verschluss – intern – 10	Abgabe – kindergesicherter Verschluss 11	Abgabe – tastbares Warnzeichen 12	Verbote / Beschränkungen bei der Abgabe 13	Informations- / Dokumentationspflichten / Sachkunde 14	Lagerort L = Labor R = Rezeptur (ggf. ergänzen) 15	Lagermenge (ändern, falls abweichend) 16	Sieherheitsdatenblatt vorhanden 17
	nein	nein	ja					
Gelb, Orange	nein	nein	ja	ChemVerbotsV	Info / Sachk.			
Orange, Hellblau	ja	ja	ja	ChemVerbotsV	Info / Doku / Sachk.			
Gelb, Orange, Hellblau	nein	ja	ja					
Orange, Hellblau	ja	ja	ja	ChemVerbotsV	Info / Doku / Sachk.			
Rot	nein	nein	ja	AMVV ChemVerbotsV REACH	Rx / Verbot Info / Doku / Sachk. REACH / (Verbot)			
Rot	ja	ja	ja	ChemVerbotsV REACH	Info / Doku / Sachk. REACH / (Verbot)			
Orange, Hellblau	nein	nein	ja					
Gelb, Orange, Hellblau	nein	ja	ja					
Gelb, Orange	nein	ja	ja					
Gelb, Orange	ja	ja	ja	ChemVerbotsV	Info / Doku / Sachk.			
	nein	nein	nein	DrogS 1	Erlaubnis / Doku / Kundenerklärung			
Gelb, Orange, Hellblau	ja	ja	ja	ChemVerbotsV	Info / Doku / Sachk.			

Stoffname 1	Produktidentifikator EG- / CAS-Nummer Index-Nr. 2	Pikto-gramm / e 3	Signal-wort 4	H-Sätze 5	Quelle 6	CMR-Eigen-schaften 7	P-Sätze 8
Benzol	EG 200-753-7, CAS 71-43-2, Index 601-020-00-8	GHS02, GHS07, GHS08	Gefahr	H225, H304, H315, H319, H340, H350, H372	CLP	Carc. 1A, Muta. 1B	P201, P210, P260, P280, P308+P313, P405, P501
Benzoylchlorid	EG 202-710-8, CAS 98-88-4, Index 607-012-00-0	GHS05, GHS06, GHS07	Gefahr	EUH208, H302, H311, H314, H317, H318, H330	CLP, ECHA		P280, P301+P330+P331, P303+P361+P353, P304+P340, P305+P351+P338, P310, P405
Benzoylperoxid (mit 25 % Wasser)	EG 202-327-6, CAS 94-36-0, Index 617-008-00-0	GHS02, GHS07, GHS09	Gefahr	EUH208, H242, H317, H319, H400	CLP, ECHA		P210, P261, P273, P280, P305+P351+P338, P333+P313, P420
Benzylalkohol	EG 202-859-9, CAS 100-51-6, Index 603-057-00-5	GHS07	Achtung	H302+H332, H319	CLP, ECHA		P280, P301+P312, P304+P340, P305+P351+P338, P330
Benzylbenzoat	EG 204-402-9, CAS 120-51-4, Index 607-085-00-9	GHS07, GHS09	Achtung	H302, H411	CLP		P273, P301+P312
Benzylcinnamat	EG 203-109-3, CAS 103-41-3	GHS07, GHS09	Achtung	EUH208, H317, H411	ECHA		P261, P272, P273, P280, P302+P352, P333+P313
Benzylnicotinat	EG 202-332-3, CAS 94-44-0	GHS07	Achtung	H315, H319	ECHA		P280, P305+P351+P338, P332+P313, P337+P313, P362+P364
Benzylpiperazin (BZP)	EG 220-423-6, CAS 2759-28-6	GHS05	Gefahr	H314	ECHA		P280, P303+P361+P353, P305+P351+P338, P405
Bergamottöl	EG 289-612-9, CAS 89957-91-5	GHS02, GHS07, GHS08, GHS09	Gefahr	H226, H304, H315, H317, H410	ECHA		P210, P273, P301+P310, P303+P361+P353, P331, P405
Betamethason	EG 206-825-4, CAS 378-44-9	GHS06, GHS08, GHS09	Gefahr	H330, H360, H372, H410	ECHA	Repr. 1B	P260, P280, P304+P340, P308+P313, P405
Betamethasondi-propionat	EG 227-005-2, CAS 5593-20-4	GHS08	Achtung	H361	ECHA	Repr. 2	P201, P280, P308+P313, P405
Betamethasonvalerat	EG 218-439-3, CAS 2152-44-5	GHS08	Gefahr	H360Df, H372	ECHA	Repr. 1B	P202, P260, P280, P308+P313, P405
Bifonazol	EG 262-336-6, CAS 60628-96-8	GHS07	Achtung	H302	ECHA		P301+P312
Birkenteeröl	EG 620-877-9, CAS 8001-88-5	GHS07	Achtung	H315, H319, H335, H336	ECHA		P261, P280, P302+P352, P305+P351+P338, P405

Farb-codierung BAK 9	Lagerung unter Ver-schluss – intern – 10	Abgabe – kinderge-sicherter Verschluss 11	Abgabe – tastbares Warn-zeichen 12	Verbote / Beschränkungen bei der Abgabe 13	Informations- / Dokumentations-pflichten / Sachkunde 14	Lagerort L = Labor R = Rezeptur (ggf. ergänzen) 15	Lager-menge (ändern, falls ab-weichend) 16	Sicher-heitsda-tenblatt vorhanden 17
Rot	ja	ja	ja	ChemVerbotsV REACH	Info / Doku / Sachk. REACH / (Verbot)			
Gelb, Orange, Hellblau	ja	ja	ja	ChemVerbotsV	Info / Doku / Sachk.			
Gelb, Hellblau	nein	nein	nein					
Orange, Hellblau	nein	nein	ja					
	nein	nein	ja					
Gelb	nein	nein	nein					
Gelb, Hellblau	nein	nein	nein					
Gelb, Hellblau	nein	ja	ja					
Gelb, Orange	nein	ja	ja					
Rot	ja	ja	ja	AMVV ChemVerbotsV REACH	Rx / Verbot Info / Doku / Sachk. REACH / (Verbot)			
Gelb, Orange	nein	nein	ja	AMVV	Rx / Verbot			
Rot	ja	ja	ja	AMVV ChemVerbotsV REACH	Rx / Verbot Info / Doku / Sachk. REACH / (Verbot)			
	nein	nein	ja					
Gelb, Orange, Hellblau	nein	nein	nein					

Stoffname 1	Produktidentifikator EG- / CAS-Nummer Index-Nr. 2	Pikto-gramm / e 3	Signal-wort 4	H-Sätze 5	Quelle 6	CMR-Eigen-schaften 7	P-Sätze 8
Bismutnitrat, schweres basisches	EG 215-136-8, CAS 1304-85-4	-	-	-	ECHA		
Bitterfenchelöl	EG 616-896-7, CAS 8006-84-6	GHS02, GHS07, GHS08, GHS09	Gefahr	EUH208, H226, H304, H315, H317, H319, H341, H351, H371, H410	ECHA	Carc. 2, Muta. 2	P210, P261, P273, P280, P301+P310, P303+P361+P353, P405
Bittermandelöl (blausäurefrei)	EG 202-860-4, CAS 100-52-7, Index 605-012-00-5	GHS07	Achtung	H302	CLP		P264, P301+P312
Blaugel	EG 231-589-4, CAS 7646-79-9, Index 027-004-00-5	GHS07, GHS08, GHS09	Gefahr	H302, H317, H334, H350i, H360F, H410	CLP	Carc. 1B, Muta. 2, Repr. 1B	P261, P273, P280, P301+P312, P308+P313, P405
Blei(II)-acetat, wasserfrei	EG 206-104-4, CAS 301-04-2, Index 082-005-00-8	GHS08, GHS09	Gefahr	H360Df, H373, H410	CLP	Repr. 1A	P201, P273, P280, P308+P313, P405, P501
Blei(II)-nitrat	EG 233-245-9, CAS 10099-74-8, Index 082-001-00-6	GHS05, GHS07, GHS08, GHS09	Gefahr	H302+H332, H318, H360Df, H372, H410	GESTIS	Repr. 1A	P201, P273, P280, P305+P351+P338, P314, P405, P501
Blei(IV)-oxid	EG 215-174-5, CAS 1309-60-0, Index 082-001-00-6	GHS03, GHS07, GHS08, GHS09	Gefahr	H272, H302+H332, H360Df, H373, H410	GESTIS	Repr. 1A	P201, P273, P280, P308+P313, P405
Bleiacetat, basisch	EG 215-630-3, CAS 1335-32-6, Index 082-007-00-9	GHS08, GHS09	Gefahr	H351, H360Df, H373, H410	CLP	Carc. 2, Repr. 1A	P201, P273, P280, P308+P313, P405, P501
Bleipflaster	EG 215-267-0, CAS 1317-36-8, Index 082-001-00-6	GHS07, GHS08, GHS09	Gefahr	H302+H332, H360Df, H373, H410	CLP	Repr. 1A	P201, P260, P273, P280, P308+P313, P405
Bleipflastersalbe	EG 215-267-0, CAS 1317-36-8, Index 082-001-00-6	GHS07, GHS08, GHS09	Gefahr	H302+H332, H360Df, H373, H410	CLP	Repr. 1A	P201, P260, P273, P280, P308+P313, P405
Bleomycinsulfat	EG 232-925-2, CAS 9041-93-4	GHS08	Gefahr	H340, H351, H361	ECHA	Carc. 2, Muta. 1A, Repr. 2	P201, P280, P308+P313, P405
Borneol	EG 208-080-0, CAS 507-70-0	GHS02	Achtung	H228	ECHA		P210, P280
Bornylacetat	EG 227-101-4, EG 200-964-4, CAS 5655-61-8, CAS 76-49-3	-	-	-	ECHA		
Borsäure	EG 233-139-2, EG 234-343-4, CAS 10043-35-3, CAS 11113-50-1, Index 005-007-00-2	GHS08	Gefahr	H360FD	CLP	Repr. 1B	P201, P280, P308+P313, P405
Brenzcatechin	EG 204-427-5, CAS 120-80-9, Index 604-016-00-4	GHS06, GHS08	Gefahr	H301+H311, H315, H319, H341, H350	CLP	Carc. 1B, Muta. 2	P280, P302+P352, P305+P351+P338, P308+P313, P405

Farbcodierung BAK 9	Lagerung unter Verschluss – intern – 10	Abgabe – kindergesicherter Verschluss 11	Abgabe – tastbares Warnzeichen 12	Verbote / Beschränkungen bei der Abgabe 13	Informations- / Dokumentationspflichten / Sachkunde 14	Lagerort L = Labor R = Rezeptur (ggf. ergänzen) 15	Lagermenge (ändern, falls abweichend) 16	Sicherheitsdatenblatt vorhanden 17
	nein	nein	nein					
Gelb, Orange, Hellblau	nein	ja	ja					
	nein	nein	ja					
Rot	ja	nein	ja	ChemVerbotsV REACH	Info / Doku / Sachk. REACH / (Verbot)			
Rot	nein	nein	ja	ChemVerbotsV REACH	Info / Doku / Sachk. REACH / (Verbot)			
Rot	ja	ja	ja	ChemVerbotsV REACH	Info / Doku / Sachk. REACH / (Verbot)			
Rot	nein	nein	ja	ChemVerbotsV REACH	Info / Doku / Sachk. REACH / (Verbot)			
Rot	nein	nein	ja	ChemVerbotsV REACH	Info / Doku / Sachk. REACH / (Verbot)			
Rot	nein	nein	ja	ChemVerbotsV REACH	Info / Doku / Sachk. REACH / (Verbot)			
Rot	nein	nein	ja	ChemVerbotsV REACH	Info / Doku / Sachk. REACH / (Verbot)			
Rot	ja	nein	ja	AMVV ChemVerbotsV REACH	Rx / Verbot Info / Doku / Sachk. REACH / (Verbot)			
Gelb	nein	nein	ja					
	nein	nein	nein					
Rot	nein	nein	nein	ChemVerbotsV REACH	Info / Doku / Sachk. REACH / (Verbot)			
Rot	ja	ja	ja	ChemVerbotsV REACH	Info / Doku / Sachk. REACH / (Verbot)			

Stoffname	Produktidentifikator EG- / CAS-Nummer Index-Nr.	Pikto-gramm / e	Signal-wort	H-Sätze	Quelle	CMR-Eigen-schaften	P-Sätze
1	2	3	4	5	6	7	8
Brillantgrün	EG 211-190-1, CAS 633-03-4	GHS07	Achtung	H302, H319	ECHA		P280, P301+P312, P305+P351+P338, P337+P313
Bromcresolgrün	EG 200-972-8, CAS 76-60-8	-	-	-	ECHA		
Bromcresolpurpur	EG 204-087-8, CAS 115-40-2	-	-	-	ECHA		
Bromphenolblau	EG 204-086-2, CAS 115-39-9	GHS07	Achtung	H312, H319, H332	ECHA		P261, P280, P337+P313
Bromthymolblau	EG 200-971-2, CAS 76-59-5	-	-	-	ECHA		
Buchenholzteer	EG 294-436-0, CAS 91722-33-7	GHS07	Achtung	EUH208, H315, H317, H319, H412	ECHA		P261, P273, P280, P302+P352, P305+P351+P338, P333+P313, P337+P313
Budesonid	EG 257-139-7, CAS 51333-22-3	GHS07, GHS08	Gefahr	EUH208, H312+H332, H317, H334, H361	ECHA	Repr. 2	P261, P280, P284, P333+P313, P342+P311, P405
2-Butanol	EG 201-158-5, CAS 78-92-2, Index 603-127-00-5	GHS02, GHS07	Gefahr	H226, H319, H335, H336	CLP		P210, P233, P240, P241, P242, P280, P305+P351+P338, P405
Butanol	EG 200-751-6, CAS 71-36-3, Index 603-004-00-6	GHS02, GHS05, GHS07	Gefahr	H226, H302, H315, H318, H335, H336	CLP		P210, P280, P301+P312, P302+P352, P304+P340, P305+P351+P338, P405
tert-Butanol	EG 200-889-7, CAS 75-65-0, Index 603-005-00-1	GHS02, GHS07	Gefahr	H225, H319, H332, H335, H336	CLP, ECHA		P210, P240, P280, P305+P351+P338, P403+P235, P405
Buttersäure	EG 203-532-3, CAS 107-92-6, Index 607-135-00-X	GHS05, GHS07	Gefahr	H302, H314, H318	CLP, ECHA		P270, P280, P301+P312, P301+P330+P331, P303+P361+P353, P305+P351+P338, P405
Butylacetat	EG 204-658-1, CAS 123-86-4, Index 607-025-00-1	GHS02, GHS07	Achtung	EUH066, H226, H336	CLP		P210, P280, P303+P361+P353, P304+P340, P405
Butylhydroxytoluol	EG 204-881-4, CAS 128-37-0	GHS07	Achtung	H410	ECHA		P273, P391
γ-Butyrolacton	EG 202-509-5, CAS 96-48-0	GHS05, GHS07	Gefahr	H302, H318, H336	ECHA		P280, P301+P312, P304+P340, P305+P351+P338, P405
Calciumammoniumnitrat	EG 239-289-5, CAS 15245-12-2	GHS05, GHS07	Gefahr	H302, H318	ECHA		P280, P301+P312, P305+P351+P338, P501

Farbcodierung BAK	Lagerung unter Verschluss – intern –	Abgabe – kindergesicherter Verschluss	Abgabe – tastbares Warnzeichen	Verbote / Beschränkungen bei der Abgabe	Informations- / Dokumentationspflichten / Sachkunde	Lagerort L = Labor R = Rezeptur (ggf. ergänzen)	Lagermenge (ändern, falls abweichend)	Sicherheitsdatenblatt vorhanden
9	10	11	12	13	14	15	16	17
Hellblau	nein	nein	ja					
	nein	nein	nein					
	nein	nein	nein					
Gelb, Orange, Hellblau	nein	nein	ja					
	nein	nein	nein					
Gelb, Hellblau	nein	nein	nein					
Gelb, Orange	nein	nein	ja	AMVV	Rx / Verbot			
Orange, Hellblau	nein	nein	nein					
Gelb, Orange, Hellblau	nein	nein	ja					
Orange, Hellblau	nein	nein	ja					
Gelb, Hellblau	nein	ja	ja					
Gelb, Orange	nein	nein	nein					
	nein	nein	nein					
Orange, Hellblau	nein	nein	ja	Missbrauch	Missbrauch			
Hellblau	nein	nein	ja	ExplT	(Doku)			

Stoffname 1	Produktidentifikator EG- / CAS-Nummer Index-Nr. 2	Pikto-gramm / e 3	Signal-wort 4	H-Sätze 5	Quelle 6	CMR-Eigen-schaften 7	P-Sätze 8
Calciumcarbid	EG 200-848-3, CAS 75-20-7, Index 006-004-00-9	GHS02, GHS05, GHS07	Gefahr	H260, H315, H318, H335	CLP, ECHA		P223, P231+P232, P261, P280, P370+P378, P405
Calciumcarbonat	EG 207-439-9, CAS 471-34-1	-	-	-	ECHA		
Calciumchlorid, wasserfrei	EG 233-140-8, CAS 10043-52-4, Index 017-013-00-2	GHS07	Achtung	H319	CLP		P280, P305+P351+P338, P337+P313
Calciumchlorid-Dihydrat	EG 640-414-4, CAS 10035-04-8	GHS07	Achtung	H319	ECHA		P280, P305+P351+P338
Calciumchlorid-Hexa-hydrat	EG 616-496-2, CAS 7774-34-7	GHS07	Achtung	H319	ECHA		P280, P305+P351+P338, P337+P313
Calciumhydroxid	EG 215-137-3, CAS 1305-62-0	GHS05, GHS07	Gefahr	H315, H318, H335	ECHA		P261, P264, P271, P280, P302+P352, P305+P351+P338, P405
Calciumnitrat Tetra-hydrat	EG 603-865-8, EG 233-332-1, CAS 13477-34-4	GHS05, GHS07	Gefahr	H302, H318	ECHA		P280, P305+P351+P338, P501
Calciumnitrat, wasserfrei	EG 233-332-1, CAS 10124-37-5	GHS03, GHS05, GHS07	Gefahr	H272, H302, H318	ECHA		P210, P220, P280, P301+P312, P305+P351+P338, P501
Calciumoxid	EG 215-138-9, CAS 1305-78-8	GHS05, GHS07	Gefahr	H315, H318, H335	ECHA		P261, P264, P271, P280, P302+P352, P305+P351+P338, P405
Calciumsulfat-Hemi-hydrat	EG 600-067-1, CAS 10034-76-1	-	-	-	ECHA		
Campher, racemischer	EG 200-945-0, CAS 76-22-2	GHS02, GHS05, GHS07, GHS08	Gefahr	H228, H315, H318, H332, H371	ECHA		P210, P261, P304+P340, P305+P351+P338, P308+P311, P405
Campher-D	EG 207-355-2, CAS 464-49-3	GHS02, GHS05, GHS07, GHS08	Gefahr	H228, H315, H318, H332, H371	ECHA		P210, P280, P304+P340, P305+P351+P338, P308+P311, P312, P405
Campherspiritus	EG 200-578-6, CAS 64-17-5	GHS02, GHS07	Gefahr	H225, H319	CLP, ECHA		P210, P233, P240, P305+P351+P338, P403+P235
Capsaicin	EG 206-969-8, CAS 404-86-4	GHS05, GHS06	Gefahr	H301, H315, H318	ECHA		P280, P301+P310, P302+P352, P305+P351+P338, P405
Carbachol	EG 200-127-3, CAS 51-83-2	GHS06	Gefahr	H300	ECHA		P264, P301+P310, P405
Carvon	EG 218-827-2, CAS 2244-16-8, Index 606-148-00-8	GHS07	Achtung	EUH208, H317	CLP		P280, P302+P352, P333+P313

Farbcodierung BAK 9	Lagerung unter Verschluss – intern – 10	Abgabe – kindergesicherter Verschluss 11	Abgabe – tastbares Warnzeichen 12	Verbote / Beschränkungen bei der Abgabe 13	Informations- / Dokumentationspflichten / Sachkunde 14	Lagerort L = Labor R = Rezeptur (ggf. ergänzen) 15	Lagermenge (ändern, falls abweichend) 16	Sicherheitsdatenblatt vorhanden 17
Gelb, Orange, Hellblau	nein	nein	nein					
	nein	nein	nein					
Hellblau	nein	nein	nein					
Hellblau	nein	nein	nein					
Hellblau	nein	nein	nein					
Gelb, Orange, Hellblau	nein	nein	nein					
Hellblau	nein	nein	ja					
Hellblau	nein	nein	ja	ChemVerbotsV ExplT	Info / Sachk. (Doku)			
Gelb, Orange, Hellblau	nein	nein	nein					
	nein	nein	nein					
Gelb, Orange, Hellblau	nein	nein	ja					
Gelb, Orange, Hellblau	nein	nein	ja					
Hellblau	nein	nein	ja					
Gelb, Hellblau	ja	ja	ja	ChemVerbotsV	Info / Doku / Sachk.			
	ja	ja	ja	ChemVerbotsV	Info / Doku / Sachk.			
Gelb	nein	nein	nein					

Stoffname 1	Produktidentifikator EG- / CAS-Nummer Index-Nr. 2	Pikto-gramm / e 3	Signal-wort 4	H-Sätze 5	Quelle 6	CMR-Eigen-schaften 7	P-Sätze 8
Cassiaöl	EG 284-635-0, CAS 8007-80-5	GHS07	Achtung	H312, H315, H317, H319	ECHA		P280, P302+P352, P305+P351+P338, P333+P313
Cetylpyridiniumchlorid	EG 678-154-9, EG 204-593-9, CAS 6004-24-6, CAS 123-03-5	GHS05, GHS06, GHS09	Gefahr	H301, H315, H318, H330, H335, H410	ECHA		P280, P302+P352, P304+P340, P305+P351+P338, P310, P332+P313, P405
Chinidinsulfat	EG 678-472-8, EG 200-046-3, CAS 6591-63-5, CAS 50-54-4	GHS07	Achtung	EUH208, H302, H317	ECHA		P280, P301+P312, P333+P313
Chininhydrochlorid	EG 612-097-2, CAS 6119-47-7	GHS07, GHS08	Gefahr	EUH208, H302+H312 +H332, H317, H334	ECHA		P261, P280, P301+P312, P302+P352, P304+P340
Chininsulfat	EG 639-128-2, CAS 6119-70-6	GHS07	Achtung	H315, H319, H335	ECHA		P302+P352, P304+P340, P332+P313, P337+P313, P405
Chloracetanilid	EG 208-707-8, CAS 539-03-7	GHS07	Achtung	H315, H319, H335	ECHA		P280, P304+P340, P312, P332+P313, P337+P313, P405
Chloralhydrat	EG 206-117-5, CAS 302-17-0, Index 605-014-00-6	GHS06	Gefahr	H301, H315, H319	CLP		P280, P301+P310, P302+P352, P305+P351+P338, P330, P405
Chloramin T	EG 615-172-8, EG 204-854-7, CAS 7080-50-4	GHS05, GHS07, GHS08	Gefahr	EUH031, H302, H314, H334	CLP, ECHA		P260, P280, P301+P312, P303+P361+P353, P304+P340, P305+P351+P338, P310, P405
Chloramphenicol	EG 200-287-4, CAS 56-75-7	GHS08	Gefahr	H350	ECHA	Carc. 1B	P201, P280, P308+P313, P405
Chlorhexidindiacetat	EG 200-302-4, CAS 56-95-1	GHS07, GHS09	Gefahr	H301, H319, H411	ECHA		P273, P280, P301+P310, P305+P351+P338, P330, P405
Chlorhexidindigluconat	EG 242-354-0, CAS 18472-51-0	GHS07, GHS09	Gefahr	H318, H410	ECHA		P273, P280, P305+P351+P338, P310, P391
Chlorkresol	EG 200-431-6, CAS 59-50-7, Index 604-014-00-3	GHS05, GHS07, GHS09	Gefahr	EUH208, H302, H314, H317, H335, H400	CLP		P280, P301+P312, P302+P352, P305+P351+P338, P362+P364, P405
Chloroform	EG 200-663-8, CAS 67-66-3, Index 602-006-00-4	GHS07, GHS08	Gefahr	H302, H315, H319, H331, H351, H361d, H372	CLP	Carc. 2, Repr. 2	P201, P280, P308+P313, P405, P501

Farbcodierung BAK 9	Lagerung unter Verschluss – intern – 10	Abgabe – kindergesicherter Verschluss 11	Abgabe – tastbares Warnzeichen 12	Verbote / Beschränkungen bei der Abgabe 13	Informations- / Dokumentationspflichten / Sachkunde 14	Lagerort L = Labor R = Rezeptur (ggf. ergänzen) 15	Lagermenge (ändern, falls abweichend) 16	Sieherheitsdatenblatt vorhanden 17
Gelb, Hellblau	nein	nein	ja					
Gelb, Orange, Hellblau	ja	ja	ja	ChemVerbotsV	Info / Doku / Sachk.			
Gelb	nein	nein	ja	AMVV	Rx / Verbot			
Gelb, Orange	nein	nein	ja	AMVV	Rx / Verbot			
Gelb, Orange, Hellblau	nein	nein	nein	AMVV	Rx / Verbot			
Gelb, Orange, Hellblau	nein	nein	nein					
Gelb, Hellblau	ja	ja	ja	AMVV ChemVerbotsV	Rx / Verbot Info / Doku / Sachk.			
Gelb, Orange, Hellblau	nein	ja	ja					
Rot	ja	nein	nein	AMVV ChemVerbotsV REACH	Rx / Verbot Info / Doku / Sachk. REACH / (Verbot)			
Hellblau	ja	ja	ja					
Hellblau	nein	nein	nein					
Gelb, Orange, Hellblau	nein	ja	ja					
Gelb, Orange, Hellblau	ja	ja	ja	AMVV ChemVerbotsV REACH	Rx / Verbot Info / Doku / Sachk. REACH / (Verbot)			

Stoffname 1	Produktidentifikator EG- / CAS-Nummer Index-Nr. 2	Pikto-gramm / e 3	Signal-wort 4	H-Sätze 5	Quelle 6	CMR-Eigen-schaften 7	P-Sätze 8
Chlorogensäure	EG 206-325-6, CAS 327-97-9	GHS07	Achtung	H315, H319, H335	ECHA		P261, P280, P305+P351+P338, P332+P313, P405
(1R, 2R)-(-)-Chlorpseudo-ephedrin	CAS 771434-80-1	-	-	-	keine		
(1R, 2S)-(-)-Chlorephe-drin	CAS 110925-64-9	-	-	-	keine		
(1S, 2R)-(+)-Chlorephe-drin	CAS 1384199-95-4	-	-	-	keine		
(1S, 2S)-(+)-Chlorpseudo-ephedrin	CAS 73393-61-0	-	-	-	keine		
Chlortetracyclinhydro-chlorid	EG 200-591-7, CAS 64-72-2	GHS07	Achtung	H315, H317, H319, H335	ECHA		P261, P280, P333+P313, P337+P313, P405
Chromotrop 2B	EG 208-959-9, CAS 548-80-1	GHS07	Achtung	H315, H319, H335	ECHA		P261, P280, P302+P352, P304+P340, P305+P351+P338, P405
Chromotropsäure-Natrium	EG 611-619-6, CAS 5808-22-0	GHS07	Achtung	H315, H319, H335	ECHA		P261, P271, P280, P302+P352, P305+P351+P338, P405
Chromschwefelsäure	EG 231-639-5, EG 215-607-8, CAS 7664-93-9, CAS 1333-82-0	GHS03, GHS05, GHS06, GHS08, GHS09	Gefahr	EUH208, H271, H301, H311, H314, H317, H330, H334, H340, H350, H361f, H372, H410	CLP	Carc. 1A, Muta. 1B, Repr. 2	P210, P273, P280, P303+P361+P353, P304+P340, P305+P351+P338, P310, P405
Cineol	EG 207-431-5, CAS 470-82-6	GHS02, GHS07	Achtung	EUH208, H226, H317	ECHA		P210, P261, P280, P303+P361+P353, P362+P364
Ciprofloxacinhydro-chlorid	EG 617-845-1, CAS 86393-32-0	GHS07	Achtung	H319, H412	ECHA		P280, P305+P351+P338
Citral	EG 226-394-6, CAS 5392-40-5, Index 605-019-00-3	GHS07	Achtung	H315, H317, H319	CLP, ECHA		P261, P264, P272, P280, P302+P352, P305+P351+P338
Citronellöl	EG 294-954-7, CAS 91771-61-8	GHS05, GHS07, GHS08, GHS09	Gefahr	H302, H304, H317, H318, H411	ECHA		P280, P301+P310, P305+P351+P338, P333+P313, P362+P364, P405
Citronenöl	EG 284-515-8, CAS 84929-31-7	GHS02, GHS07, GHS08, GHS09	Gefahr	H226, H304, H315, H317, H411	ECHA		P210, P280, P301+P310, P303+P361+P353, P331, P405

Farbcodierung BAK 9	Lagerung unter Verschluss – intern – 10	Abgabe – kindergesicherter Verschluss 11	Abgabe – tastbares Warnzeichen 12	Verbote / Beschränkungen bei der Abgabe 13	Informations- / Dokumentationspflichten / Sachkunde 14	Lagerort L = Labor R = Rezeptur (ggf. ergänzen) 15	Lagermenge (ändern, falls abweichend) 16	Sieherheitsdatenblatt vorhanden 17
Gelb, Orange, Hellblau	nein	nein	nein					
	nein	nein	nein	AMVV DrogS 1	Rx / Verbot Erlaubnis / Doku / Kundenerklärung			
	nein	nein	nein	AMVV DrogS 1	Rx / Verbot Erlaubnis / Doku / Kundenerklärung			
	nein	nein	nein	AMVV DrogS 1	Rx / Verbot Erlaubnis / Doku / Kundenerklärung			
	nein	nein	nein	AMVV DrogS 1	Rx / Verbot Erlaubnis / Doku / Kundenerklärung			
Gelb, Orange, Hellblau	nein	nein	nein	AMVV	Rx / Verbot			
Gelb, Orange, Hellblau	nein	nein	nein					
Gelb, Orange, Hellblau	nein	nein	nein					
Rot	ja	ja	ja	ChemVerbotsV REACH	Info / Doku / Sachk. REACH / (Verbot)			
Gelb	nein	nein	nein					
Hellblau	nein	nein	nein	AMVV	Rx / Verbot			
Gelb, Hellblau	nein	nein	nein					
Gelb, Orange, Hellblau	nein	nein	ja					
Gelb, Orange	nein	nein	ja					

Stoffname 1	Produktidentifikator EG- / CAS-Nummer Index-Nr. 2	Pikto-gramm / e 3	Signal-wort 4	H-Sätze 5	Quelle 6	CMR-Eigen-schaften 7	P-Sätze 8
Citronensäure, Mono-hydrat	EG 201-069-1, CAS 5949-29-1, Index 607-750-00-3	GHS07	Achtung	H315, H319, H335	ECHA		P261, P280, P304+P340, P305+P351+P338, P405, P501
Citronensäure, wasserfrei	EG 201-069-1, CAS 77-92-9, Index 607-750-00-3	GHS07	Achtung	H315, H319, H335	ECHA		P261, P280, P302+P352, P304+P340, P305+P351+P338, P405, P501
Clindamycinhydrochlorid	EG 244-398-6, CAS 21462-39-5	GHS07	Achtung	H317, H319	ECHA		P261, P280, P305+P351+P338, P333+P313
Clioquinol	EG 204-984-4, CAS 130-26-7	GHS07, GHS09	Gefahr	H315, H319, H335, H400	ECHA		P261, P280, P305+P351+P338, P405
Clobetasolpropionat	EG 246-634-3, CAS 25122-46-7	GHS08	Gefahr	H360, H373, H413	ECHA	Repr. 1B	P202, P260, P273, P280, P308+P313, P405
Clotrimazol	EG 245-764-8, CAS 23593-75-1	GHS07, GHS09	Achtung	H302, H315, H319, H410	ECHA		P280, P301+P312, P305+P351+P338, P332+P313, P391
Cobalt(II)-chlorid	EG 616-574-6, CAS 7791-13-1	GHS07, GHS08, GHS09	Gefahr	H302, H317, H334, H341, H350i, H360, H410	ECHA	Carc. 1B, Muta. 2, Repr. 1B	P273, P280, P301+P312, P308+P313, P333+P313, P342+P311, P405
Cobalt(II)-nitrat	EG 600-049-3, CAS 10026-22-9	GHS03, GHS05, GHS07, GHS08, GHS09	Gefahr	H272, H302, H317, H318, H332, H334, H341, H350i, H360F, H410	ECHA	Carc. 1A, Muta. 2, Repr. 1B	P210, P280, P301+P330+P331, P302+P352, P304+P340, P305+P351+P338, P310, P405
Cocainhydrochlorid	EG 200-167-1, CAS 53-21-4	GHS06, GHS08	Gefahr	H301, H317, H360	ECHA	Repr. 1B	P201, P280, P301+P310, P330, P333+P313, P362+P364, P405
Codeinphosphat-Hemihydrat	EG 200-137-8, CAS 41444-62-6	GHS06, GHS08	Gefahr	H301, H317, H334, H361	ECHA	Repr. 2	P280, P301+P310, P330, P333+P313, P342+P311, P405
Coffein	EG 200-362-1, CAS 58-08-2	GHS07	Achtung	H302	CLP		P264
Colchicin	EG 200-598-5, CAS 64-86-8, Index 614-005-00-6	GHS06, GHS08	Gefahr	H300, H340	CLP	Muta. 1B	P201, P280, P301+P310, P308+P313, P405
Colecalciferol	EG 200-673-2, CAS 67-97-0	GHS06, GHS08	Gefahr	H300+H310 +H330, H372	CLP		P262, P280, P301+P310, P302+P352, P304+P340, P314, P405

Farb-codierung BAK 9	Lagerung unter Ver-schluss – intern – 10	Abgabe – kinderge-sicherter Verschluss 11	Abgabe – tastbares Warn-zeichen 12	Verbote / Beschränkungen bei der Abgabe 13	Informations- / Dokumentations-pflichten / Sachkunde 14	Lagerort L = Labor R = Rezeptur (ggf. ergänzen) 15	Lager-menge (ändern, falls ab-weichend) 16	Sieher-heitsda-tenblatt vorhanden 17
Gelb, Orange, Hellblau	nein	nein	nein					
Gelb, Orange, Hellblau	nein	nein	nein					
Gelb, Hellblau	nein	nein	nein	AMVV	Rx / Verbot			
Gelb, Orange, Hellblau	nein	nein	nein					
Rot	nein	nein	ja	AMVV ChemVerbotsV REACH	Rx / Verbot Info / Doku / Sachk. REACH / (Verbot)			
Gelb, Hellblau	nein	nein	ja					
Rot	ja	nein	ja	ChemVerbotsV REACH	Info / Doku / Sachk. REACH / (Verbot)			
Rot	ja	nein	ja	ChemVerbotsV REACH	Info / Doku / Sachk. REACH / (Verbot)			
Rot	ja	ja	ja	BtMG ChemVerbotsV REACH	BtM / Verbot Info / Doku / Sachk. REACH / (Verbot)			
Gelb, Orange	ja	ja	ja	BtMG ChemVerbotsV AMVV	BtM / Verbot Info / Doku / Sachk. Rx / Verbot			
	nein	nein	ja					
Rot	ja	ja	ja	AMVV ChemVerbotsV REACH	Rx / Verbot Info / Doku / Sachk. REACH / (Verbot)			
Gelb, Orange	ja	ja	ja	AMVV ChemVerbotsV	Rx / Verbot Info / Doku / Sachk.			

Stoffname 1	Produktidentifikator EG- / CAS-Nummer Index-Nr. 2	Pikto-gramm / e 3	Signal-wort 4	H-Sätze 5	Quelle 6	CMR-Eigen-schaften 7	P-Sätze 8
m-Cresol	EG 203-577-9, CAS 108-39-4, Index 604-004-00-9	GHS05, GHS06	Gefahr	H301+H311, H314	CLP		P280, P301+P330+P331, P302+P352, P305+P351+P338, P405
o-Cresol	EG 202-423-8, CAS 95-48-7, Index 604-004-00-9	GHS05, GHS06	Gefahr	H301+H311, H314	CLP		P280, P301+P330+P331, P302+P352, P305+P351+P338, P405
p-Cresol	EG 203-398-6, CAS 106-44-5, Index 604-004-00-9	GHS05, GHS06	Gefahr	H301+H311, H314	CLP		P280, P301+P330+P331, P302+P352, P305+P351+P338, P405
Cresolrot	EG 217-064-2, CAS 1733-12-6	GHS07	Achtung	H315, H319, H335	ECHA		P261, P280, P302+P352, P304+P340, P305+P351+P338, P405
Cumarin	EG 202-086-7, CAS 91-64-5	GHS07	Achtung	H302, H317, H412	ECHA		P273, P280, P301+P312, P302+P352
Cyclohexan	EG 203-806-2, CAS 110-82-7, Index 601-017-00-1	GHS02, GHS07, GHS08, GHS09	Gefahr	H225, H304, H315, H335, H336, H410	CLP		P210, P273, P280, P301+P310, P331, P403+P233, P501
Dequaliniumchlorid	EG 208-330-9, CAS 522-51-0	GHS07	Achtung	H315, H319, H335	ECHA		P261, P280, P305+P351+P338, P405
Dexamethason	EG 200-003-9, CAS 50-02-2	GHS08	Achtung	H361d, H373	ECHA	Repr. 2	P201, P260, P280, P308+P313, P405
Dexamethasonacetat	EG 214-646-8, CAS 1177-87-3	GHS08	Achtung	H361d, H373	ECHA	Repr. 2	P201, P260, P280, P308+P313, P405
Dexamfetaminsulfat	EG 200-111-6, CAS 51-63-8	GHS06	Gefahr	H300	ECHA		P301+P310, P330, P405
Diazepam	EG 207-122-5, CAS 439-14-5	GHS06	Gefahr	H301+H311	ECHA		P301+P310, P302+P352, P312, P330, P405
Dibutylphthalat	EG 201-557-4, CAS 84-74-2, Index 607-318-00-4	GHS08, GHS09	Gefahr	H360Df, H400	CLP	Repr. 1B	P201, P280, P308+P313, P405
2, 6-Dichlor-chinon-4-chlorimid	EG 202-937-2, CAS 101-38-2	GHS02, GHS07	Gefahr	H242, H315, H319, H335	ECHA		P210, P235, P280, P302+P352, P304+P340, P305+P351+P338, P370+P378, P403
Dichlorethan	EG 203-458-1, CAS 107-06-2, Index 602-012-00-7	GHS02, GHS06, GHS08	Gefahr	H225, H302, H304, H315, H319, H331, H335, H350	CLP, ECHA	Carc. 1B	P201, P210, P302+P352, P304+P340, P305+P351+P338, P308+P313, P405

Farbcodierung BAK 9	Lagerung unter Verschluss – intern – 10	Abgabe – kindergesicherter Verschluss 11	Abgabe – tastbares Warnzeichen 12	Verbote / Beschränkungen bei der Abgabe 13	Informations- / Dokumentationspflichten / Sachkunde 14	Lagerort L = Labor R = Rezeptur (ggf. ergänzen) 15	Lagermenge (ändern, falls abweichend) 16	Sieherheitsdatenblatt vorhanden 17
Gelb, Hellblau	ja	ja	ja	ChemVerbotsV	Info / Doku / Sachk.			
Gelb, Hellblau	ja	ja	ja	ChemVerbotsV	Info / Doku / Sachk.			
Gelb, Hellblau	ja	ja	ja	ChemVerbotsV	Info / Doku / Sachk.			
Gelb, Orange, Hellblau	nein	nein	nein					
Gelb	nein	nein	ja					
Gelb, Orange	nein	nein	ja	REACH	REACH / (Verbot)			
Gelb, Orange, Hellblau	nein	nein	nein					
Gelb, Orange	nein	nein	ja	AMVV	Rx / Verbot			
Gelb, Orange	nein	nein	ja	AMVV	Rx / Verbot			
	ja	ja	ja	BtMG ChemVerbotsV	BtM / Verbot Info / Doku / Sachk.			
Gelb	ja	ja	ja	BtMG ChemVerbotsV AMVV	BtM / Verbot Info / Doku / Sachk. Rx / Verbot			
Rot	nein	nein	nein	ChemVerbotsV REACH	Info / Doku / Sachk. REACH / (Verbot)			
Gelb, Orange, Hellblau	nein	nein	nein					
Rot	ja	ja	ja	ChemVerbotsV REACH	Info / Doku / Sachk. REACH / (Verbot)			

Stoffname 1	Produktidentifikator EG- / CAS-Nummer Index-Nr. 2	Pikto-gramm / e 3	Signal-wort 4	H-Sätze 5	Quelle 6	CMR-Eigen-schaften 7	P-Sätze 8
Dichlormethan	EG 200-838-9, CAS 75-09-2, Index 602-004-00-3	GHS08	Achtung	H351	CLP	Carc. 2	P201, P280, P308+P313, P405, P501
Diclofenac-Natrium	EG 239-346-4, CAS 15307-79-6	GHS06	Gefahr	H301	ECHA		P264, P301+P310, P330, P405
Diethanolamin	EG 203-868-0, CAS 111-42-2, Index 603-071-00-1	GHS05, GHS07, GHS08	Gefahr	H302, H315, H318, H373	CLP		P280, P301+P312, P302+P352, P305+P351+P338, P314
Diethylamin	EG 203-716-3, CAS 109-89-7, Index 612-003-00-X	GHS02, GHS05, GHS06	Gefahr	H225, H302+H332, H311, H314, H318, H335	CLP, SDBI Hersteller		P210, P280, P301+P312, P303+P361+P353, P304+P340, P305+P351+P338, P403+P233, P405
Diethylether	EG 200-467-2, CAS 60-29-7, Index 603-022-00-4	GHS02, GHS07	Gefahr	EUH019, EUH066, H224, H302, H336	CLP		P210, P233, P240, P241, P301+P312, P403+P233, P405
Dihydrocodeinhydrogen-tartrat	EG 227-747-7, CAS 5965-13-9	GHS07	Achtung	H302	ECHA		P280, P301, P301+P312, P313, P405
Diltiazemhydrochlorid	EG 251-443-3, CAS 33286-22-5	GHS07	Achtung	H302	ECHA		P264, P301+P312
Dimenhydrinat	EG 208-350-8, CAS 523-87-5	GHS07	Achtung	H302	ECHA		P301+P312
Dimethylaminobenz-aldehyd	EG 202-819-0, CAS 100-10-7	GHS07, GHS09	Achtung	H317, H319, H411	ECHA		P273, P280, P333+P313, P337+P313
Dimethylfumarat	EG 210-849-0, CAS 624-49-7	GHS07, GHS09	Achtung	H312, H315, H317, H319, H335, H411	ECHA		P273, P280, P302+P352, P305+P351+P338, P405
Dimethylgelb	EG 200-455-7, CAS 60-11-7	GHS06, GHS08	Gefahr	H301, H351	ECHA	Carc. 2	P264, P280, P301+P310, P308+P313, P330, P405
Dinitrobenzol	EG 202-776-8, CAS 99-65-0, Index 609-004-00-2	GHS06, GHS08, GHS09	Gefahr	H300+H310 +H330, H373, H410	CLP		P262, P273, P280, P302+P352, P304+P340, P314, P405
Dinitrobenzoylchlorid	EG 202-750-6, CAS 99-33-2	GHS05, GHS08	Gefahr	EUH029, H314, H341	ECHA	Muta. 2	P280, P301+P330+P331, P305+P351+P338, P310, P402+P404, P405
Dinitrophenylhydrazin	EG 204-309-3, CAS 119-26-6	GHS02, GHS07	Gefahr	EUH044, H206, H228, H302	ECHA, SDBI Her-steller		P210, P212, P230, P233, P280, P301+P312, P370+P378
Diphenhydraminhydro-chlorid	EG 205-687-2, CAS 147-24-0	GHS07	Achtung	H302	ECHA		P301+P312

Farbcodierung BAK 9	Lagerung unter Verschluss – intern – 10	Abgabe – kindergesicherter Verschluss 11	Abgabe – tastbares Warnzeichen 12	Verbote / Beschränkungen bei der Abgabe 13	Informations- / Dokumentationspflichten / Sachkunde 14	Lagerort L = Labor R = Rezeptur (ggf. ergänzen) 15	Lagermenge (ändern, falls abweichend) 16	Sieherheitsdatenblatt vorhanden 17
Gelb, Orange	nein	nein	ja	REACH	REACH / (Verbot)			
	ja	ja	ja	AMVV ChemVerbotsV	Rx / Verbot Info / Doku / Sachk.			
Gelb, Orange, Hellblau	nein	nein	ja					
Gelb, Orange, Hellblau	ja	ja	ja	ChemVerbotsV	Info / Doku / Sachk.			
Gelb, Orange	nein	nein	ja	ChemVerbotsV DrogS 3	Info / Sachk. (Doku)			
	ja	nein	ja	BtMG AMVV	BtM / Verbot Rx / Verbot			
	nein	nein	ja	AMVV	Rx / Verbot			
	nein	nein	ja					
Gelb, Hellblau	nein	nein	nein					
Gelb, Orange, Hellblau	nein	nein	ja	AMVV	Rx / Verbot			
Gelb, Orange	ja	ja	ja	ChemVerbotsV	Info / Doku / Sachk.			
Gelb, Orange	ja	ja	ja	ChemVerbotsV	Info / Doku / Sachk.			
Gelb, Orange, Hellblau	nein	ja	ja					
	nein	nein	ja					
	nein	nein	ja					

Stoffname 1	Produktidentifikator EG- / CAS-Nummer Index-Nr. 2	Pikto-gramm / e 3	Signal-wort 4	H-Sätze 5	Quelle 6	CMR-Eigen-schaften 7	P-Sätze 8
Diphenylamin	EG 204-539-4, CAS 122-39-4, Index 612-026-00-5	GHS06, GHS08, GHS09	Gefahr	H301+H311 +H331, H373, H410	CLP		P273, P280, P301+P310, P302+P352, P304+P340, P405
Diphenylboryloxyethyl-amin	EG 208-366-5, CAS 524-95-8	GHS07	Achtung	H302, H315, H319, H335	ECHA		P280, P301+P312, P302+P352, P305+P351+P338, P405
Diphenylcarbazid	EG 205-403-7, CAS 140-22-7	GHS07	Achtung	H315, H319, H335	ECHA		P280, P332+P313, P337+P313, P405
Diphenylcarbazon	EG 208-698-0, CAS 538-62-5	-	-	-	ECHA		
Dithizon	EG 200-454-1, CAS 60-10-6	GHS07	Achtung	H315, H319, H335	ECHA		P280, P302+P352, P305+P351+P338, P332+P313, P337+P313, P405
Dithranol	EG 214-538-0, CAS 1143-38-0	GHS07	Achtung	H315, H319, H335	ECHA		P261, P280, P305+P351+P338, P405
Dronabinol	EG 625-153-6, CAS 1972-08-3	GHS07, GHS08	Achtung	H302+H332, H361, H413	ECHA	Repr. 2	P201, P280, P301+P312, P304+P340, P405
Dronabinol Lösung ab 1 mg / ml	EG 200-659-6, EG 625-153-6, CAS 67-56-1, CAS 1972-08-3, Index 603-001-00-X	GHS02, GHS06, GHS08	Gefahr	H225, H301+H311 +H331, H370	ECHA		P210, P233, P280, P301+P310, P303+P361+P353, P304+P340, P311, P405
Echtblausalz B	EG 238-153-2, CAS 14263-94-6, CAS 84633-94-3, Index 611-029-00-9	GHS02, GHS08	Gefahr	H242, H350	SDBl Her-steller	Carc. 1B	P202, P210, P235, P308+P313, P370+P378, P403, P405
Eisen(II)-sulfat-Hepta-hydrat	EG 616-510-7, CAS 7782-63-0	GHS07	Achtung	H302, H315, H319	ECHA		P280, P301+P312, P302+P352, P305+P351+P338
Eisen(III)-chlorid-Hexa-hydrat	EG 600-047-2, CAS 10025-77-1	GHS05, GHS07	Gefahr	H290, H302, H315, H318	ECHA		P280, P301+P312, P302+P352, P305+P351+P338, P310
Eisen(III)-chlorid-Lösung 10 %	EG 231-729-4, CAS 10025-77-1	GHS05, GHS07	Gefahr	H290, H317, H318	SDBl Her-steller		P261, P280, P302+P352, P305+P351+P338, P310, P333+P313, P362+P364
Emetindihydrochlorid	EG 206-259-8, CAS 316-42-7	GHS06	Gefahr	H300, H315, H319, H335	ECHA		P280, P301+P310, P302+P352, P304+P340, P305+P351+P338, P405
Emodin	EG 208-258-8, CAS 518-82-1	GHS07	Achtung	H315, H319, H335	ECHA		P261, P280, P332+P313, P337+P313, P405

Farbcodierung BAK 9	Lagerung unter Verschluss – intern – 10	Abgabe – kindergesicherter Verschluss 11	Abgabe – tastbares Warnzeichen 12	Verbote / Beschränkungen bei der Abgabe 13	Informations- / Dokumentationspflichten / Sachkunde 14	Lagerort L = Labor R = Rezeptur (ggf. ergänzen) 15	Lagermenge (ändern, falls abweichend) 16	Sicherheitsdatenblatt vorhanden 17
Gelb, Orange	ja	ja	ja	ChemVerbotsV	Info / Doku / Sachk.			
Gelb, Orange, Hellblau	nein	nein	ja					
Gelb, Orange, Hellblau	nein	nein	nein					
	nein	nein	nein					
Gelb, Orange, Hellblau	nein	nein	nein					
Gelb, Orange, Hellblau	nein	nein	nein	AMVV	Rx / Verbot			
Gelb, Orange	ja	nein	ja	BtMG	BtM / Verbot			
Gelb, Orange	ja	ja	ja	BtMG ChemVerbotsV	BtM / Verbot Info / Doku / Sachk.			
Rot	ja	nein	nein	ChemVerbotsV REACH	Info / Doku / Sachk. REACH / (Verbot)			
Gelb, Hellblau	nein	nein	ja					
Gelb, Hellblau	nein	ja	ja					
Gelb, Hellblau	nein	nein	nein					
Gelb, Orange, Hellblau	ja	ja	ja	AMVV ChemVerbotsV	Rx / Verbot Info / Doku / Sachk.			
Gelb, Orange, Hellblau	nein	nein	nein					

Stoffname 1	Produktidentifikator EG- / CAS-Nummer Index-Nr. 2	Pikto-gramm / e 3	Signal-wort 4	H-Sätze 5	Quelle 6	CMR-Eigen-schaften 7	P-Sätze 8
Eosin Y	EG 241-409-6, CAS 17372-87-1	GHS07	Achtung	H319	ECHA		P280, P305+P351+P338, P337+P313
Ephedrin	EG 206-080-5, CAS 299-42-3, Index 614-023-00-4	GHS07	Achtung	H302+H312 +H332	CLP		P301+P312
Ephedrinhydrochlorid	EG 200-074-6, CAS 50-98-6	GHS07	Achtung	H302	ECHA		P264, P301+P312
Ephedrinhydrochlorid, racemisches	EG 205-153-9, CAS 134-71-4	GHS07	Achtung	H302, H317	ECHA		P264, P280, P301+P312, P302+P352
Epinephrinhydrogen-tartrat	EG 200-097-1, CAS 51-42-3	GHS06	Gefahr	H300	ECHA		P264, P270, P301+P310, P405
Ergocalciferol	EG 200-014-9, CAS 50-14-6, Index 603-179-00-9	GHS06, GHS08	Gefahr	H301+H311, H330, H372	CLP		P260, P280, P302+P352, P304+P340, P312, P405
Ergometrin	EG 200-485-0, CAS 60-79-7	GHS06	Gefahr	H301+H311 +H331	ECHA		P261, P264, P304+P340, P405, P501
Ergotamin	EG 204-023-9, CAS 113-15-5	GHS07, GHS08	Achtung	H302+H312 +H332, H361, H361fd	ECHA	Repr. 2	P261, P280, P308+P313, P405, P501
Ergotamintartrat	EG 206-835-9, CAS 379-79-3	GHS06, GHS08	Gefahr	H301+H311 +H331, H361fd	ECHA	Repr. 2	P261, P280, P311, P405, P501
Eriochromschwarz T	EG 217-250-3, CAS 1787-61-7	GHS07	Achtung	H319, H411	ECHA		P264, P273, P280, P305+P351+P338, P391
Erythromycin	EG 204-040-1, CAS 114-07-8	GHS08	Gefahr	H317, H334	SDBl Her-steller		P261, P280, P284, P304+P340, P342+P311
Erythrosin	EG 240-474-8, CAS 16423-68-0	GHS09	Achtung	H411	ECHA		P273, P391
Eserinsalicylat	EG 200-343-8, CAS 57-64-7, Index 614-021-00-3	GHS06	Gefahr	H300+H330	ECHA		P260, P301+P310, P304+P340, P403+P233, P405, P501

Farbcodierung BAK 9	Lagerung unter Verschluss – intern – 10	Abgabe – kindergesicherter Verschluss 11	Abgabe – tastbares Warnzeichen 12	Verbote / Beschränkungen bei der Abgabe 13	Informations- / Dokumentationspflichten / Sachkunde 14	Lagerort L = Labor R = Rezeptur (ggf. ergänzen) 15	Lagermenge (ändern, falls abweichend) 16	Sicherheitsdatenblatt vorhanden 17
Hellblau	nein	nein	nein					
	nein	nein	ja	AMVV DrogS 1 DrogS 4	Rx / Verbot Erlaubnis / Doku / Kundenerklärung Ausfuhrgenehmigung außerhalb EU			
	nein	nein	ja	AMVV DrogS 1 DrogS 4	Rx / Verbot Erlaubnis / Doku / Kundenerklärung Ausfuhrgenehmigung außerhalb EU			
Gelb	nein	nein	ja	AMVV DrogS 1 DrogS 4	Rx / Verbot Erlaubnis / Doku / Kundenerklärung Ausfuhrgenehmigung außerhalb EU			
	ja	ja	ja	AMVV ChemVerbotsV	Rx / Verbot Info / Doku / Sachk.			
Gelb, Orange	ja	ja	ja	AMVV ChemVerbotsV	Rx / Verbot Info / Doku / Sachk.			
Gelb, Orange	ja	ja	ja	AMVV ChemVerbotsV DrogS 1	Rx / Verbot Info / Doku / Sachk. Erlaubnis / Doku / Kundenerklärung			
Gelb, Orange	nein	nein	ja	DrogS 1 AMVV	Erlaubnis / Doku / Kundenerklärung Rx / Verbot			
Gelb, Orange	ja	ja	ja	ChemVerbotsV DrogS 1 AMVV	Info / Doku / Sachk. Erlaubnis / Doku / Kundenerklärung Rx / Verbot			
Hellblau	nein	nein	nein					
Gelb, Orange	nein	nein	ja	AMVV	Rx / Verbot			
	nein	nein	ja					
Orange	ja	ja	ja	AMVV ChemVerbotsV	Rx / Verbot Info / Doku / Sachk.			

Stoffname 1	Produktidentifikator EG- / CAS-Nummer Index-Nr. 2	Pikto-gramm / e 3	Signal-wort 4	H-Sätze 5	Quelle 6	CMR-Eigen-schaften 7	P-Sätze 8
Essigsäure ab 90 %	EG 200-580-7, CAS 64-19-7, Index 607-002-00-6	GHS02, GHS05, GHS07	Gefahr	H226, H314, H318, H332	CLP, ECHA		P210, P280, P303+P361+P353, P305+P351+P338, P310, P405
Essigsäure 25 bis < 90 %	EG 200-580-7, CAS 64-19-7, Index 607-002-00-6	GHS05	Gefahr	H226, H314, H318	CLP, ECHA		P280, P301+P330+P331, P303+P361+P353, P304+P340, P305+P351+P338, P310, P405
Essigsäure 10 bis < 25 %	EG 200-580-7, CAS 64-19-7, Index 607-002-00-6	GHS05	Gefahr	H314	SDBl Her-steller		P260, P280, P301+P330+P331, P305+P351+P338, P310, P405
Essigsäureanhydrid unter 100 l	EG 203-564-8, CAS 108-24-7	GHS02, GHS05, GHS07	Gefahr	H226, H302+H312 +H332, H314	CLP		P210, P261, P280, P303+P361+P353, P305+P351+P338, P405, P501
Essigsäureanhydrid ab 100 l	EG 203-564-8, CAS 108-24-7, Index 607-008-00-9	GHS02, GHS05, GHS07	Gefahr	H226, H302+H312 +H332, H314	CLP		P210, P261, P280, P303+P361+P353, P305+P351+P338, P405, P501
Essigsäurebutylester	EG 204-658-1, CAS 123-86-4	GHS02, GHS07	Achtung	EUH066, H226, H336	CLP		P210, P280, P303+P361+P353, P304+P340, P405
Essigsäureethylester	EG 205-500-4, CAS 141-78-6, Index 607-022-00-5	GHS02, GHS07	Gefahr	EUH066, H225, H319, H336	CLP		P210, P233, P240, P305+P351+P338, P403+P235, P405
Estradiol-17α	EG 200-354-8, CAS 57-91-0	GHS08	Gefahr	H351, H360Fd, H362	ECHA	Carc. 2, Lact., Repr. 1A	P201, P263, P280, P405
Estradiolbenzoat	EG 200-043-7, CAS 50-50-0	GHS08	Gefahr	H302+H312 +H332, H351, H360	ECHA	Carc. 2, Repr. 1B	P201, P280, P302+P352, P304+P340, P308+P313, P405
Estradiolvalerat	EG 213-559-2, CAS 979-32-8	GHS08	Gefahr	H351, H360Fd, H362, H413	ECHA	Carc. 2, Lact., Repr. 1A	P202, P263, P280, P405
Estriol	EG 200-022-2, CAS 50-27-1	GHS08	Gefahr	H351, H360FD, H362	ECHA	Carc. 2, Lact., Repr. 1A	P202, P260, P280, P405
Ethacridinlactat-Monohy-drat	EG 642-272-9, CAS 6402-23-9	GHS07	Achtung	H315, H319, H335	SDBl Her-steller		P280, P302+P352, P305+P351+P338, P405, P501
Ethanol, wasserfrei	EG 200-578-6, CAS 64-17-5, Index 603-002-00-5	GHS02, GHS07	Gefahr	H225, H319	CLP, ECHA		P210, P240, P305+P351+P338, P403+P235, P501
Ethanol 96 % (V / V)	EG 200-578-6, CAS 64-17-5	GHS02, GHS07	Gefahr	H225, H319	CLP, ECHA		P210, P240, P305+P351+P338, P403+P235, P501

Farbcodierung BAK 9	Lagerung unter Verschluss – intern – 10	Abgabe – kindergesicherter Verschluss 11	Abgabe – tastbares Warnzeichen 12	Verbote / Beschränkungen bei der Abgabe 13	Informations- / Dokumentationspflichten / Sachkunde 14	Lagerort L = Labor R = Rezeptur (ggf. ergänzen) 15	Lagermenge (ändern, falls abweichend) 16	Sicherheitsdatenblatt vorhanden 17
Gelb, Orange, Hellblau	nein	ja	ja					
Gelb, Hellblau	nein	ja	ja					
Gelb, Hellblau	nein	ja	ja					
Gelb, Orange, Hellblau	nein	ja	ja	DrogS 2A Schwellenwertunterschreitung	(Doku)			
Gelb, Orange, Hellblau	nein	ja	ja	DrogS 2A Schwellenwertüberschreitung	Doku / Kundenerklärung			
Gelb, Orange	nein	nein	nein					
Gelb, Orange, Hellblau	nein	nein	ja					
Rot	nein	nein	ja	AMVV ChemVerbotsV REACH	Rx / Verbot Info / Doku / Sachk. REACH / (Verbot)			
Rot	nein	nein	ja	AMVV ChemVerbotsV REACH	Rx / Verbot Info / Doku / Sachk. REACH / (Verbot)			
Rot	nein	nein	ja	AMVV ChemVerbotsV REACH	Rx / Verbot Info / Doku / Sachk. REACH / (Verbot)			
Rot	nein	nein	ja	AMVV ChemVerbotsV REACH	Rx / Verbot Info / Doku / Sachk. REACH / (Verbot)			
Gelb, Orange, Hellblau	nein	nein	nein					
Hellblau	nein	nein	ja					
Hellblau	nein	nein	ja					

Stoffname 1	Produktidentifikator EG- / CAS-Nummer Index-Nr. 2	Pikto-gramm / e 3	Signal-wort 4	H-Sätze 5	Quelle 6	CMR-Eigen-schaften 7	P-Sätze 8
Ethanol 90 % (V / V)	EG 200-578-6, CAS 64-17-5	GHS02, GHS07	Gefahr	H225, H319	CLP, ECHA		P210, P233, P305+P351+P338, P403+P235, P501
Ethanol 70 % (V / V)	EG 200-578-6, CAS 64-17-5	GHS02, GHS07	Gefahr	H225, H319	CLP, ECHA		P210, P240, P305+P351+P338, P403+P235, P501
Ethanol ....% ab 58 % (V / V)	EG 200-578-6, CAS 64-17-5	GHS02, GHS07	Gefahr	H225, H319	CLP, ECHA		P210, P240, P305+P351+P338, P403+P235, P501
Ethanol ....% 6-57 % (V / V)	EG 200-578-6, CAS 64-17-5	GHS02	Achtung	H226	CLP		P210, P403+P235, P501
Ether	EG 200-467-2, CAS 60-29-7, Index 603-022-00-4	GHS02, GHS07	Gefahr	EUH019, EUH066, H224, H302, H336	CLP		P210, P233, P240, P241, P301+P312, P403+P233, P405
Etherweingeist	EG 200-578-6, EG 200-467-2, CAS 64-17-5, CAS 60-29-7	GHS02, GHS07	Gefahr	EUH019, H224, H302, H336	SDBl Her-steller		P210, P233, P243, P261, P403+P235, P405
Ethinylestradiol	EG 200-342-2, CAS 57-63-6	GHS08, GHS09	Gefahr	H350i, H360FD, H372, H410	ECHA	Carc. 1A, Repr. 1B	P201, P273, P280, P308+P313, P405
Ethoxychrysoidinhydro-chlorid	EG 219-010-3, CAS 2313-87-3	-	-	-	ECHA		
Ethyl-α-phenylaceto-acetat	EG 226-500-0, CAS 5413-05-8	GHS07	Achtung	H315, H319, H335	ECHA		P261, P280, P302+P352, P304+P340, P305+P351+P338, P405
Ethylacetat	EG 205-500-4, CAS 141-78-6, Index 607-022-00-5	GHS02, GHS07	Gefahr	EUH066, H225, H319, H336	CLP		P210, P233, P240, P305+P351+P338, P403+P235, P405
Ethylenglycol	EG 203-473-3, CAS 107-21-1, Index 603-027-00-1	GHS07, GHS08	Achtung	H302, H373	CLP, ECHA		P301+P312, P314
Ethylmethylketon	EG 201-159-0, CAS 78-93-3, Index 606-002-00-3	GHS02, GHS07	Gefahr	H225, H319, H335, H336	CLP		P210, P305+P351+P338, P403+P233, P405, P501
Eucalyptusöl	EG 283-406-2, CAS 84625-32-1	GHS02, GHS07, GHS08, GHS09	Gefahr	EUH208, H226, H304, H315, H317, H411	ECHA		P210, P272, P280, P301+P310, P303+P361+P353, P405
Eugenol	EG 202-589-1, CAS 97-53-0	GHS07	Achtung	H302, H315, H317, H319	ECHA		P280, P301+P312, P302+P352, P305+P351+P338, P333+P313, P337+P313
Fluocinolonacetonid	EG 200-668-5, CAS 67-73-2	GHS08	Achtung	H361fd	ECHA	Repr. 2	P280, P308+P313, P405

	Farbcodierung BAK 9	Lagerung unter Verschluss – intern – 10	Abgabe – kindergesicherter Verschluss 11	Abgabe – tastbares Warnzeichen 12	Verbote / Beschränkungen bei der Abgabe 13	Informations- / Dokumentationspflichten / Sachkunde 14	Lagerort L = Labor R = Rezeptur (ggf. ergänzen) 15	Lagermenge (ändern, falls abweichend) 16	Sicherheitsdatenblatt vorhanden 17
	Hellblau	nein	nein	ja					
		nein	nein	ja					
	Hellblau	nein	nein	ja					
		nein	nein	nein					
	Gelb, Orange	nein	nein	ja	ChemVerbotsV DrogS 3	Info / Sachk. (Doku)			
	Orange	nein	nein	ja	ChemVerbotsV	Info / Sachk.			
	Rot	ja	ja	ja	AMVV ChemVerbotsV REACH	Rx / Verbot Info / Doku / Sachk. REACH / (Verbot)			
		nein	nein	nein					
	Gelb, Orange, Hellblau	nein	nein	nein	DrogS 1	Erlaubnis / Doku / Kundenerklärung			
	Gelb, Orange, Hellblau	nein	nein	ja					
	Gelb, Orange	nein	nein	ja					
	Orange, Hellblau	nein	nein	ja	DrogS 3	(Doku)			
	Gelb, Orange	nein	nein	ja					
	Gelb, Hellblau	nein	nein	ja					
	Gelb, Orange	nein	nein	ja	AMVV	Rx / Verbot			

Stoffname 1	Produktidentifikator EG- / CAS-Nummer Index-Nr. 2	Piktogramm / e 3	Signalwort 4	H-Sätze 5	Quelle 6	CMR-Eigenschaften 7	P-Sätze 8
Fluorescein-Natrium	EG 208-253-0, CAS 518-47-8	-	-	-	ECHA		
Flusssäure ab 7 %	EG 231-634-8, CAS 7664-39-3, Index 009-003-00-1	GHS05, GHS06	Gefahr	H300+H310 +H330, H314	CLP		P260, P280, P303+P361+P353, P304+P340, P305+P351+P338, P310, P405
Flusssäure 1 bis < 7 %	EG 231-634-8, CAS 7664-39-3, Index 009-003-00-1	GHS05, GHS06	Gefahr	H300+H310 +H330, H314	CLP		P260, P280, P303+P361+P353, P304+P340, P305+P351+P338, P310, P405
Flusssäure 0,1 bis < 1 %	EG 231-634-8, CAS 7664-39-3, Index 009-003-00-1	GHS05, GHS06	Gefahr	H300+H310 +H330, H319	CLP		P260, P280, P304+P340, P305+P351+P338, P405
Formaldehyd ab 25 %	EG 200-001-8, CAS 50-00-0, Index 605-001-00-5	GHS05, GHS06, GHS08	Gefahr	EUH208, H301+H311 +H331, H314, H317, H341, H350	CLP	Carc. 1B, Muta. 2	P201, P280, P301+P330+P331, P303+P361+P353, P304+P340, P305+P351+P338, P308+P313, P405
Formaldehyd 5 bis < 25 %	EG 200-001-8, CAS 50-00-0, Index 605-001-00-5	GHS06, GHS07, GHS08	Gefahr	H301+H311 +H331, H315, H317, H319, H335, H341, H350	CLP	Carc. 1B, Muta. 2	P280, P301+P310, P302+P352, P304+P340, P305+P351+P338, P308+P313, P405
Formaldehyd 0,2 bis < 5 %	EG 200-001-8, CAS 50-00-0	GHS06, GHS07, GHS08	Gefahr	H301+H311 +H331, H317, H341, H350	CLP	Carc. 1B, Muta. 2	P261, P280, P301+P310, P302+P352, P304+P340, P308+P313, P405
Formamid	EG 200-842-0, CAS 75-12-7, Index 616-052-00-8	GHS08	Gefahr	H351, H360FD, H373	CLP, ECHA	Carc. 2, Repr. 1B	P201, P280, P308+P313, P314, P405
Franzbranntwein 38-40 %	EG 200-578-6, CAS 64-17-5	GHS02	Gefahr	H225	SDBl Hersteller		P210, P240, P241, P280, P303+P361+P353
Franzbranntwein mit Campher 38-40 %	EG 200-578-6, EG 200-945-0, CAS 64-17-5, CAS 76-22-2	GHS02	Achtung	H226	SDBl Hersteller		P233, P240, P241, P280, P303+P361+P353
Franzbranntwein mit Fichtennadeöl 38-40 %	EG 200-578-6, EG 281-679-2, CAS 64-17-5, CAS 84012-35-1	GHS02	Achtung	H226	SDBl Hersteller		P233, P240, P241, P280, P303+P361+P353
Fuchsin	EG 211-189-6, CAS 632-99-5	GHS08	Achtung	H351	ECHA	Carc. 2	P201, P280, P308+P313
Fuchsin N	EG 221-831-7, CAS 3248-91-7	GHS07, GHS08, GHS09	Gefahr	H315, H318, H319, H335, H351, H410	ECHA	Carc. 2	P201, P280, P302+P352, P305+P351+P338, P308+P313, P405

Farbcodierung BAK 9	Lagerung unter Verschluss – intern – 10	Abgabe – kindergesicherter Verschluss 11	Abgabe – tastbares Warnzeichen 12	Verbote / Beschränkungen bei der Abgabe 13	Informations- / Dokumentationspflichten / Sachkunde 14	Lagerort L = Labor R = Rezeptur (ggf. ergänzen) 15	Lagermenge (ändern, falls abweichend) 16	Sicherheitsdatenblatt vorhanden 17
	nein	nein	nein					
Gelb, Orange, Hellblau	ja	ja	ja	ChemVerbotsV	Info / Doku / Sachk.			
Gelb, Orange, Hellblau	ja	ja	ja	ChemVerbotsV	Info / Doku / Sachk.			
Gelb, Orange, Hellblau	ja	ja	ja	ChemVerbotsV	Info / Doku / Sachk.			
Rot	ja	ja	ja	ChemVerbotsV REACH	Info / Doku / Sachk. REACH / (Verbot)			
Rot	ja	ja	ja	ChemVerbotsV REACH	Info / Doku / Sachk. REACH / (Verbot)			
Rot	ja	ja	ja	ChemVerbotsV REACH	Info / Doku / Sachk. REACH / (Verbot)			
Rot	nein	nein	ja	ChemVerbotsV REACH	Info / Doku / Sachk. REACH / (Verbot)			
	nein	nein	ja					
	nein	nein	nein					
	nein	nein	nein					
Gelb, Orange	nein	nein	ja					
Gelb, Orange, Hellblau	nein	nein	ja					

Stoffname 1	Produktidentifikator EG- / CAS-Nummer Index-Nr. 2	Piktogramm / e 3	Signalwort 4	H-Sätze 5	Quelle 6	CMR-Eigenschaften 7	P-Sätze 8
Fumarsäure	EG 203-743-0, CAS 110-17-8, Index 607-146-00-X	GHS07	Achtung	H319	CLP		P264, P280, P305+P351+P338, P337+P313
Furfural	EG 202-627-7, CAS 98-01-1, Index 605-010-00-4	GHS02, GHS06, GHS08	Gefahr	H226, H301+H331, H312, H315, H319, H335, H351	CLP, ECHA	Carc. 2	P210, P280, P302+P352, P304+P340, P305+P351+P338, P405
Gallussäure	EG 205-749-9, CAS 149-91-7	GHS07	Achtung	H315, H319, H335	ECHA		P280, P302+P352, P305+P351+P338
Gentamicinsulfat	EG 215-778-9, CAS 1405-41-0	GHS08	Gefahr	H317, H334	ECHA		P280, P284, P304+P340, P342+P311
Geraniumöl	EG 290-140-0, EG 616-774-3, CAS 90082-51-2, CAS 8000-46-2	GHS05, GHS07, GHS08	Gefahr	H304, H315, H317, H318, H412	SDBl Hersteller		P261, P280, P301+P310, P305+P351+P338, P331, P405
Glycerol	CAS 56-81-5	-	-	-	ECHA		
Glycyrrhetinsäure	EG 207-444-6, CAS 471-53-4	-	-	-	ECHA		
Glyoxalbishydroxyanil	EG 214-560-0, CAS 1149-16-2	GHS07	Achtung	H315, H319, H335	ECHA		P280, P302+P352, P305+P351+P338, P337+P313, P405
Griseofulvin	EG 204-767-4, CAS 126-07-8	GHS07, GHS08	Gefahr	H317, H351, H360	ECHA	Carc. 2, Repr. 1B	P201, P280, P302+P352, P308+P313, P405
Guajakharz	EG 201-964-7, CAS 90-05-1, Index 604-031-00-6	GHS07	Achtung	H302, H315, H319	CLP		P280, P301+P312, P302+P352, P305+P351+P338
Guajazulen	EG 207-701-2, CAS 489-84-9	GHS07	Achtung	H302	ECHA		P301+P312
Heptan	EG 205-563-8, CAS 142-82-5, Index 601-008-00-2	GHS02, GHS07, GHS08, GHS09	Gefahr	H225, H304, H315, H336, H410	CLP		P210, P240, P273, P301+P310, P302+P352, P403+P233, P405
α-Hexachlorcyclohexan	EG 206-270-8, CAS 319-84-6	GHS06, GHS08, GHS09	Gefahr	H301, H312, H351, H410	ECHA	Carc. 2	P201, P273, P280, P301+P310, P302+P352, P405
β-Hexachlorcyclohexan	EG 206-271-3, CAS 319-85-7	GHS06, GHS08, GHS09	Gefahr	H301, H312, H351, H410	ECHA	Carc. 2	P201, P273, P280, P301+P310, P302+P352, P405
δ-Hexachlorcyclohexan	EG 206-272-9, CAS 319-86-8	GHS06, GHS08, GHS09	Gefahr	H301, H312, H351, H410	ECHA	Carc. 2	P201, P273, P280, P301+P310, P302+P352, P405
Hexachlorophen	EG 200-733-8, CAS 70-30-4, Index 604-015-00-9	GHS06, GHS09	Gefahr	H301+H311, H410	CLP		P273, P280, P301+P310, P302+P352, P330, P405

Farb-codierung BAK 9	Lagerung unter Ver-schluss – intern – 10	Abgabe – kinderge-sicherter Verschluss 11	Abgabe – tastbares Warn-zeichen 12	Verbote / Beschränkungen bei der Abgabe 13	Informations- / Dokumentations-pflichten / Sachkunde 14	Lagerort L = Labor R = Rezeptur (ggf. ergänzen) 15	Lager-menge (ändern, falls ab-weichend) 16	Sieher-heitsda-tenblatt vorhanden 17
Hellblau	nein	nein	nein					
Gelb, Orange, Hellblau	ja	ja	ja	ChemVerbotsV	Info / Doku / Sachk.			
Gelb, Orange, Hellblau	nein	nein	nein					
Gelb, Orange	nein	nein	ja	AMVV	Rx / Verbot			
Gelb, Orange, Hellblau	nein	nein	ja					
	nein	nein	nein					
	nein	nein	nein					
Gelb, Orange, Hellblau	nein	nein	nein					
Rot	nein	nein	ja	ChemVerbotsV REACH	Info / Doku / Sachk. REACH / (Verbot)			
Gelb, Hellblau	nein	nein	ja					
	nein	nein	ja					
Gelb, Orange	nein	nein	ja					
Gelb, Orange	ja	ja	ja	ChemVerbotsV	Info / Doku / Sachk.			
Gelb, Orange	ja	ja	ja	ChemVerbotsV	Info / Doku / Sachk.			
Gelb, Orange	ja	ja	ja	ChemVerbotsV	Info / Doku / Sachk.			
Gelb	ja	ja	ja	ChemVerbotsV	Info / Doku / Sachk.			

Stoffname 1	Produktidentifikator EG- / CAS-Nummer Index-Nr. 2	Pikto-gramm / e 3	Signal-wort 4	H-Sätze 5	Quelle 6	CMR-Eigen-schaften 7	P-Sätze 8
Hexamethylentetramin	EG 202-905-8, CAS 100-97-0, Index 612-101-00-2	GHS02, GHS07	Gefahr	H228, H317	CLP		P210, P280, P302+P352, P333+P313
Hexamin	EG 202-905-8, CAS 100-97-0, Index 612-101-00-2	GHS02, GHS07	Achtung	H228, H317	CLP		P210, P280, P302+P352, P333+P313, P501
Hexan	EG 203-777-6, CAS 110-54-3, Index 601-037-00-0	GHS02, GHS07, GHS08, GHS09	Gefahr	H225, H304, H315, H336, H361f, H373, H411	CLP	Repr. 2	P210, P273, P280, P301+P310, P302+P352, P405
Homatropinhydrobromid	EG 200-105-3, CAS 51-56-9	GHS07	Achtung	H302+H312 +H332	ECHA		P261, P301+P312, P302+P352, P304+P340
Hydrochinon	EG 204-617-8, CAS 123-31-9, Index 604-005-00-4	GHS05, GHS07, GHS08, GHS09	Gefahr	EUH208, H302, H317, H318, H341, H351, H400	CLP	Carc. 2, Muta. 2	P201, P273, P280, P302+P352, P305+P351+P338, P308+P313
Hydrochlorothiazid	EG 200-403-3, CAS 58-93-5	GHS07, GHS08	Gefahr	H302, H317, H334	ECHA		P261, P280, P284, P301+P312, P342+P311
Hydrocortison	EG 200-020-1, CAS 50-23-7	GHS08	Achtung	H361	ECHA	Repr. 2	P202, P280, P308+P313, P405
Hydrocortisonacetat	EG 200-004-4, CAS 50-03-3	GHS08	Achtung	H361	ECHA	Repr. 2	P202, P280, P308+P313, P405
Hydromorphonhydro-chlorid	EG 200-762-6, CAS 71-68-1	GHS07	Achtung	H302	ECHA		P301+P312
Hydroxychinolin	EG 205-711-1, CAS 148-24-3, Index 613-324-00-8	GHS05, GHS06, GHS07, GHS08	Gefahr	EUH208, H301, H317, H318, H360D, H410	CLP	Repr. 1B	P201, P273, P280, P302+P352, P305+P351+P338, P308+P313, P405
Hydroxyethylsalicylat	EG 201-737-2, CAS 87-28-5	GHS07	Achtung	H302	ECHA		P301+P312
Hydroxylaminhydro-chlorid	EG 226-798-2, CAS 5470-11-1, Index 612-123-00-2	GHS05, GHS07, GHS08, GHS09	Achtung	EUH208, H290, H302+H312, H315, H317, H319, H351, H373, H400	CLP	Carc. 2	P260, P280, P301+P312, P305+P351+P338, P308+P313, P405
Hyperosid	EG 207-580-6, CAS 482-36-0	GHS07	Achtung	H302	ECHA		P301+P312
Ibuprofen	EG 239-784-6, CAS 15687-27-1	GHS07	Achtung	H302, H319, H335	ECHA		P261, P280, P301+P312, P305+P351+P338, P405
Indometacin	EG 200-186-5, CAS 53-86-1	GHS06, GHS08	Gefahr	EUH208, H300, H317, H360FD	ECHA	Repr. 1B	P280, P301+P310, P302+P352, P308+P313, P405
Indophenolblau	EG 205-056-1, CAS 132-31-0	GHS07	Achtung	H315, H319, H335	ECHA		P280, P302+P352, P304+P340, P305+P351+P338, P337+P313, P405

Farb-codierung BAK 9	Lagerung unter Ver-schluss – intern – 10	Abgabe – kinderge-sicherter Verschluss 11	Abgabe – tastbares Warn-zeichen 12	Verbote / Beschränkungen bei der Abgabe 13	Informations- / Dokumentations-pflichten / Sachkunde 14	Lagerort L = Labor R = Rezeptur (ggf. ergänzen) 15	Lager-menge (ändern, falls ab-weichend) 16	Sicher-heitsda-tenblatt vorhanden 17
Gelb	nein	nein	ja	ExplT	(Doku)			
Gelb	nein	nein	ja	ExplT	(Doku)			
Gelb, Orange	nein	nein	ja					
Gelb, Orange	nein	nein	ja	AMVV	Rx / Verbot			
Gelb, Orange, Hellblau	nein	nein	ja					
Gelb, Orange	nein	nein	ja	AMVV	Rx / Verbot			
Gelb, Orange	nein	nein	ja	AMVV	Rx / Verbot			
Gelb, Orange	nein	nein	ja	AMVV	Rx / Verbot			
	ja	nein	ja	BtMG	BtM / Verbot			
Rot	ja	ja	ja	ChemVerbotsV REACH	Info / Doku / Sachk. REACH / (Verbot)			
	nein	nein	ja					
Gelb, Orange, Hellblau	nein	nein	ja					
	nein	nein	ja					
Orange, Hellblau	nein	nein	ja	AMVV	Rx / Verbot			
Rot	ja	ja	ja	AMVV ChemVerbotsV REACH	Rx / Verbot Info / Doku / Sachk. REACH / (Verbot)			
Gelb, Orange, Hellblau	nein	nein	nein					

Stoffname 1	Produktidentifikator EG- / CAS-Nummer Index-Nr. 2	Pikto-gramm / e 3	Signal-wort 4	H-Sätze 5	Quelle 6	CMR-Eigen-schaften 7	P-Sätze 8
Ipecacuanhafluidextrakt, eingestellter	EG 200-578-6, EG 207-592-1, CAS 64-17-5, CAS 483-18-1, Index 603-002-00-5	GHS02	Gefahr	H225	CLP		P210, P240, P241, P280, P303+P361+P353
Ipecacuanhatinktur, eingestellte	EG 200-578-6, EG 207-592-1, CAS 64-17-5, CAS 483-18-1, Index 603-002-00-5	GHS02	Gefahr	H225	CLP		P210, P240, P241, P280, P303+P361+P353
Irinotecanhydrochlorid-Trihydrat	EG 603-967-2, CAS 136572-09-3	GHS07, GHS08	Gefahr	H302, H360F	ECHA	Repr. 1B	P201, P280, P308+P313, P405
Isoamylalkohol	EG 204-633-5, CAS 123-51-3, Index 603-006-00-7	GHS02, GHS05, GHS07	Gefahr	EUH066, H226, H315, H318, H332, H335	ECHA		P210, P261, P280, P304+P340, P305+P351+P338, P370+P378, P405
Isobutylmethylketon	EG 203-550-1, CAS 108-10-1, Index 606-004-00-4	GHS02, GHS07, GHS08	Gefahr	EUH066, H225, H319, H332, H336, H351	CLP	Carc. 2	P210, P280, P304+P340, P305+P351+P338, P403+P235, P405
Isopropylalkohol	EG 200-661-7, CAS 67-63-0, Index 603-117-00-0	GHS02, GHS07	Gefahr	H225, H319, H336	CLP		P210, P233, P240, P305+P351+P338, P403+P235
Isopropylalkohol 70 % (V / V)	EG 200-661-7, CAS 67-63-0, Index 603-117-00-0	GHS02, GHS07	Gefahr	H225, H319, H336	CLP		P210, P233, P305+P351+P338, P403+P235
Isosafrol (cis + trans)	EG 204-410-2, CAS 120-58-1	GHS07, GHS08	Gefahr	H302+H312 +H332, H341, H350, H350i	ECHA	Carc. 1B, Muta. 2	P201, P280, P308+P313, P405, P501
Isoxsuprinhydrochlorid	EG 209-443-6, CAS 579-56-6	GHS07, GHS09	Achtung	H302, H410	ECHA		P273, P301+P312, P391
Jod	EG 231-442-4, CAS 7553-56-2, Index 053-001-00-3	GHS07, GHS08, GHS09	Gefahr	H302+H312 +H332, H315, H319, H335, H372, H400	CLP, ECHA		P273, P280, P302+P352, P305+P351+P338, P314, P405
Jodlösung, ethanolhaltige, DAB	EG 200-578-6, EG 231-442-4, CAS 64-17-5, CAS 7553-56-2	GHS02	Gefahr	H225	SDBl Hersteller		P210, P240, P241, P280, P303+P361+P353
Jodoform	EG 200-874-5, CAS 75-47-8	GHS07	Achtung	H302+H312 +H332, H315, H319, H335	ECHA		P261, P280, P305+P351+P338, P405
Kaffeesäure	EG 206-361-2, CAS 331-39-5	GHS08	Achtung	H351	ECHA	Carc. 2	P280, P308+P313, P405
Kaliumantimonyltartrat	EG 608-190-2, CAS 28300-74-5	GHS07, GHS09	Achtung	H302+H332, H411	ECHA		P273
Kaliumbromat	EG 231-829-8, CAS 7758-01-2, Index 035-003-00-6	GHS03, GHS06, GHS08	Gefahr	H271, H301, H350	CLP	Carc. 1B	P201, P210, P280, P308+P313, P405

Farbcodierung BAK 9	Lagerung unter Verschluss – intern – 10	Abgabe – kindergesicherter Verschluss 11	Abgabe – tastbares Warnzeichen 12	Verbote / Beschränkungen bei der Abgabe 13	Informations- / Dokumentationspflichten / Sachkunde 14	Lagerort L = Labor R = Rezeptur (ggf. ergänzen) 15	Lagermenge (ändern, falls abweichend) 16	Sieherheitsdatenblatt vorhanden 17
	nein	nein	ja					
	nein	nein	ja					
Rot	nein	nein	ja	AMVV ChemVerbotsV REACH	Rx / Verbot Info / Doku / Sachk. REACH / (Verbot)			
Gelb, Orange, Hellblau	nein	nein	ja					
Gelb, Orange, Hellblau	nein	nein	ja					
Orange, Hellblau	nein	nein	ja					
Orange, Hellblau	nein	nein	ja					
Rot	ja	nein	ja	ChemVerbotsV DrogS 1 REACH	Info / Doku / Sachk. Erlaubnis / Doku / Kundenerklärung REACH / (Verbot)			
	nein	nein	ja					
Gelb, Orange, Hellblau	ja	ja	ja	ChemVerbotsV	Info / Doku / Sachk.			
	nein	nein	ja					
Gelb, Orange, Hellblau	nein	nein	ja					
Gelb, Orange	nein	nein	ja					
Orange	nein	nein	ja					
Rot	ja	ja	ja	ChemVerbotsV REACH	Info / Doku / Sachk. REACH / (Verbot)			

Stoffname 1	Produktidentifikator EG- / CAS-Nummer Index-Nr. 2	Pikto-gramm / e 3	Signal-wort 4	H-Sätze 5	Quelle 6	CMR-Eigen-schaften 7	P-Sätze 8
Kaliumbromatlösung 1 / 60 mol / l	EG 231-829-8, EG 940-182-7, CAS 7758-01-2	GHS07, GHS08	Gefahr	H302, H350	ECHA	Carc. 1B	P201, P280, P308+P313, P405
Kaliumbromid	EG 231-830-3, CAS 7758-02-3	GHS07	Achtung	H319	ECHA		P264, P280, P305+P351+P338, P337+P313
Kaliumcarbonat	EG 209-529-3, CAS 584-08-7	GHS07	Achtung	H315, H319, H335	ECHA		P261, P280, P302+P352, P305+P351+P338, P405
Kaliumchlorat ab 40 %	EG 223-289-7, CAS 3811-04-9, Index 017-004-00-3	GHS03, GHS07, GHS09	Gefahr	H271, H302+H332, H411	CLP		P210, P273, P280, P301+P312, P501
Kaliumchlorat unter 40 %	EG 223-289-7, CAS 3811-04-9, Index 017-004-00-3	GHS03, GHS07, GHS09	Gefahr	H271, H302+H332, H411	CLP		P210, P273, P280, P501
Kaliumchlorid	EG 231-211-8, CAS 7447-40-7	-	-	-	ECHA		
Kaliumchromat	EG 232-140-5, CAS 7789-00-6, Index 024-006-00-8	GHS07, GHS08, GHS09	Gefahr	H315, H317, H319, H335, H340, H350i, H410	CLP	Carc. 1B, Muta. 1B	P201, P273, P280, P308+P313, P405, P501
Kaliumcyanid	EG 205-792-3, CAS 151-50-8	GHS05, GHS06, GHS08, GHS09	Gefahr	EUH032, H290, H300+H310 +H330, H372, H410	ECHA		P262, P273, P280, P302+P352, P304+P340, P314, P405
Kaliumdichromat	EG 231-906-6, CAS 7778-50-9, Index 024-002-00-6	GHS03, GHS05, GHS06, GHS08, GHS09	Gefahr	H272, H301, H312, H314, H317, H330, H334, H350, H360FD, H372, H410	CLP	Carc. 1B, Muta. 1B, Repr. 1B	P201, P210, P273, P280, P308+P313, P405, P501
Kaliumdihydrogen-phosphat	EG 231-913-4, CAS 7778-77-0	-	-	-	ECHA		
Kaliumfluorid	EG 232-151-5, CAS 7789-23-3, Index 009-005-00-2	GHS06	Gefahr	H301+H311 +H331	CLP		P280, P302+P352, P304+P340, P405
Kaliumhexacyano-ferrat(II) Trihydrat	EG 237-722-2, EG 680-418-3, CAS 14459-95-1	-	-	EUH032, H412	ECHA, SDBl Her-steller		P273
Kaliumhexacyano-ferrat(III)	EG 237-323-3, CAS 13746-66-2	GHS07, GHS09	Achtung	EUH032, H319, H411	ECHA		P273, P280, P305+P351+P338, P337+P313
Kaliumhydrogenphthalat	EG 212-889-4, CAS 877-24-7	-	-	-	ECHA		
Kaliumhydrogensulfat	EG 231-594-1, CAS 7646-93-7, Index 016-056-00-4	GHS05, GHS07	Gefahr	H314, H335	CLP		P260, P271, P280, P303+P361+P353, P305+P351+P338, P405

Farbcodierung BAK 9	Lagerung unter Verschluss – intern – 10	Abgabe – kindergesicherter Verschluss 11	Abgabe – tastbares Warnzeichen 12	Verbote / Beschränkungen bei der Abgabe 13	Informations- / Dokumentationspflichten / Sachkunde 14	Lagerort L = Labor R = Rezeptur (ggf. ergänzen) 15	Lagermenge (ändern, falls abweichend) 16	Sicherheitsdatenblatt vorhanden 17
Rot	ja	nein	ja	ChemVerbotsV REACH	Info / Doku / Sachk. REACH / (Verbot)			
Hellblau	nein	nein	nein					
Gelb, Orange, Hellblau	nein	nein	nein					
Orange	nein	nein	ja	ChemVerbotsV ExplV Grenzwertüberschreitung	Info / Sachk. Abgabeverbot / Kundenerklärung bei gewerbl., berufl.			
Orange	nein	nein	ja	ChemVerbotsV ExplV Grenzwertunterschreitung	Info / Sachk. (Doku)			
	nein	nein	nein					
Rot	ja	ja	nein	ChemVerbotsV REACH	Info / Doku / Sachk. REACH / (Verbot)			
Gelb, Orange	ja	ja	ja	ChemVerbotsV	Info / Doku / Sachk.			
Rot	ja	ja	ja	ChemVerbotsV REACH	Info / Doku / Sachk. REACH / (Verbot)			
	nein	nein	nein					
Gelb, Orange	ja	ja	ja	ChemVerbotsV	Info / Doku / Sachk.			
Orange	nein	nein	nein					
Orange, Hellblau	nein	nein	nein					
	nein	nein	nein					
Gelb, Orange, Hellblau	nein	ja	ja					

Stoffname 1	Produktidentifikator EG- / CAS-Nummer Index-Nr. 2	Pikto-gramm / e 3	Signal-wort 4	H-Sätze 5	Quelle 6	CMR-Eigen-schaften 7	P-Sätze 8
Kaliumhydroxid	EG 215-181-3, CAS 1310-58-3, Index 019-002-00-8	GHS05, GHS07	Gefahr	H290, H302, H314	CLP		P234, P280, P303+P361+P353, P305+P351+P338, P390, P405
Kaliumhydroxidlösung ab 5 %	EG 215-181-3, CAS 1310-58-3, Index 019-002-00-8	GHS05, GHS07	Gefahr	H290, H302, H314	CLP		P234, P280, P303+P361+P353, P305+P351+P338, P390, P405
Kaliumhydroxidlösung 2 bis < 5 %	EG 215-181-3, CAS 1310-58-3	GHS05, GHS07	Gefahr	H290, H302, H314	CLP		P280, P303+P361+P353, P305+P351+P338, P390, P405, P406
Kaliumhydroxidlösung 0,5 bis < 2 %	EG 215-181-3, CAS 1310-58-3	GHS05, GHS07	Achtung	H290, H302, H315, H319	CLP		P280, P302+P352, P305+P351+P338, P390, P406
Kaliumiodat	EG 231-831-9, CAS 7758-05-6	GHS03, GHS05	Gefahr	H272, H315, H319, H335	ECHA		P210, P280, P302+P352, P304+P340, P305+P351+P338, P405
Kaliumiodid	EG 231-659-4, CAS 7681-11-0	GHS08	Gefahr	H372	ECHA		P314
Kaliumnatriumtartrat-Tetrahydrat	EG 613-385-0, CAS 6381-59-5	-	-	-	ECHA		
Kaliumnitrat	EG 231-818-8, CAS 7757-79-1	GHS03	Achtung	H272	ECHA		P210, P220, P280, P370+P378, P501
Kaliumoxalat Mono-hydrat	EG 613-722-1, EG 209-506-8, CAS 6487-48-5, CAS 583-52-8	GHS07	Achtung	H302+H312	ECHA		P280, P301+P312, P302+P352
Kaliumperchlorat ab 40 %	EG 231-912-9, CAS 7778-74-7, Index 017-008-00-5	GHS03, GHS07	Gefahr	H271, H302	CLP		P210, P280, P501
Kaliumperchlorat unter 40 %	EG 231-912-9, CAS 7778-74-7, Index 017-008-00-5	GHS03, GHS07	Gefahr	H271, H302	CLP		P210, P280, P501
Kaliumpermanganat unter 100 kg	EG 231-760-3, CAS 7722-64-7	GHS03, GHS07, GHS08, GHS09	Gefahr	H272, H302+H312 +H332, H361fd, H400, H410	CLP	Repr. 2	P201, P210, P302+P352, P308+P313, P405, P501
Kaliumpermanganat ab 100 kg	EG 231-760-3, CAS 7722-64-7, Index 025-002-00-9	GHS03, GHS07, GHS08, GHS09	Gefahr	H272, H302+H312 +H332, H361fd, H400, H410	CLP	Repr. 2	
Kaliumpermanganat- Lösung 0,02 mol / l	EG 231-760-3, CAS 7722-64-7	GHS09	-	H411	SDBl Her-steller		P273

Farbcodierung BAK 9	Lagerung unter Verschluss – intern – 10	Abgabe – kindergesicherter Verschluss 11	Abgabe – tastbares Warnzeichen 12	Verbote / Beschränkungen bei der Abgabe 13	Informations- / Dokumentationspflichten / Sachkunde 14	Lagerort L = Labor R = Rezeptur (ggf. ergänzen) 15	Lagermenge (ändern, falls abweichend) 16	Sicherheitsdatenblatt vorhanden 17
Gelb, Hellblau	nein	ja	ja					
Gelb, Hellblau	nein	ja	ja					
Gelb, Hellblau	nein	ja	ja					
Gelb, Hellblau	nein	nein	ja					
Gelb, Orange, Hellblau	nein	nein	nein	ChemVerbotsV	Info / Sachk.			
Gelb, Orange	ja	ja	ja	ChemVerbotsV	Info / Doku / Sachk.			
	nein	nein	nein					
	nein	nein	nein	ChemVerbotsV ExplT	Info / Sachk. (Doku)			
Gelb	nein	nein	ja					
	nein	nein	ja	ChemVerbotsV ExplV Grenzwertüberschreitung	Info / Doku / Sachk. Abgabeverbot / Kundenerklärung bei gewerbl., berufl.			
	nein	nein	ja	ChemVerbotsV ExplV Grenzwertunterschreitung	Info / Doku / Sachk. (Doku)			
Gelb, Orange	nein	nein	ja	ChemVerbotsV DrogS 2B Schwellenwertunterschreitung	Info / Sachk. (Doku)			
Gelb, Orange	nein	nein	ja	ChemVerbotsV DrogS 2B Schwellenwertüberschreitung	Info / Sachk. Doku / Kundenerklärung			
	nein	nein	nein					

Stoffname 1	Produktidentifikator EG- / CAS-Nummer Index-Nr. 2	Pikto-gramm / e 3	Signal-wort 4	H-Sätze 5	Quelle 6	CMR-Eigen-schaften 7	P-Sätze 8
Kaliumsorbat	EG 246-376-1, EG 611-771-3, CAS 24634-61-5, CAS 590-00-1, Index 019-003-00-3	GHS07	Achtung	H319	CLP		P280, P305+P351+P338, P337+P313
Kaliumsulfat	EG 231-915-5, CAS 7778-80-5	-	-	-	ECHA		
Kaliumthiocyanat	EG 206-370-1, CAS 333-20-0	GHS05, GHS07	Gefahr	EUH032, H302+H312 +H332, H318, H412	ECHA		P273, P280, P301+P312, P302+P352, P304+P340, P305+P351+P338
Kanamycinmonosulfat	CAS 5965-95-7	GHS08	Gefahr	H360D	SDBl Her-steller	Repr. 1A	P201, P202, P280, P308+P313, P405
Kanamycinsulfat	EG 246-933-9, CAS 25389-94-0	GHS08	Gefahr	H360D	ECHA	Repr. 1B	P280, P308+P313, P405
Ketoconazol	EG 265-667-4, CAS 65277-42-1, Index 613-283-00-6	GHS06, GHS08, GHS09	Gefahr	H301, H360F, H373, H410	CLP	Repr. 1B	P201, P273, P280, P301+P310, P405
Khellin	EG 201-392-8, CAS 82-02-0	GHS06	Gefahr	H301, H315	ECHA		P280, P301+P310, P302+P352, P405
Kieselgur	EG 293-303-4, CAS 91053-39-3	GHS08	Gefahr	H372	ECHA, SDBl Her-steller		P260
Kieselgur, Filterhilfmittel	EG 272-489-0, CAS 68855-54-9	GHS08	Achtung	H373	ECHA		P260
Kollodium 4 %	EG 200-467-2, EG 200-578-6, CAS 60-29-7, CAS 64-17-5	GHS02, GHS07	Gefahr	H224, H302, H336	SDBl Her-steller		P210, P241, P261, P303+P361+P353, P403+P235, P405
Kolophonium	EG 232-475-7, CAS 8050-09-7, Index 650-015-00-7	GHS07	Achtung	EUH208, H317	CLP		P261, P280, P302+P352
Kongorot	EG 209-358-4, CAS 573-58-0, Index 611-027-00-8	GHS08	Gefahr	H350, H361d	CLP	Carc. 1B, Repr. 2	P201, P280, P308+P313, P405
Kreosot aus Buchen-holzteer	EG 232-419-1, CAS 8021-39-4	GHS05, GHS06, GHS08	Gefahr	EUH208, H301+H311, H314, H317, H332, H341, H412	ECHA	Muta. 2	P273, P280, P301+P330+P331, P303+P361+P353, P305+P351+P338, P333+P313, P405
Kristallviolett	EG 208-953-6, CAS 548-62-9, Index 612-205-00-8	GHS05, GHS07, GHS08, GHS09	Gefahr	H302, H318, H350, H410		Carc. 1B	P201, P273, P280, P301+P312, P305+P351+P338, P405, P501
Kümmelöl	EG 288-921-6, CAS 85940-31-4	GHS02, GHS07, GHS08, GHS09	Gefahr	EUH208, H226, H302, H304, H315, H317, H410	ECHA		P280, P301+P312, P303+P361+P353, P331, P333+P313, P405

Farbcodierung BAK 9	Lagerung unter Verschluss – intern – 10	Abgabe – kindergesicherter Verschluss 11	Abgabe – tastbares Warnzeichen 12	Verbote / Beschränkungen bei der Abgabe 13	Informations- / Dokumentationspflichten / Sachkunde 14	Lagerort L = Labor R = Rezeptur (ggf. ergänzen) 15	Lagermenge (ändern, falls abweichend) 16	Sicherheitsdatenblatt vorhanden 17
Hellblau	nein	nein	nein					
	nein	nein	nein					
Gelb, Orange, Hellblau	nein	nein	ja					
Rot	nein	nein	nein	AMVV ChemVerbotsV REACH	Rx / Verbot Info / Doku / Sachk. REACH / (Verbot)			
Rot	nein	nein	nein	AMVV ChemVerbotsV REACH	Rx / Verbot Info / Doku / Sachk. REACH / (Verbot)			
Rot	ja	ja	ja	ChemVerbotsV REACH	Info / Doku / Sachk. REACH / (Verbot)			
Gelb	ja	ja	ja	ChemVerbotsV	Info / Doku / Sachk.			
Gelb, Orange	ja	ja	ja					
Gelb, Orange	nein	nein	ja					
Orange	nein	nein	ja	ChemVerbotsV	Info / Sachk.			
Gelb	nein	nein	nein					
Rot	ja	nein	ja	ChemVerbotsV REACH	Info / Doku / Sachk. REACH / (Verbot)			
Gelb, Orange, Hellblau	ja	ja	ja	ChemVerbotsV	Info / Doku / Sachk.			
Rot	ja	nein	ja	ChemVerbotsV REACH	Info / Doku / Sachk. REACH / (Verbot)			
Gelb, Orange	nein	nein	ja					

Stoffname	Produktidentifikator EG- / CAS-Nummer Index-Nr.	Pikto-gramm / e	Signal-wort	H-Sätze	Quelle	CMR-Eigen-schaften	P-Sätze
1	2	3	4	5	6	7	8
Kupfer(I)-chlorid	EG 231-842-9, CAS 7758-89-6, Index 029-001-00-4	GHS05, GHS07, GHS09	Gefahr	H302, H315, H318, H410	CLP, ECHA		P264, P273, P280, P301+P312, P302+P352, P305+P351+P338, P391
Kupfer(II)-chlorid- Dihydrat	EG 600-176-4, CAS 10125-13-0	GHS05, GHS07, GHS09	Gefahr	H290, H302+H312, H315, H318, H400, H411	ECHA		P273, P280, P301+P312, P302+P352, P305+P351+P338, P406
Kupfer(II)-nitrat	EG 600-060-3, CAS 10031-43-3	GHS03, GHS05, GHS07, GHS09	Gefahr	H272, H302, H315, H318, H400	ECHA		P210, P273, P280, P302+P352, P305+P351+P338
Kupfer(II)-sulfat, wasserfrei	EG 231-847-6, CAS 7758-98-7, Index 029-004-00-0	GHS07, GHS09	Achtung	H302, H315, H319, H410	CLP		P264, P280, P301+P312, P302+P352, P305+P351+P338
Kupfer(II)-sulfat-Pentahydrat	EG 231-847-6, CAS 7758-99-8, Index 029-023-00-4	GHS05, GHS07, GHS09	Gefahr	H302, H318, H410	CLP		P264, P273, P280, P301+P312, P305+P351+P338
L-Milchsäure	EG 201-196-2, CAS 79-33-4, Index 607-743-00-5	GHS05	Gefahr	EUH071, H314, H318	CLP		P280, P303+P361+P353, P304+P340, P305+P351+P338, P405, P501
Lanthannitrat-Hexahydrat	EG 600-351-5, CAS 10277-43-7	GHS03, GHS05	Gefahr	H272, H315, H319, H335	ECHA		P210, P280, P302+P352, P305+P351+P338, P370+P378, P405
Latschenkiefernöl	EG 290-163-6, CAS 90082-72-7	GHS02, GHS07, GHS08, GHS09	Gefahr	H226, H304, H315, H317, H319, H411	ECHA		P273, P280, P301+P310, P305+P351+P338, P331, P405
Lauromacrogol 400	EG 221-284-4, CAS 3055-99-0	-	Gefahr	-	SDBl Hersteller		
Lauromacrogol 400	EG 500-002-6, CAS 9002-92-0	GHS05, GHS07	Gefahr	H302, H318	ECHA, SDBl Hersteller		P280, P301+P312, P305+P351+P338, P310, P501
Lavendelöl	EG 289-995-2, CAS 90063-37-9	GHS07, GHS08	Gefahr	EUH208, H304, H317, H319, H412	ECHA		P261, P280, P301+P310, P302+P352, P331, P333+P313, P405
Levonorgestrel	EG 212-349-8, CAS 797-63-7	GHS08	Gefahr	H351, H360FD, H362	ECHA	Carc. 2, Lact., Repr. 1A	P260, P263, P264, P280, P308+P313, P405
Lidocainhydrochlorid-Monohydrat	EG 612-079-4, CAS 6108-05-0	GHS07	Achtung	H302	ECHA		P264, P270, P301+P312
Linalool	EG 201-134-4, CAS 78-70-6, Index 603-235-00-2	GHS07	Achtung	H315, H317, H319	CLP, ECHA		P280, P302+P352, P305+P351+P338

Farb-codierung BAK 9	Lagerung unter Ver-schluss – intern – 10	Abgabe – kinderge-sicherter Verschluss 11	Abgabe – tastbares Warn-zeichen 12	Verbote / Beschränkungen bei der Abgabe 13	Informations- / Dokumentations-pflichten / Sachkunde 14	Lagerort L = Labor R = Rezeptur (ggf. ergänzen) 15	Lager-menge (ändern, falls ab-weichend) 16	Sieher-heitsda-tenblatt vorhanden 17
Gelb, Hellblau	nein	nein	ja					
Gelb, Hellblau	nein	nein	ja					
Gelb, Hellblau	nein	nein	ja	ChemVerbotsV	Info / Sachk.			
Gelb, Hellblau	nein	nein	ja					
Gelb, Hellblau	nein	nein	ja					
Gelb, Orange, Hellblau	nein	ja	ja					
Gelb, Orange, Hellblau	nein	nein	nein	ChemVerbotsV	Info / Sachk.			
Gelb, Orange, Hellblau	nein	nein	ja					
	nein	nein	nein					
Hellblau	nein	nein	ja					
Gelb, Orange, Hellblau	nein	nein	ja					
Rot	nein	nein	ja	AMVV ChemVerbotsV REACH	Rx / Verbot Info / Doku / Sachk. REACH / (Verbot)			
	nein	nein	ja	AMVV	Rx / Verbot			
Gelb, Hellblau	nein	nein	nein					

Stoffname 1	Produktidentifikator EG- / CAS-Nummer Index-Nr. 2	Pikto-gramm / e 3	Signal-wort 4	H-Sätze 5	Quelle 6	CMR-Eigen-schaften 7	P-Sätze 8
Linalylacetat, Racemat	EG 204-116-4, CAS 115-95-7	GHS07	Achtung	EUH208, H315, H317, H319	ECHA		P261, P264, P280, P302+P352, P305+P351+P338
Lysergsäure	EG 201-431-9, CAS 82-58-6	GHS06	Gefahr	H301+H311 +H331	ECHA		P261, P304+P340, P311, P405, P501
Macrogol 400	EG 500-038-2, CAS 25322-68-3	-	-	-	ECHA		
Magnesium (pyrophor)	EG 231-104-6, CAS 7439-95-4, Index 012-001-00-3	GHS02	Gefahr	H250, H260	CLP		P210, P222, P223, P302+P334, P402+P404
Magnesium, phlegmati-siert (Pulver oder Späne)	EG 231-104-6, CAS 7439-95-4, Index 012-002-00-9	GHS02	Gefahr	H228, H252, H261	GESTIS		P210, P280, P370+P378, P420
Magnesiumnitrat-Hexa-hydrat	EG 233-826-7, EG 603-823-9, CAS 13446-18-9	GHS03	Gefahr	H272	ECHA		P210, P220, P280, P370+P378
Magnesiumoxid, leichtes	EG 215-171-9, CAS 1309-48-4	-	-	-	ECHA		
Magnesiumoxid, schwe-res	EG 215-171-9, CAS 1309-48-4	-	-	-	ECHA		
Magnesiumsulfat-Hepta-hydrat	EG 600-073-4, CAS 10034-99-8	-	-	-	ECHA		
Majoranöl	EG 616-955-7, EG 282-004-4, CAS 8015-01-8	GHS02, GHS07, GHS08, GHS09	Gefahr	H226, H304, H315, H319, H411	ECHA		P280, P301+P310, P303+P361+P353, P305+P351+P338, P331, P405
Malachitgrün	EG 629-474-2, CAS 123333-61-9	GHS05, GHS06, GHS08, GHS09	Gefahr	H301, H318, H361d, H410		Repr. 2	P201, P273, P280, P301+P310, P305+P351+P338, P308+P313, P405
Mangan(II)-sulfat Mono-hydrat	EG 600-072-9, CAS 10034-96-5	GHS05, GHS08, GHS09	Gefahr	H318, H373, H411			P273, P280, P305+P351+P338, P314
Mannitol	EG 200-711-8, CAS 69-65-8	-	-	-	ECHA		
Menthol	EG 218-690-9, CAS 2216-51-5	GHS07	Achtung	H315, H319	ECHA		P280, P302+P352, P305+P351+P338
Menthol, racemisches	EG 201-939-0, CAS 89-78-1	GHS07	Achtung	H315, H319	ECHA		P280, P302+P352, P305+P351+P338
Menthylacetat	EG 220-076-0, CAS 2623-23-6	GHS09	-	H411	ECHA		P273, P391
Mepivacainhydrochlorid	EG 217-023-9, CAS 1722-62-9	GHS06	Gefahr	H301	ECHA		P301+P310, P405
Mesterolon	EG 215-836-3, CAS 1424-00-6	GHS08, GHS09	Gefahr	H351, H360FD, H362, H411	ECHA	Carc. 2, Lact., Repr. 1B	P202, P280, P308+P313, P405, P501

Farbcodierung BAK 9	Lagerung unter Verschluss – intern – 10	Abgabe – kindergesicherter Verschluss 11	Abgabe – tastbares Warnzeichen 12	Verbote / Beschränkungen bei der Abgabe 13	Informations- / Dokumentationspflichten / Sachkunde 14	Lagerort L = Labor R = Rezeptur (ggf. ergänzen) 15	Lagermenge (ändern, falls abweichend) 16	Sicherheitsdatenblatt vorhanden 17
Gelb, Hellblau	nein	nein	nein					
Gelb, Orange	ja	ja	ja	ChemVerbotsV DrogS 1	Info / Doku / Sachk. Erlaubnis / Doku / Kundenerklärung			
	nein	nein	nein					
Orange	nein	nein	nein	ExplT	(Doku)			
	nein	nein	ja	ExplT	(Doku)			
	nein	nein	nein	ChemVerbotsV ExplT	Info / Sachk. (Doku)			
	nein	nein	nein					
	nein	nein	nein					
	nein	nein	nein					
Gelb, Orange, Hellblau	nein	nein	ja					
Gelb, Orange, Hellblau	ja	ja	ja	ChemVerbotsV	Info / Doku / Sachk.			
Gelb, Orange, Hellblau	nein	nein	ja					
	nein	nein	nein					
Gelb, Hellblau	nein	nein	nein					
Gelb, Hellblau	nein	nein	nein					
	nein	nein	nein					
	ja	ja	ja	AMVV ChemVerbotsV	Rx / Verbot Info / Doku / Sachk.			
Rot	nein	nein	ja	AMVV ChemVerbotsV REACH	Rx / Verbot Info / Doku / Sachk. REACH / (Verbot)			

Stoffname 1	Produktidentifikator EG- / CAS-Nummer Index-Nr. 2	Pikto-gramm / e 3	Signal-wort 4	H-Sätze 5	Quelle 6	CMR-Eigen-schaften 7	P-Sätze 8
Mestranol	EG 200-777-8, CAS 72-33-3	GHS07, GHS08	Achtung	H315, H319, H351		Carc. 2	P302+P352, P305+P351+P338, P308+P313, P405, P501
Metaldehyd	EG 203-600-2, CAS 108-62-3, Index 605-005-00-7	GHS02, GHS06, GHS08	Gefahr	H228, H301, H361f, H412	CLP	Repr. 2	P210, P264, P280, P301+P310, P370+P378, P405, P501
Metanilgelb	EG 209-608-2, CAS 587-98-4	GHS05, GHS09	Gefahr	H318, H411	ECHA		P273, P280, P305+P351+P338, P391, P501
Methadonhydrochlorid	EG 214-140-7, CAS 1095-90-5	GHS06	Gefahr	H300	ECHA, SDBl Her-steller		P264, P301+P310, P321, P330, P405, P501
Methanol ab 10 %	EG 200-659-6, CAS 67-56-1, Index 603-001-00-X	GHS02, GHS06, GHS08	Gefahr	H225, H301+H311 +H331, H370	CLP		P210, P233, P280, P301+P310, P303+P361+P353, P304+P340, P405, P501
Methenamin	EG 202-905-8, CAS 100-97-0, Index 612-101-00-2	GHS02, GHS07	Achtung	H228, H317	CLP		P210, P280, P302+P352, P333+P313, P501
Methotrexat	EG 200-413-8, CAS 59-05-2	GHS06, GHS08	Gefahr	H301, H315, H319, H341, H360Df	ECHA, SDBl Her-steller	Muta. 2, Repr. 1B	P201, P280, P301+P310, P305+P351+P338, P405, P501
Methoxsalen	EG 206-066-9, CAS 298-81-7	GHS07	Achtung	EUH208, H302, H317	ECHA		P261, P280, P301+P312, P333+P313, P501
Methoxyphenylessig-säure	EG 230-300-9, CAS 7021-09-2	GHS07	Achtung	H315, H319, H335	ECHA		P280, P302+P352, P332+P313, P337+P313, P405
Methyl-2-methyl-3-phe-nyl-2-oxirancarboxylat	CAS 80532-66-7	-	-	-			
Methyl-3-(1, 3-benzodio-xol-5-yl)-2-methyl-2-oxi-rancaboxylat	CAS 13605-48-6	-	-	-	keine		
Methyl-4-hydroxyben-zoat	EG 205-785-7, CAS 99-76-3	GHS09	-	H411	ECHA		P273, P391
Methyl-α-acetylphenyl-acetat	CAS 16648-44-5	-	-	-	keine		
Methylenbisdimethyl-anilin	EG 202-959-2, CAS 101-61-1, Index 612-201-00-6	GHS08, GHS09	Gefahr	H350, H410	CLP	Carc. 1B	P201, P273, P280, P308+P313, P405, P501
Methylenblau	EG 602-909-3, EG 200-515-2, CAS 122965-43-9, CAS 61-73-4	GHS07	Achtung	H302	ECHA		P301+P312, P501
3, 4-Methylendioxy-phenylpropan-2-on	EG 225-128-6, CAS 4676-39-5	GHS07	Achtung	EUH071, H315, H319, H335, H336	ECHA		P261, P280, P312, P405, P501

Farbcodierung BAK 9	Lagerung unter Verschluss – intern – 10	Abgabe – kindergesicherter Verschluss 11	Abgabe – tastbares Warnzeichen 12	Verbote / Beschränkungen bei der Abgabe 13	Informations- / Dokumentationspflichten / Sachkunde 14	Lagerort L = Labor R = Rezeptur (ggf. ergänzen) 15	Lagermenge (ändern, falls abweichend) 16	Sicherheitsdatenblatt vorhanden 17
Gelb, Orange, Hellblau	nein	nein	ja	AMVV	Rx / Verbot			
Gelb, Orange	ja	ja	ja	ChemVerbotsV	Info / Doku / Sachk.			
Hellblau	nein	nein	nein					
	ja	ja	ja	BtMG ChemVerbotsV	BtM / Verbot Info / Doku / Sachk.			
	ja	ja	ja	ChemVerbotsV REACH	Info / Doku / Sachk. REACH / (Verbot)			
Gelb	nein	nein	ja	ExplT	(Doku)			
Rot	ja	ja	ja	AMVV ChemVerbotsV REACH	Rx / Verbot Info / Doku / Sachk. REACH / (Verbot)			
Gelb	nein	nein	ja	AMVV	Rx / Verbot			
Gelb, Orange, Hellblau	nein	nein	nein					
	nein	nein	nein	DrogS 1	Erlaubnis / Doku / Kundenerklärung			
	nein	nein	nein	DrogS 1	Erlaubnis / Doku / Kundenerklärung			
Gelb, Orange, Hellblau	nein	nein	nein					
	nein	nein	nein	DrogS 1	Erlaubnis / Doku / Kundenerklärung			
Rot	ja	nein	nein	ChemVerbotsV REACH	Info / Doku / Sachk. REACH / (Verbot)			
	nein	nein	ja					
Gelb, Orange, Hellblau	nein	nein	nein	DrogS 1	Erlaubnis / Doku / Kundenerklärung			

Stoffname 1	Produktidentifikator EG- / CAS-Nummer Index-Nr. 2	Piktogramm / e 3	Signalwort 4	H-Sätze 5	Quelle 6	CMR-Eigenschaften 7	P-Sätze 8
Methylethylketon	EG 201-159-0, CAS 78-93-3, Index 606-002-00-3	GHS02, GHS07	Gefahr	H225, H319, H335, H336	CLP		P210, P305+P351+P338, P403+P233, P405, P501
Methylnicotinat	EG 202-261-8, CAS 93-60-7	GHS07	Achtung	H315, H319, H335	ECHA		P261, P264, P271, P280, P302+P352, P305+P351+P338, P405, P501
Methylorange	EG 208-925-3, CAS 547-58-0	GHS06	Gefahr	H301	ECHA		P301+P310, P405, P501
2-Methyl-3-phenyl-2-oxirancarbonsäure	CAS 25547-51-7	-	-	-			
Methylprednisolon	EG 201-476-4, CAS 83-43-2	GHS08	Gefahr	H360D, H373	ECHA	Repr. 1A	P201, P280, P308+P313, P405
Methylrosaniliniumchlorid	EG 208-953-6, CAS 548-62-9, Index 612-205-00-8	GHS05, GHS06, GHS08, GHS09	Gefahr	H302, H318, H350, H410	CLP	Carc. 1B	P201, P273, P280, P301+P312, P305+P351+P338, P405,P501
Methylrot	EG 207-776-1, CAS 493-52-7	-	-	-	ECHA		
Methylsalicylat	EG 204-317-7, CAS 119-36-8, Index 607-749-00-8	GHS05, GHS07, GHS08	Gefahr	EUH208, H302, H317, H318, H361d, H412	ECHA	Repr. 2	P280, P301+P312, P305+P351+P338, P405,P501
Methylviolett	EG 208-953-6, CAS 548-62-9, Index 612-205-00-8	GHS05, GHS07, GHS08, GHS09	Gefahr	H302, H318, H350, H410	CLP	Carc. 1B	P201, P273, P280, P301+P312, P305+P351+P338, P405, P501
Metronidazol	EG 207-136-1, CAS 443-48-1	GHS08	Gefahr	H341, H350, H412	ECHA	Carc. 1B, Muta. 2	P201, P273, P280, P405, P501
Miconazolnitrat	EG 245-256-6, CAS 22832-87-7	GHS07	Achtung	H302, H317	ECHA		P261, P280, P301+P312, P333+P313, P501
Midazolamhydrochlorid	EG 261-776-6, CAS 59467-96-8	GHS07, GHS08	Achtung	H302, H336, H361, H362	ECHA	Lact., Repr. 2	P260, P263, P280, P405, P501
DL-Milchsäure	EG 209-954-4, CAS 598-82-3	GHS05	Gefahr	H315, H318	ECHA		P264, P280, P302+P352, P305+P351+P338
Minoxidil	EG 253-874-2, CAS 38304-91-5	GHS07	Achtung	H302, H315, H319, H335	ECHA		P261, P280, P304+P340, P305+P351+P338, P332+P313, P405, P501
Minzöl	EG 290-085-5, CAS 90063-97-1	GHS07, GHS09	Achtung	EUH208, H302, H315, H317, H319, H411	ECHA		P261, P273, P280, P333+P313, P337+P313, P501

Farbcodierung BAK 9	Lagerung unter Verschluss – intern – 10	Abgabe – kindergesicherter Verschluss 11	Abgabe – tastbares Warnzeichen 12	Verbote / Beschränkungen bei der Abgabe 13	Informations- / Dokumentationspflichten / Sachkunde 14	Lagerort L = Labor R = Rezeptur (ggf. ergänzen) 15	Lagermenge (ändern, falls abweichend) 16	Sieherheitsdatenblatt vorhanden 17
Orange, Hellblau	nein	nein	ja	DrogS 3	(Doku)			
Gelb, Orange, Hellblau	nein	nein	nein					
	ja	ja	ja	ChemVerbotsV	Info / Doku / Sachk.			
	nein	nein	nein	DrogS 1	Erlaubnis / Doku / Kundenerklärung			
Rot	nein	nein	ja	AMVV ChemVerbotsV REACH	Rx / Verbot Info / Doku / Sachk. REACH / (Verbot)			
Rot	ja	nein	ja	ChemVerbotsV REACH	Info / Doku / Sachk. REACH / (Verbot)			
	nein	nein	nein					
Gelb, Orange, Hellblau	nein	nein	ja					
Rot	ja	nein	ja	ChemVerbotsV REACH	Info / Doku / Sachk. REACH / (Verbot)			
Rot	ja	nein	ja	AMVV ChemVerbotsV REACH	Rx / Verbot Info / Doku / Sachk. REACH / (Verbot)			
Gelb	nein	nein	ja	AMVV	Rx / Verbot			
Gelb, Orange	ja	nein	ja	BtMG	BtM / Verbot			
Gelb, Hellblau	nein	nein	nein					
Gelb, Orange, Hellblau	nein	nein	ja	AMVV	Rx / Verbot			
Gelb, Hellblau	nein	nein	ja					

Stoffname 1	Produktidentifikator EG- / CAS-Nummer Index-Nr. 2	Piktogramm / e 3	Signalwort 4	H-Sätze 5	Quelle 6	CMR-Eigenschaften 7	P-Sätze 8
Mitoxantronhydrochlorid	EG 274-619-1, CAS 70476-82-3	GHS08	Gefahr	H340, H360	ECHA	Muta. 1B, Repr. 1B	P280, P308+P313, P405, P501
Molybdatophosphorsäure Monohydrat	EG 610-660-7, CAS 51429-74-4	GHS03, GHS05	Gefahr	H272, H314, H318	ECHA		P210, P220, P260, P280, P303+P361+P353, P305+P351+P338, P405, P501
Mometasonfuroat	EG 617-501-0, CAS 83919-23-7	GHS08, GHS09	Gefahr	H360Df, H372, H410	ECHA	Repr. 1A	P260, P264, P280, P308+P313, P405, P501
Mometasonfuroat-Monohydrat	EG 685-620-5, CAS 141646-00-6	GHS06, GHS08, GHS09	Gefahr	H331, H360, H373, H410	ECHA	Repr. 1B	P260, P273, P280, P304+P340, P405, P501
Morphinhydrochlorid	EG 641-595-2, CAS 6055-06-7	GHS07, GHS08	Gefahr	H302+H332, H317, H334	ECHA		P261, P280, P284, P301+P312, P342+P311, P501
Morphinsulfat Pentahydrat	EG 624-082-8, CAS 6211-15-0	GHS07, GHS08	Gefahr	EUH208, H302+H332, H317, H334	SDBl Hersteller		P261, P280, P301+P312, P302+P352, P304+P340, P501
Myrrhentinktur	EG 200-578-6, CAS 64-17-5, Index 603-002-00-5	GHS02	Gefahr	H225	CLP		P210, P240, P303+P361+P353, P403+P235, P501
Naphazolinhydrochlorid	EG 208-989-2, CAS 550-99-2	GHS06	Gefahr	H300	ECHA		P264, P301+P310, P330, P405, P501
Naphthalin	EG 202-049-5, CAS 91-20-3, Index 601-052-00-2	GHS02, GHS07, GHS08, GHS09	Achtung	H228, H302, H351, H410	CLP, ECHA	Carc. 2	P201, P210, P273, P280, P301+P312, P308+P313, P405, P501
1-Naphthol	EG 201-969-4, CAS 90-15-3, Index 604-029-00-5	GHS05, GHS06, GHS08, GHS09	Gefahr	EUH208, H302, H311, H315, H317, H318, H335, H371, H412	CLP, ECHA		P273, P280, P301+P312, P302+P352, P305+P351+P338, P308+P311, P405, P501
2-Naphthol	EG 205-182-7, CAS 135-19-3, Index 604-007-00-5	GHS05, GHS07, GHS09	Gefahr	H302+H332, H317, H318, H400, H412	CLP, ECHA		P273, P280, P301+P312, P304+P340, P305+P351+P338, P391, P501
Naphtholbenzein	EG 205-656-3, CAS 145-50-6	GHS07	Achtung	H315, H319, H335	ECHA		P261, P280, P332+P313, P337+P313, P405
Naphthylethylendiamindihydrochlorid	EG 215-981-2, CAS 1465-25-4	GHS07	Achtung	H315, H319, H335	ECHA		P261, P280, P302+P352, P304+P340, P305+P351+P338, P405, P501

Farb-codierung BAK 9	Lagerung unter Ver-schluss – intern – 10	Abgabe – kinderge-sicherter Verschluss 11	Abgabe – tastbares Warn-zeichen 12	Verbote / Beschränkungen bei der Abgabe 13	Informations- / Dokumentations-pflichten / Sachkunde 14	Lagerort L = Labor R = Rezeptur (ggf. ergänzen) 15	Lager-menge (ändern, falls ab-weichend) 16	Sieher-heitsda-tenblatt vorhanden 17
Rot	ja	nein	nein	AMVV	Rx / Verbot			
				ChemVerbotsV	Info / Doku / Sachk.			
				REACH	REACH / (Verbot)			
Gelb, Hellblau	nein	ja	ja	ChemVerbotsV	Info / Sachk.			
Rot	ja	ja	ja	AMVV	Rx / Verbot			
				ChemVerbotsV	Info / Doku / Sachk.			
				REACH	REACH / (Verbot)			
Rot	ja	ja	ja	AMVV	Rx / Verbot			
				ChemVerbotsV	Info / Doku / Sachk.			
				REACH	REACH / (Verbot)			
Gelb, Orange	ja	nein	ja	BtMG	BtM / Verbot			
Gelb, Orange	ja	nein	ja	BtMG	BtM / Verbot			
	nein	nein	ja					
	ja	ja	ja	ChemVerbotsV	Info / Doku / Sachk.			
Gelb, Orange	nein	nein	ja					
Gelb, Orange, Hellblau	ja	ja	ja	ChemVerbotsV	Info / Doku / Sachk.			
Gelb, Orange, Hellblau	nein	nein	ja					
Gelb, Orange, Hellblau	nein	nein	nein					
Gelb, Orange, Hellblau	nein	nein	nein					

Stoffname 1	Produktidentifikator EG- / CAS-Nummer Index-Nr. 2	Pikto-gramm / e 3	Signal-wort 4	H-Sätze 5	Quelle 6	CMR-Eigen-schaften 7	P-Sätze 8
Naproxen	EG 244-838-7, CAS 22204-53-1	GHS07, GHS08	Achtung	H302, H315, H319, H335, H361d	ECHA	Repr. 2	P305+P351+P338, P405
Natriumacetat-Trihydrat	EG 612-115-9, CAS 6131-90-4	-	-	-	ECHA		
Natriumbismutat	EG 235-455-6, CAS 12232-99-4	GHS07	Achtung	H302	ECHA		P301+P312
Natriumcarbonat, wasserfrei	EG 207-838-8, CAS 497-19-8, Index 011-005-00-2	GHS07	Achtung	H319	CLP		P102, P280, P305+P351+P338, P337+P313
Natriumcarbonat-Decahydrat	EG 612-116-4, CAS 6132-02-1	GHS07	Achtung	H319	ECHA		P280, P305+P351+P338, P337+P313
Natriumcarbonat-Mono-hydrat	EG 619-709-7, CAS 5968-11-6	GHS07	Achtung	H319	ECHA		P280, P305+P351+P338, P337+P313
Natriumchlorat ab 40 %	EG 231-887-4, CAS 7775-09-9, Index 017-005-00-9	GHS03, GHS07, GHS09	Gefahr	H271, H302, H411	CLP		P210, P273, P280, P501
Natriumchlorat unter 40 %	EG 231-887-4, CAS 7775-09-9, Index 017-005-00-9	GHS03, GHS07, GHS09	Gefahr	H271, H302, H411	CLP		P210, P273, P280, P501
Natriumchlorid	EG 231-598-3, CAS 7647-14-5	-	-	-	ECHA		
Natriumcromoglicat	EG 239-926-7, CAS 15826-37-6	GHS07	Achtung	H315, H319, H335	ECHA		P261, P280, P305+P351+P338, P405, P501
Natriumdichromat, wasserfrei ab 5 %	EG 234-190-3, CAS 10588-01-9, Index 024-004-00-7	GHS03, GHS05, GHS06, GHS08, GHS09	Gefahr	EUH208, H301, H312, H314, H317, H330, H334, H340, H350, H360FD, H372, H410	CLP	Carc. 1B, Muta. 1B, Repr. 1B	P201, P273, P280, P308+P313, P405, P501
Natriumdiethyldithio-carbamat Trihydrat	EG 677-810-1, CAS 20624-25-3	GHS05, GHS07	Achtung	H302, H315, H318	ECHA		P264, P280, P301+P312, P302+P352, P305+P351+P338, P501
Natriumdisulfit	EG 231-673-0, CAS 7681-57-4, Index 016-063-00-2	GHS05, GHS07	Gefahr	EUH031, H302, H318	CLP		P280, P301+P312, P305+P351+P338, P501
Natriumdodecylsulfat	EG 205-788-1, CAS 151-21-3	GHS02, GHS05, GHS07	Gefahr	H228, H302+H332, H315, H318, H335, H412	ECHA		P210, P261, P280, P301+P312, P305+P351+P338, P370+P378, P405, P501

Farbcodierung BAK 9	Lagerung unter Verschluss – intern – 10	Abgabe – kindergesicherter Verschluss 11	Abgabe – tastbares Warnzeichen 12	Verbote / Beschränkungen bei der Abgabe 13	Informations- / Dokumentationspflichten / Sachkunde 14	Lagerort L = Labor R = Rezeptur (ggf. ergänzen) 15	Lagermenge (ändern, falls abweichend) 16	Sieherheitsdatenblatt vorhanden 17
Gelb, Orange, Hellblau	nein	nein	ja	AMVV	Rx / Verbot			
	nein	nein	nein					
	nein	nein	ja					
Hellblau	nein	nein	nein					
Hellblau	nein	nein	nein					
Hellblau	nein	nein	nein					
	nein	nein	ja	ChemVerbotsV ExplV Grenzwertüberschreitung	Info / Sachk. Abgabeverbot / Kundenerklärung bei gewerbl., berufl.			
	nein	nein	ja	ChemVerbotsV ExplV Grenzwertunterschreitung	Info / Sachk. (Doku)			
	nein	nein	nein					
Gelb, Orange, Hellblau	nein	nein	nein					
Rot	ja	ja	ja	ChemVerbotsV REACH	Info / Doku / Sachk. REACH / (Verbot)			
Gelb, Hellblau	nein	nein	nein					
Orange, Hellblau	nein	nein	ja					
Gelb, Orange, Hellblau	nein	nein	ja					

Stoffname 1	Produktidentifikator EG- / CAS-Nummer Index-Nr. 2	Piktogramm / e 3	Signalwort 4	H-Sätze 5	Quelle 6	CMR-Eigenschaften 7	P-Sätze 8
Natriumfluorid	EG 231-667-8, CAS 7681-49-4, Index 009-004-00-7	GHS06	Gefahr	EUH032, H301, H315, H319	CLP		P280, P302+P352, P305+P351+P338, P337+P313, P405, P501
Natriumhexanitrocobaltat(III)	EG 237-077-7, CAS 13600-98-1	GHS03, GHS07, GHS08	Gefahr	H272, H315, H317, H319, H334, H335, H351	ECHA	Carc. 2	P210, P280, P302+P352, P304+P340, P305+P351+P338, P308+P313, P405, P501
Natriumhydrogencarbonat	EG 205-633-8, CAS 144-55-8	-	-	-	ECHA		
Natriumhydrogensulfat	EG 231-665-7, CAS 7681-38-1, Index 016-046-00-X	GHS05	Gefahr	H318	CLP		P280, P305+P351+P338
Natriumhydroxid	EG 215-185-5, CAS 1310-73-2, Index 011-002-00-6	GHS05	Gefahr	H290, H314	CLP		P234, P280, P305+P351+P338, P310, P390, P405
Natriumhydroxid-Lösung ab 5 %	EG 215-185-5, CAS 1310-73-2, Index 011-002-00-6	GHS05	Gefahr	H290, H314	CLP		P280, P303+P361+P353, P305+P351+P338, P390, P405, P406
Natriumhydroxid-Lösung 2 bis < 5 %	EG 215-185-5, CAS 1310-73-2, Index 011-002-00-6	GHS05	Gefahr	H290, H314	CLP		P280, P303+P361+P353, P305+P351+P338, P405, P406
Natriumhydroxid-Lösung 0,5 bis < 2 %	EG 215-185-5, CAS 1310-73-2	GHS05, GHS07	Achtung	H290, H315, H319	CLP		P280, P302+P352, P305+P351+P338, P390, P406
Natriumhydroxid-Lösung 1 mol / l	EG 215-185-5, CAS 1310-73-2, Index 011-002-00-6	GHS05	Gefahr	H290, H314	CLP		P280, P303+P361+P353, P305+P351+P338, P390, P405, P406
Natriumhypochloritlösung, aktives Chlor 2,5-3 %	EG 231-668-3, CAS 7681-52-9, Index 017-011-00-1	GHS05, GHS09	Gefahr	H290, H314, H410	CLP		P280, P305+P351+P338, P405, P501
Natriumhypophosphit Monohydrat	EG 600-090-7, CAS 10039-56-2	-	-	-	ECHA		
Natriumiodid	EG 231-679-3, CAS 7681-82-5	GHS08, GHS09	Gefahr	H315, H319, H372, H400	ECHA		P260, P273, P280, P302+P352, P305+P351+P338, P314
Natriummonohydrogenphosphat	EG 231-448-7, CAS 7558-79-4	-	-	-	ECHA		
Natriumnitrat	EG 231-554-3, CAS 7631-99-4	GHS03, GHS07	Gefahr	H272, H319	ECHA		P210, P305+P351+P338, P501
Natriumnitrit	EG 231-555-9, CAS 7632-00-0, Index 007-010-00-4	GHS03, GHS06, GHS09	Gefahr	H272, H301, H400	CLP		P210, P220, P264, P273, P280, P301+P310, P405, P501

Farbcodierung BAK 9	Lagerung unter Verschluss – intern – 10	Abgabe – kindergesicherter Verschluss 11	Abgabe – tastbares Warnzeichen 12	Verbote / Beschränkungen bei der Abgabe 13	Informations- / Dokumentationspflichten / Sachkunde 14	Lagerort L = Labor R = Rezeptur (ggf. ergänzen) 15	Lagermenge (ändern, falls abweichend) 16	Sicherheitsdatenblatt vorhanden 17
Gelb, Hellblau	ja	ja	ja	ChemVerbotsV	Info / Doku / Sachk.			
Gelb, Orange, Hellblau	nein	nein	ja	ChemVerbotsV	Info / Sachk.			
	nein	nein	nein					
	nein	nein	nein					
Gelb, Hellblau	nein	ja	ja					
Gelb, Hellblau	nein	ja	ja					
Gelb, Hellblau	nein	ja	ja					
Gelb, Hellblau	nein	nein	nein					
Gelb, Hellblau	nein	ja	ja					
Gelb, Hellblau	nein	nein	nein					
	nein	nein	nein					
Gelb, Orange, Hellblau	ja	ja	ja	ChemVerbotsV	Info / Doku / Sachk.			
	nein	nein	nein					
Hellblau	nein	nein	nein	ChemVerbotsV	Info / Sachk.			
				ExplT	(Doku)			
	ja	ja	ja	ChemVerbotsV	Info / Doku / Sachk.			

Stoffname 1	Produktidentifikator EG- / CAS-Nummer Index-Nr. 2	Pikto-gramm / e 3	Signal-wort 4	H-Sätze 5	Quelle 6	CMR-Eigen-schaften 7	P-Sätze 8
Natriumpentacyanonitro-sylferrat(III)-Dihydrat	EG 604-025-3, CAS 13755-38-9	GHS06	Gefahr	H301	ECHA		P264, P301+P310, P405, P501
Natriumperchlorat, was-serfrei unter 40 %	EG 231-511-9, CAS 7601-89-0, Index 017-010-00-6	GHS03, GHS07, GHS08	Gefahr	H271, H302, H319, H373	ECHA		P210, P220, P280, P301+P312, P305+P351+P338, P314, P501
Natriumperchlorat, wasserfrei ab 40 %	EG 231-511-9, CAS 7601-89-0, Index 017-010-00-6	GHS03, GHS07, GHS08	Gefahr	H271, H302, H319, H373	ECHA		P210, P220, P280, P301+P312, P305+P351+P338, P501
Natriumperiodat	EG 232-197-6, CAS 7790-28-5	GHS03, GHS05, GHS07, GHS08, GHS09	Gefahr	H271, H314, H318, H335, H372, H400	ECHA		P210, P273, P280, P301+P330+P331, P305+P351+P338, P310, P405
Natriumsalicylat	EG 200-198-0, CAS 54-21-7	GHS07, GHS08	Achtung	H302, H319, H361d	SDBl Her-steller	Repr. 2	P280, P301+P312, P305+P351+P338, P308+P313, P405, P501
Natriumsulfat, wasser-freies	EG 231-820-9, CAS 7757-82-6	-	-	-	ECHA		
Natriumsulfat-Deca-hydrat	EG 616-445-4, CAS 7727-73-3	-	-	-	ECHA		
Natriumsulfid-Nona-hydrat	EG 639-249-0, CAS 1313-84-4	GHS05, GHS06, GHS09	Gefahr	EUH031, EUH071, H290, H301+H311, H314, H400	ECHA		P273, P280, P301+P330+P331, P303+P361+P353, P305+P351+P338, P405, P501
Natriumsulfit	EG 231-821-4, CAS 7757-83-7	-	-	-	ECHA		
Natriumtetraborat Decahydrat	EG 603-411-9, CAS 1303-96-4	GHS08	Gefahr	H319, H360FD	ECHA	Repr. 1B	P201, P280, P305+P351+P338, P308+P313, P405, P501
Natriumtetraphenylborat	EG 205-605-5, CAS 143-66-8	GHS06	Gefahr	H301	ECHA		P301+P310, P405, P501
Natriumthiosulfat Penta-hydrat	EG 600-156-5, CAS 10102-17-7	-	-	-	ECHA		
Natriumthiosulfat, was-serfreies	EG 231-867-5, CAS 7772-98-7	-	-	-	ECHA		
Nelkenöl	EG 202-589-1, CAS 97-53-0	GHS07	Achtung	EUH208, H302, H315, H317, H319	ECHA		P261, P280, P301+P312, P302+P352, P305+P351+P338, P333+P313, P337+P313, P501
Neomycinsulfat	EG 215-773-1, CAS 1405-10-3	GHS07, GHS08	Gefahr	EUH208, H317, H334, H361d	ECHA	Repr. 2	P261, P280, P284, P302+P352, P304+P340, P308+P313, P405, P501

Farbcodierung BAK 9	Lagerung unter Verschluss – intern – 10	Abgabe – kindergesicherter Verschluss 11	Abgabe – tastbares Warnzeichen 12	Verbote / Beschränkungen bei der Abgabe 13	Informations- / Dokumentationspflichten / Sachkunde 14	Lagerort L = Labor R = Rezeptur (ggf. ergänzen) 15	Lagermenge (ändern, falls abweichend) 16	Sicherheitsdatenblatt vorhanden 17
	ja	ja	ja	ChemVerbotsV	Info / Doku / Sachk.			
Gelb, Orange, Hellblau	nein	nein	ja	ChemVerbotsV ExplV Grenzwertunterschreitung	Info / Sachk. (Doku)			
Gelb, Orange, Hellblau	nein	nein	ja	ChemVerbotsV ExplV Grenzwertüberschreitung	Info / Sachk. Abgabeverbot / Kundenerklärung bei gewerbl., berufl.			
Gelb, Orange, Hellblau	ja	ja	ja	ChemVerbotsV	Info / Sachk.			
Gelb, Orange, Hellblau	nein	nein	ja					
	nein	nein	nein					
	nein	nein	nein					
Gelb, Orange, Hellblau	ja	ja	ja	ChemVerbotsV	Info / Doku / Sachk.			
	nein	nein	nein					
Rot	nein	nein	nein	ChemVerbotsV REACH	Info / Doku / Sachk. REACH / (Verbot)			
	ja	ja	ja	ChemVerbotsV	Info / Doku / Sachk.			
	nein	nein	nein					
	nein	nein	nein					
Gelb, Hellblau	nein	nein	ja					
Gelb, Orange	nein	nein	ja	AMVV	Rx / Verbot			

Stoffname 1	Produktidentifikator EG- / CAS-Nummer Index-Nr. 2	Pikto-gramm / e 3	Signal-wort 4	H-Sätze 5	Quelle 6	CMR-Eigen-schaften 7	P-Sätze 8
Neostigminbromid	EG 204-054-8, CAS 114-80-7	GHS06, GHS08	Gefahr	EUH208, H300+H310 +H330, H315, H317, H319, H334, H335	ECHA		P260, P280, P302+P352, P304+P340, P305+P351+P338, P405, P501
Neutralrot	EG 209-035-8, CAS 553-24-2	GHS07	Achtung	H315, H319, H335	ECHA		P280, P302+P352, P304+P340, P305+P351+P338, P312, P405, P501
Nickel(II)-sulfat, wasserfrei ab 20 %	EG 232-104-9, CAS 7786-81-4, Index 028-009-00-5	GHS07, GHS08, GHS09	Gefahr	EUH208, H302+H332, H315, H317, H334, H341, H350i, H360D, H372, H410	CLP	Carc. 1A, Muta. 2, Repr. 1B	P201, P273, P280, P308+P313, P405, P501
Nicotinsäure	EG 200-441-0, CAS 59-67-6	GHS07	Achtung	H319	ECHA		P280, P305+P351+P338, P337+P313
Nicotinsäureamid	EG 202-713-4, CAS 98-92-0	GHS07	Achtung	H319	ECHA		P280, P305+P351+P338
Nikotin	EG 200-193-3, CAS 54-11-5, Index 614-001-00-4	GHS06, GHS09	Gefahr	H300+H310 +H330, H411	CLP		P302+P352, P304+P340, P330, P405, P501
Ninhydrin	EG 207-618-1, CAS 485-47-2	GHS07	Achtung	H302, H315, H319, H335	ECHA		P280, P301+P312, P302+P352, P305+P351+P338, P405, P501
Nitrobenzol	EG 202-716-0, CAS 98-95-3, Index 609-003-00-7	GHS06, GHS08	Gefahr	H301+H311 +H331, H351, H360F, H372, H412	CLP	Carc. 2, Repr. 1B	P201, P273, P280, P301+P310, P304+P340, P311, P330, P405, P501
4-Nitrobenzoylchlorid	EG 204-517-4, CAS 122-04-3	GHS05	Gefahr	EUH029, H302, H314	ECHA		P280, P301+P330+P331, P305+P351+P338, P402+P404, P405, P501
Nitromethan ab 16 %	EG 200-876-6, CAS 75-52-5, Index 609-036-00-7	GHS02, GHS07, GHS08	Achtung	H226, H302, H302+H332, H351, H361d	ECHA	Carc. 2, Repr. 2	P210, P280, P308+P313, P405, P501
Nitromethan unter 16 %	EG 200-876-6, CAS 75-52-5, Index 609-036-00-7	GHS02, GHS07, GHS08	Achtung	H226, H302+H332, H351, H361d	ECHA	Carc. 2, Repr. 2	P210, P280, P308+P313, P405, P501
Nitrosodimethylanilin	EG 205-343-1, CAS 138-89-6	GHS02, GHS06	Gefahr	EUH208, H251, H301, H315, H317, H319, H335	ECHA		P280, P301+P310, P302+P352, P305+P351+P338, P405, P501
Norephedrin	EG 238-900-2, CAS 14838-15-4	GHS07	Achtung	H302, H315, H319, H335	ECHA		P261, P280, P312, P405, P501

	Farbcodierung BAK 9	Lagerung unter Verschluss – intern – 10	Abgabe – kindergesicherter Verschluss 11	Abgabe – tastbares Warnzeichen 12	Verbote / Beschränkungen bei der Abgabe 13	Informations- / Dokumentationspflichten / Sachkunde 14	Lagerort L = Labor R = Rezeptur (ggf. ergänzen) 15	Lagermenge (ändern, falls abweichend) 16	Sicherheitsdatenblatt vorhanden 17
	Gelb, Orange, Hellblau	ja	ja	ja	AMVV ChemVerbotsV	Rx / Verbot Info / Doku / Sachk.			
	Gelb, Orange, Hellblau	nein	nein	nein					
	Rot	ja	ja	ja	ChemVerbotsV REACH	Info / Doku / Sachk. REACH / (Verbot)			
	Hellblau	nein	nein	nein					
	Hellblau	nein	nein	nein					
	Gelb, Orange	ja	ja	ja	AMVV ChemVerbotsV	Rx / Verbot Info / Doku / Sachk.			
	Gelb, Orange, Hellblau	nein	nein	ja					
	Rot	ja	ja	ja	ChemVerbotsV REACH	Info / Doku / Sachk. REACH / (Verbot)			
	Gelb, Orange, Hellblau	nein	ja	ja					
	Gelb, Orange	nein	nein	ja	ExplV Grenzwertüberschreitung	Abgabeverbot / Kundenerklärung bei gewerbl., berufl.			
	Gelb, Orange	nein	nein	ja	ExplV Grenzwertunterschreitung	(Doku)			
	Gelb, Orange, Hellblau	ja	ja	ja	ChemVerbotsV	Info / Doku / Sachk.			
	Gelb, Orange, Hellblau	nein	nein	ja	AMVV DrogS 1	Rx / Verbot Erlaubnis / Doku / Kundenerklärung			

Stoffname 1	Produktidentifikator EG- / CAS-Nummer Index-Nr. 2	Pikto-gramm / e 3	Signal-wort 4	H-Sätze 5	Quelle 6	CMR-Eigen-schaften 7	P-Sätze 8
Norethisteronacetat	EG 200-132-0, CAS 51-98-9	GHS08, GHS09	Gefahr	H351, H360FD, H362, H410	ECHA	Carc. 2, Lact., Repr. 1A	P260, P263, P273, P280, P405, P501
Orangegel	EG 215-475-1, CAS 1327-36-2	GHS07	Achtung	H315, H319	CLP, ECHA		P332+P313, P337+P313
Oseltamivirphosphat	EG 641-362-5, CAS 204255-11-8	GHS07	Achtung	EUH208, H317, H319, H412	ECHA		P261, P264, P273, P280, P302+P352, P305+P351+P338, P501
Osmium(VII)oxid-Lösung, 4 %	EG 244-058-7, CAS 20816-12-0	GHS05, GHS06, GHS08	Gefahr	EUH208, H310, H315, H318, H332, H334	SDBl Hersteller		P280, P302+P352, P304+P340, P305+P351+P338, P310, P405, P501
Osmium(VIII)oxid-Lösung, 2 %	EG 244-058-7, CAS 20816-12-0	GHS06	Gefahr	H311, H315, H319, H332	SDBl Hersteller		P280, P302+P352, P312, P361, P405, P501
Oxalsäure	EG 205-634-3, CAS 144-62-7, CAS 6153-56-6	GHS05, GHS07	Gefahr	H302+H312, H318	CLP, ECHA		P264, P280, P301+P312, P302+P352, P305+P351+P338, P501
Oxycodonhydrochlorid	EG 204-717-1, CAS 124-90-3	GHS07, GHS08	Gefahr	EUH208, H302+H312 +H332, H317, H334	ECHA		P261, P280, P301+P312, P302+P352, P304+P340, P501
Oxytetracyclinhydrochlorid	EG 218-161-2, CAS 2058-46-0	GHS08	Achtung	H361	ECHA	Repr. 2	P201, P280, P308+P313, P405, P501
Paclitaxel	EG 608-826-9, CAS 33069-62-4	GHS05, GHS07, GHS08	Gefahr	EUH208, H315, H317, H318, H335, H361, H413	ECHA	Repr. 2	P280, P302+P352, P304+P340, P305+P351+P338, P405, P501
Pankreatin	EG 232-468-9, CAS 8049-47-6	GHS08	Gefahr	EUH208, H315, H317, H319, H334, H335	ECHA		P261, P264, P280, P302+P352, P304+P340, P305+P351+P338, P405, P501
Papaverin	EG 200-397-2, CAS 58-74-2	GHS07	Achtung	H302	CLP		P264, P301+P312, P501
Papaverinhydrochlorid	EG 200-502-1, CAS 61-25-6	GHS06	Gefahr	H301	ECHA		P264, P270, P301+P310, P405, P501
Paracetamol	EG 203-157-5, CAS 103-90-2	GHS07	Achtung	H302, H412	ECHA		P264, P301+P312, P501
Paraffin, dickflüssiges	EG 232-455-8, CAS 8042-47-5	-	-	-	ECHA		
Paraffin, dünnflüssiges	EG 232-455-8, CAS 8042-47-5	GHS08	Gefahr	H304	ECHA		P301+P310, P331, P405

Farb-codierung BAK	Lagerung unter Ver-schluss – intern –	Abgabe – kinderge-sicherter Verschluss	Abgabe – tastbares Warn-zeichen	Verbote / Beschränkungen bei der Abgabe	Informations- / Dokumentations-pflichten / Sachkunde	Lagerort L = Labor R = Rezeptur (ggf. ergänzen)	Lager-menge (ändern, falls ab-weichend)	Sicher-heitsda-tenblatt vorhanden
9	10	11	12	13	14	15	16	17
Rot	nein	nein	ja	AMVV ChemVerbotsV REACH	Rx / Verbot Info / Doku / Sachk. REACH / (Verbot)			
Gelb, Hellblau	nein	nein	nein					
Gelb, Hellblau	nein	nein	nein	AMVV	Rx / Verbot			
Gelb, Orange, Hellblau	ja	ja	ja	ChemVerbotsV	Info / Doku / Sachk.			
Gelb, Orange, Hellblau	ja	ja	ja	ChemVerbotsV	Info / Doku / Sachk.			
Gelb, Hellblau	nein	nein	ja					
Gelb, Orange	ja	nein	ja	BtMG	BtM / Verbot			
Gelb, Orange	nein	nein	ja	AMVV	Rx / Verbot			
Gelb, Orange, Hellblau	nein	nein	ja	AMVV	Rx / Verbot			
Gelb, Orange, Hellblau	nein	nein	ja					
	nein	nein	ja	AMVV	Rx / Verbot			
	ja	ja	ja	AMVV ChemVerbotsV	Rx / Verbot Info / Doku / Sachk.			
	nein	nein	ja					
	nein	nein	nein					
Orange	nein	ja	ja					

Stoffname 1	Produktidentifikator EG- / CAS-Nummer Index-Nr. 2	Pikto-gramm / e 3	Signal-wort 4	H-Sätze 5	Quelle 6	CMR-Eigen-schaften 7	P-Sätze 8
Paraformaldehyd	EG 608-494-5, EG 200-001-8, CAS 30525-89-4	GHS02, GHS05, GHS07, GHS08	Gefahr	EUH208, H228, H302+H332, H315, H317, H318, H335, H341, H351	ECHA	Carc. 2, Muta. 2	P210, P280, P301+P312, P304+P340, P305+P351+P338, P308+P313, P405, P501
Penicillamin	EG 200-148-8, CAS 52-67-5	GHS07	Achtung	H315, H319, H335	ECHA		P261, P280, P302+P352, P304+P340, P305+P351+P338, P405
Pepsin	EG 232-629-3, CAS 9001-75-6	GHS07, GHS08	Gefahr	EUH208, H315, H319, H334, H335	CLP		P261, P284, P304+P340, P342+P311, P405, P501
Perchlorethylen	EG 204-825-9, CAS 127-18-4	GHS08, GHS09	Achtung	H351, H411	CLP	Carc. 2	P201, P273, P280, P308+P313, P405, P501
Perchlorsäure 0,1 M in Essigsäure	EG 231-512-4, EG 200-580-7, CAS 7601-90-3, CAS 64-19-7	GHS02, GHS03, GHS05	Gefahr	H226, H272, H290, H314	CLP		P210, P280, P303+P361+P353, P305+P351+P338, P405, P406, P501
Perubalsam	EG 232-352-8, CAS 8007-00-9	GHS07, GHS09	Achtung	H315, H317, H411	SDBl Her-steller		P273, P302+P352, P333+P313, P501
Petrolether	EG 265-151-9, CAS 64742-49-0	GHS08	Gefahr	H304, H340, H350	CLP	Carc. 1B, Muta. 1B	P201, P280, P308+P313, P405, P501
Petroleum - Gereinigtes	EG 232-366-4, CAS 8008-20-6	GHS08	Gefahr	H304	CLP		P301+P310, P331, P405, P501
Pfefferminzöl	EG 282-015-4, CAS 84082-70-2	GHS07	Achtung	H315, H317, H319, H412	ECHA		P261, P273, P280, P305+P351+P338, P501
Pfefferminzspiritus	EG 200-578-6, CAS 64-17-5	GHS02	Achtung	H226	SDBl Her-steller		P210, P240, P241, P280, P303+P361+P353, P501
Pfefferminztinktur	EG 200-578-6, CAS 64-17-5	GHS02	Gefahr	H225	SDBl Her-steller		P210, P240, P241, P280, P303+P361+P353, P501
Phenanthrolinhydro-chlorid Monohydrat	EG 223-325-1, CAS 3829-86-5	GHS06, GHS09	Gefahr	H301, H410	ECHA		P264, P301+P310, P405, P501
Phenazon	EG 200-486-6, CAS 60-80-0	GHS07	Achtung	H302	ECHA		P270, P301+P312, P501
N-Phenethyl-4-piperidon	EG 254-613-5, CAS 39742-60-4	GHS07	Achtung	H302+H312 +H332	ECHA		P261, P264, P302+P352, P304+P340, P501
Pheniraminmaleat	EG 205-051-4, CAS 132-20-7	GHS07	Achtung	H302	ECHA		P264, P301+P312, P501

Farbcodierung BAK 9	Lagerung unter Verschluss – intern – 10	Abgabe – kindergesicherter Verschluss 11	Abgabe – tastbares Warnzeichen 12	Verbote / Beschränkungen bei der Abgabe 13	Informations- / Dokumentationspflichten / Sachkunde 14	Lagerort L = Labor R = Rezeptur (ggf. ergänzen) 15	Lagermenge (ändern, falls abweichend) 16	Sicherheitsdatenblatt vorhanden 17
Gelb, Orange, Hellblau	nein	nein	ja					
Gelb, Orange, Hellblau	nein	nein	nein	AMVV	Rx / Verbot			
Gelb, Orange, Hellblau	nein	nein	ja					
Gelb, Orange	nein	nein	ja					
Gelb, Hellblau	nein	ja	ja	ChemVerbotsV	Info / Sachk.			
Gelb	nein	nein	nein					
Rot	ja	ja	ja	ChemVerbotsV REACH	Info / Doku / Sachk. REACH / (Verbot)			
Orange	nein	ja	ja					
Gelb, Hellblau	nein	nein	nein					
	nein	nein	nein					
	nein	nein	ja					
	ja	ja	ja	ChemVerbotsV	Info / Doku / Sachk.			
	nein	nein	ja					
Gelb, Orange	nein	nein	ja	DrogS 1	Erlaubnis / Doku / Kundenerklärung			
	nein	nein	ja					

Stoffname 1	Produktidentifikator EG- / CAS-Nummer Index-Nr. 2	Pikto-gramm / e 3	Signal-wort 4	H-Sätze 5	Quelle 6	CMR-Eigen-schaften 7	P-Sätze 8
Phenol	EG 203-632-7, CAS 108-95-2, Index 604-001-00-2	GHS05, GHS06, GHS08, GHS09	Gefahr	H301+H311 +H331, H314, H341, H373, H411	CLP, ECHA	Muta. 2	P260, P273, P280, P303+P361+P353, P304+P340, P305+P351+P338, P405, P501
Phenolphthalein	EG 201-004-7, CAS 77-09-8, Index 604-076-00-1	GHS07, GHS08	Gefahr	H315, H341, H350, H361f	CLP, ECHA	Carc. 1B, Muta. 2, Repr. 2	P201, P264, P280, P302+P352, P308+P313, P332+P313, P405, P501
Phenolrot	EG 205-609-7, CAS 143-74-8	GHS07	Achtung	H315, H335	ECHA		P261, P271, P280, P302+P352, P304+P340, P312, P405
α-Phenylacetoacetamid	CAS 4433-77-6	-	-	-	keine		
α-Phenylacetoacetonitril	EG 224-737-4, CAS 4468-48-8	GHS07	Achtung	H302+H312 +H332, H315, H319, H335, H336	ECHA		P261, P280, P305+P351+P338, P405, P501
Phenylessigsäure unter 1 kg	EG 203-148-6, CAS 103-82-2	GHS07	Achtung	H319	ECHA		P264, P280, P305+P351+P338, P337+P313
Phenylessigsäure ab 1 kg	EG 203-148-6, CAS 103-82-2	GHS07	Achtung	H319	ECHA		P264, P280, P305+P351+P338, P337+P313
Phenylmercuriborat	EG 203-068-1, CAS 102-98-7, Index 080-004-00-7	GHS06, GHS08, GHS09	Gefahr	H300+H310 +H330, H373, H410	ECHA		P260, P273, P301+P310, P302+P352, P304+P340, P405, P501
1-Phenyl-2-Propanon	EG 203-144-4, CAS 103-79-7	-	-	-	ECHA		
Phloroglucin	EG 203-611-2, CAS 108-73-6	GHS07	Achtung	H315, H317, H319, H335	ECHA		P280, P302+P352, P305+P351+P338, P405, P501
Phosphor, roter unter 0,1 kg	EG 231-768-7, CAS 7723-14-0, Index 015-002-00-7	GHS02	Gefahr	H228, H412	CLP		P210, P273, P280, P370+P378, P501
Phosphor, roter ab 0,1 kg	EG 231-768-7, CAS 7723-14-0, Index 015-002-00-7	GHS02	Gefahr	H228, H412	CLP		P210, P273, P280, P370+P378, P501
Phosphorpentoxid	EG 215-236-1, CAS 1314-56-3, Index 015-010-00-0	GHS05	Gefahr	H314	CLP		P260, P280, P301+P330+P331, P305+P351+P338, P405, P501
Phosphorsäure ab 25 %	EG 231-633-2, CAS 7664-38-2, Index 015-011-00-6	GHS05, GHS07	Gefahr	H290, H302, H314	CLP, ECHA		P234, P280, P301+P330+P331, P303+P361+P353, P305+P351+P338, P405, P501

Farbcodierung BAK 9	Lagerung unter Verschluss – intern – 10	Abgabe – kindergesicherter Verschluss 11	Abgabe – tastbares Warnzeichen 12	Verbote / Beschränkungen bei der Abgabe 13	Informations- / Dokumentationspflichten / Sachkunde 14	Lagerort L = Labor R = Rezeptur (ggf. ergänzen) 15	Lagermenge (ändern, falls abweichend) 16	Sicherheitsdatenblatt vorhanden 17
Gelb, Orange	ja	ja	ja	ChemVerbotsV	Info / Doku / Sachk.			
Rot	ja	nein	ja	ChemVerbotsV REACH	Info / Doku / Sachk. REACH / (Verbot)			
Gelb, Orange	nein	nein	nein					
	nein	nein	nein	DrogS 1	Erlaubnis / Doku / Kundenerklärung			
Gelb, Orange, Hellblau	nein	nein	ja	DrogS 1	Erlaubnis / Doku / Kundenerklärung			
Hellblau	nein	nein	nein	DrogS 2B Schwellenwertunterschreitung	(Doku)			
Hellblau	nein	nein	nein	DrogS 2B Schwellenwertüberschreitung	Doku / Kundenerklärung			
Gelb, Orange	ja	ja	ja	AMVV ChemVerbotsV REACH	Rx / Verbot Info / Doku / Sachk. REACH/(Verbot)			
	nein	nein	nein	DrogS 1	Erlaubnis / Doku / Kundenerklärung			
Gelb, Orange, Hellblau	nein	nein	nein					
	nein	nein	ja	DrogS 2A Schwellenwertunterschreitung	(Doku)			
	nein	nein	ja	DrogS 2A Schwellenwertüberschreitung	Doku / Kundenerklärung			
Gelb, Hellblau	nein	ja	ja					
Gelb, Hellblau	nein	ja	ja					

Stoffname 1	Produktidentifikator EG- / CAS-Nummer Index-Nr. 2	Pikto-gramm / e 3	Signal-wort 4	H-Sätze 5	Quelle 6	CMR-Eigen-schaften 7	P-Sätze 8
Phosphorsäure 10 bis < 25 %	EG 231-633-2, CAS 7664-38-2, Index 015-011-00-6	GHS05, GHS07	Achtung	H290, H315, H319	CLP		P280, P302+P352, P305+P351+P338
Physostigminsalicylat	EG 200-343-8, CAS 57-64-7, Index 614-021-00-3	GHS06	Gefahr	H300+H330	ECHA		P260, P301+P310, P304+P340, P403+P233, P405, P501
Pikrinsäure, angefeuch-tet mit mindestens 30 % [m / m] Wasser	EG 201-865-9, CAS 88-89-1	GHS02, GHS06	Gefahr	H228, H302, H311+H331	GESTIS		P210, P261, P280, P304+P340, P403+P233, P405, P501
Pikrinsäure, trocken	EG 201-865-9, CAS 88-89-1	GHS01, GHS06	Gefahr	H201, H301+H311 +H331	CLP		P210, P230, P250, P264, P301+P310, P304+P340, P405, P501
Pilocarpinhydrochlorid	EG 200-212-5, CAS 54-71-7, Index 614-017-00-1	GHS06	Gefahr	H300 +H3300	ECHA		P301+P310, P304+P340, P405, P501
Piperazinhydrochlorid	EG 228-042-7, CAS 6094-40-2, Index 612-241-00-4	GHS08	Gefahr	H315, H317, H319, H334, H361fd, H412	CLP	Repr. 2	P201, P280, P302+P352, P304+P340, P305+P351+P338, P308+P313, P405, P501
Piperidin unter 0,5 kg	EG 203-813-0, CAS 110-89-4, Index 613-027-00-3	GHS02, GHS05, GHS06	Gefahr	H225, H301+H311 +H331, H314	CLP		P210, P261, P303+P361+P353, P305+P351+P338, P405, P501
Piperidin ab 0,5 kg	EG 203-813-0, CAS 110-89-4, Index 613-027-00-3	GHS02, GHS05, GHS06	Gefahr	H225, H301+H311 +H331, H314	CLP		P210, P261, P303+P361+P353, P305+P351+P338, P405, P501
Piperonal	EG 204-409-7, CAS 120-57-0	GHS07, GHS08	Achtung	H317, H361, H361fd	ECHA	Repr. 2	P201, P261, P280, P308+P313, P405, P501
Podophyllin	EG 232-546-2, CAS 9000-55-9	GHS05, GHS06, GHS08	Gefahr	H300+H310 +H330, H314, H360D	ECHA	Repr. 1B	P260, P280, P303+P361+P353, P304+P340, P305+P351+P338, P405, P501
Podophyllumharz (Podo-phyllin)	EG 232-546-2, CAS 9000-55-9	GHS05, GHS07, GHS08	Gefahr	H300+H310 +H330, H314, H360D	ECHA	Repr. 1B	P260, P280, P303+P361+P353, P304+P340, P305+P351+P338, P405, P501
Polidocanol	EG 500-002-6, CAS 9002-92-0	GHS05, GHS07	Gefahr	H302, H318	ECHA, SDBl Her-steller		P280, P301+P312, P305+P351+P338, P310, P501
Polyethylenglycol 300	EG 500-038-2, CAS 25322-68-3	-	-	-	GESTIS, SDBl Her-steller		

Farbcodierung BAK	Lagerung unter Verschluss – intern –	Abgabe – kindergesicherter Verschluss	Abgabe – tastbares Warnzeichen	Verbote / Beschränkungen bei der Abgabe	Informations- / Dokumentationspflichten / Sachkunde	Lagerort L = Labor R = Rezeptur (ggf. ergänzen)	Lagermenge (ändern, falls abweichend)	Sicherheitsdatenblatt vorhanden
9	10	11	12	13	14	15	16	17
Gelb, Hellblau	nein	nein	nein					
Orange	ja	ja	ja	AMVV ChemVerbotsV	Rx / Verbot Info / Doku / Sachk.			
Gelb, Orange	ja	ja	ja	ChemVerbotsV	Info / Doku / Sachk.			
Gelb, Orange	ja	ja	ja	ChemVerbotsV	Info / Doku / Sachk.			
Orange	ja	ja	ja	AMVV ChemVerbotsV	Rx / Verbot Info / Doku / Sachk.			
Gelb, Orange, Hellblau	nein	nein	ja	AMVV	Rx / Verbot			
Gelb, Orange, Hellblau	ja	ja	ja	ChemVerbotsV DrogS 2B Schwellenwertunterschreitung	Info / Doku / Sachk. (Doku)			
Gelb, Orange, Hellblau	ja	ja	ja	ChemVerbotsV DrogS 2B Schwellenwertüberschreitung	Info / Doku / Sachk. Doku / Kundenerklärung			
Gelb, Orange	nein	nein	ja	DrogS 1	Erlaubnis / Doku / Kundenerklärung			
Rot	ja	ja	ja	AMVV ChemVerbotsV REACH	Rx / Verbot Info / Doku / Sachk. REACH/(Verbot)			
Rot	ja	ja	ja	AMVV ChemVerbotsV REACH	Rx / Verbot Info / Doku / Sachk. REACH / (Verbot)			
Hellblau	nein	nein	ja					
	nein	nein	nein					

Stoffname	Produktidentifikator EG- / CAS-Nummer Index-Nr.	Pikto-gramm / e	Signal-wort	H-Sätze	Quelle	CMR-Eigen-schaften	P-Sätze
1	2	3	4	5	6	7	8
Polyethylenglycol 400	EG 500-038-2, CAS 25322-68-3	-	-	-	GESTIS, SDBl Hersteller		
Polysorbat 80	EG 500-019-9, CAS 9005-65-6	-	-	-	ECHA		
Polyvidon-Iod	EG 607-771-8, CAS 25655-41-8	GHS05, GHS09	Gefahr	H315, H318, H411	ECHA, SDBl Hersteller		P280, P305+P351+P338, P310, P321, P391, P501
Prednicarbat	EG 277-590-3, CAS 73771-04-7	GHS08	Gefahr	H360	SDBl Hersteller	Repr. 1A	P202, P280, P308+P313, P405, P501
Prednisolon	EG 200-021-7, CAS 50-24-8	GHS08	Gefahr	H360Df, H373	ECHA	Repr. 1A	P201, P260, P280, P308+P313, P405, P501
Prednisolonacetat	EG 200-134-1, CAS 52-21-1	GHS08	Gefahr	H360Df, H373	ECHA	Repr. 1A	P201, P260, P280, P405, P501
Prednison	EG 200-160-3, CAS 53-03-2	GHS08	Achtung	H360Df, H373	ECHA	Repr. 1A	P201, P260, P280, P405, P501
Procainhydrochlorid	EG 200-077-2, CAS 51-05-8	GHS06	Gefahr	H301, H317	ECHA		P280, P301+P310, P302+P352, P333+P313, P405, P501
Progesteron	EG 200-350-6, CAS 57-83-0	GHS08	Gefahr	H351, H360, H362	ECHA	Carc. 2, Lact., Repr. 1A	P202, P260, P280, P405, P501
Propanol	EG 200-746-9, CAS 71-23-8, Index 603-003-00-0	GHS02, GHS05, GHS07	Gefahr	H225, H318, H336	CLP		P210, P240, P280, P305+P351+P338, P403+P233, P405, P501
Propyl-4-hydroxybenzoat	EG 202-307-7, CAS 94-13-3	GHS07	Achtung	H315, H319, H335	ECHA		P280, P305+P351+P338, P405, P501
Propyphenazon	EG 207-539-2, CAS 479-92-5	GHS07	Achtung	H302	ECHA		P301+P312
Pseudoephedrin	EG 202-018-6, CAS 90-82-4	GHS07	Achtung	H302+H312 +H332, H315, H317, H319, H335, H336	ECHA		P261, P280, P312, P405, P501
Pyridin	EG 203-809-9, CAS 110-86-1, Index 613-002-00-7	GHS02, GHS07	Gefahr	H225, H302+H312 +H332, H315, H319	CLP, ECHA		P210, P280, P303+P361+P353, P304+P340, P305+P351+P338, P403+P235, P501

Farbcodierung BAK 9	Lagerung unter Verschluss – intern – 10	Abgabe – kindergesicherter Verschluss 11	Abgabe – tastbares Warnzeichen 12	Verbote / Beschränkungen bei der Abgabe 13	Informations- / Dokumentationspflichten / Sachkunde 14	Lagerort L = Labor R = Rezeptur (ggf. ergänzen) 15	Lagermenge (ändern, falls abweichend) 16	Sicherheitsdatenblatt vorhanden 17
	nein	nein	nein					
	nein	nein	nein					
Gelb, Hellblau	nein	nein	nein					
Rot	nein	nein	nein	AMVV ChemVerbotsV REACH	Rx / Verbot Info / Doku / Sachk. REACH / (Verbot)			
Rot	nein	nein	ja	AMVV ChemVerbotsV REACH	Rx / Verbot Info / Doku / Sachk. REACH / (Verbot)			
Rot	nein	nein	ja	AMVV ChemVerbotsV REACH	Rx / Verbot Info / Doku / Sachk. REACH / (Verbot)			
Rot	nein	nein	ja	AMVV ChemVerbotsV REACH	Rx / Verbot Info / Doku / Sachk. REACH / (Verbot)			
Gelb	ja	ja	ja	ChemVerbotsV	Info / Doku / Sachk.			
Rot	nein	nein	ja	AMVV ChemVerbotsV REACH	Rx / Verbot Info / Doku / Sachk. REACH / (Verbot)			
Orange, Hellblau	nein	nein	ja					
Gelb, Orange, Hellblau	nein	nein	nein					
	nein	nein	ja					
Gelb, Orange, Hellblau	nein	nein	ja	AMVV DrogS 1 DrogS 4	Rx / Verbot Erlaubnis / Doku / Kundenerklärung Ausfuhrgenehmigung außerhalb EU			
Gelb, Orange, Hellblau	nein	nein	ja					

Stoffname 1	Produktidentifikator EG- / CAS-Nummer Index-Nr. 2	Piktogramm / e 3	Signalwort 4	H-Sätze 5	Quelle 6	CMR-Eigenschaften 7	P-Sätze 8
Pyrogallol	EG 201-762-9, CAS 87-66-1, Index 604-009-00-6	GHS07, GHS08	Achtung	H302+H312 +H332, H315, H319, H341, H412	CLP, ECHA	Muta. 2	P261, P264, P273, P280, P302+P352, P305+P351+P338, P405, P501
Quecksilber	EG 231-106-7, CAS 7439-97-6, Index 080-001-00-0	GHS06, GHS08, GHS09	Gefahr	H330, H360D, H372, H410	CLP	Repr. 1B	P260, P280, P304+P340, P308+P313, P391, P405
Quecksilber(II)-acetat	EG 216-491-1, CAS 1600-27-7	GHS06, GHS08, GHS09	Gefahr	H300+H310 +H330, H373, H410	ECHA		P273, P301+P310, P302+P352, P304+P340, P405, P501
Quecksilber(II)-amidchlorid	EG 233-358-8, CAS 10124-48-8, Index 080-002-00-6	GHS06, GHS08, GHS09	Gefahr	H300+H310 +H330, H373, H410	SDBl Hersteller		P273, P301+P310, P302+P352, P304+P340, P405, P501
Quecksilber(II)-chlorid	EG 231-299-8, CAS 7487-94-7, Index 080-010-00-X	GHS05, GHS06, GHS08, GHS09	Gefahr	H300, H314, H341, H361f, H372, H410	CLP	Muta. 2, Repr. 2	P201, P273, P280, P305+P351+P338, P308+P313, P405, P501
Quecksilber(II)-iodid	EG 231-873-8, CAS 7774-29-0	GHS06, GHS08, GHS09	Gefahr	H300+H310 +H330, H373, H410	ECHA		P260, P273, P301+P310, P302+P352, P304+P340, P405, P501
Resorcin	EG 203-585-2, CAS 108-46-3, Index 604-010-00-1	GHS07, GHS09	Achtung	H302, H315, H319, H400	CLP		P273, P280, P301+P312, P302+P352, P305+P351+P338, P501
Retinol	EG 200-683-7, CAS 68-26-8	GHS07, GHS08	Gefahr	H317, H319, H360FD, H413	ECHA	Repr. 1B	P201, P273, P280, P302+P352, P305+P351+P338, P308+P313, P405, P501
Rhaponticin	EG 205-845-0, CAS 155-58-8	-	-	-	ECHA		
Ribavirin	EG 636-825-3, CAS 36791-04-5	GHS07, GHS08	Gefahr	H332, H335, H341, H360FD, H372	ECHA	Muta. 2, Repr. 1B	P260, P280, P304+P340, P308+P313, P405, P501
Rohcresol	EG 215-293-2, CAS 108-39-4, Index 604-004-00-9	GHS05, GHS06	Gefahr	H301+H311, H314	CLP		P280, P301+P330+P331, P302+P352, P305+P351+P338, P405
Rosenöl, echtes	EG 203-377-1, EG 203-375-0, CAS 106-24-1, CAS 106-22-9	GHS05, GHS07	Gefahr	H315, H317, H318	SDBl Hersteller		P261, P280, P305+P351+P338, P310, P321, P362+P364, P501

Farbcodierung BAK 9	Lagerung unter Verschluss – intern – 10	Abgabe – kindergesicherter Verschluss 11	Abgabe – tastbares Warnzeichen 12	Verbote / Beschränkungen bei der Abgabe 13	Informations- / Dokumentations- pflichten / Sachkunde 14	Lagerort L = Labor R = Rezeptur (ggf. ergänzen) 15	Lagermenge (ändern, falls abweichend) 16	Sicherheitsdatenblatt vorhanden 17
Gelb, Orange	nein	nein	ja					
Rot	ja	ja	ja	ChemVerbotsV REACH	Info / Doku / Sachk. REACH / (Verbot)			
Gelb, Orange	ja	ja	ja	ChemVerbotsV REACH	Info / Doku / Sachk. REACH / (Verbot)			
Gelb, Orange	ja	ja	ja	ChemVerbotsV REACH	Info / Doku / Sachk. REACH / (Verbot)			
Gelb, Orange, Hellblau	ja	ja	ja	ChemVerbotsV REACH	Info / Doku / Sachk. REACH / (Verbot)			
Gelb, Orange	ja	ja	ja	ChemVerbotsV REACH	Info / Doku / Sachk. REACH / (Verbot)			
Gelb, Hellblau	nein	nein	ja					
Rot	nein	nein	nein	AMVV ChemVerbotsV REACH	Rx / Verbot Info / Doku / Sachk. REACH / (Verbot)			
	nein	nein	nein					
Rot	ja	ja	ja	AMVV ChemVerbotsV REACH	Rx / Verbot Info / Doku / Sachk. REACH / (Verbot)			
Gelb, Hellblau	ja	ja	ja	ChemVerbotsV	Info / Doku / Sachk.			
Gelb, Hellblau	nein	nein	nein					

Stoffname 1	Produktidentifikator EG- / CAS-Nummer Index-Nr. 2	Pikto-gramm / e 3	Signal-wort 4	H-Sätze 5	Quelle 6	CMR-Eigen-schaften 7	P-Sätze 8
Rosenöl, künstlich	EG 203-377-1, EG 203-375-0, CAS 106-24-1, CAS 106-22-9	GHS05, GHS07	Gefahr	H315, H317, H318, H412	SDBl Her-steller		P261, P280, P305+P351+P338, P310, P362+P364, P501
Rosmarinöl	EG 283-291-9, CAS 84604-14-8	GHS02, GHS07, GHS08, GHS09	Gefahr	H226, H304, H315, H317, H319, H371, H411	ECHA, SDBl Her-steller		P280, P301+P310, P303+P361+P353, P305+P351+P338, P321, P331, P405, P501
Rutosid-Trihydrat	EG 684-230-2, CAS 250249-75-3	GHS07	Achtung	H302	ECHA		P301+P312
Safrol	EG 202-345-4, CAS 94-59-7, Index 605-020-00-9	GHS07, GHS08	Gefahr	H302+H312 +H332, H341, H350, H350i	CLP	Carc. 1B, Muta. 2	P201, P261, P280, P405, P501
Salbeiöl	EG 282-025-9, CAS 84082-79-1	GHS02, GHS07, GHS08, GHS09	Gefahr	H226, H304, H315, H317, H373, H410	ECHA, SDBl Her-steller		P210, P280, P301+P310, P303+P361+P353, P321, P331, P405, P501
Salicylsäure	EG 200-712-3, CAS 69-72-7, Index 607-732-00-5	GHS05, GHS07, GHS08	Gefahr	H302, H318, H361d	CLP	Repr. 2	P280, P301+P312, P305+P351+P338, P310, P405, P501
Salicylsäureverreibung 1:1	EG 200-712-3, CAS 69-72-7	GHS05, GHS07, GHS08	Gefahr	H302, H318, H361d	SDBl Her-steller	Repr. 2	P280, P305+P351+P338, P310, P405, P501
Salpetersäure ab 99 %	EG 231-714-2, CAS 7697-37-2, Index 007-004-00-1	GHS03, GHS05, GHS06	Gefahr	H272, H290, H314, H330	CLP, ECHA		P210, P220, P280, P303+P361+P353, P304+P340, P305+P351+P338, P405, P406, P501
Salpetersäure 70 bis < 99 %	EG 231-714-2, CAS 7697-37-2, Index 007-004-00-1	GHS05, GHS06	Gefahr	EUH071, H272, H314, H330	CLP, ECHA		P210, P220, P280, P303+P361+P353, P304+P340, P305+P351+P338, P405, P501
Salpetersäure 65 bis < 70 %	EG 231-714-2, CAS 7697-37-2, Index 007-030-00-3	GHS05, GHS06	Gefahr	EUH071, H272, H290, H314, H331	CLP, ECHA		P210, P220, P280, P303+P361+P353, P304+P340, P305+P351+P338, P405, P406, P501
Salpetersäure 20 bis < 65 %	EG 231-714-2, CAS 7697-37-2, Index 007-030-00-3	GHS05, GHS06	Gefahr	EUH071, H290, H314, H331	CLP, ECHA		P280, P303+P361+P353, P304+P340, P305+P351+P338, P405, P406, P501
Salpetersäure 5 bis < 20 %	EG 231-714-2, CAS 7697-37-2, Index 007-030-00-3	GHS05, GHS06	Gefahr	EUH071, H290, H314, H331	CLP, ECHA		P280, P303+P361+P353, P304+P340, P305+P351+P338, P405, P406, P501

Farbcodierung BAK 9	Lagerung unter Verschluss – intern – 10	Abgabe – kindergesicherter Verschluss 11	Abgabe – tastbares Warnzeichen 12	Verbote / Beschränkungen bei der Abgabe 13	Informations- / Dokumentationspflichten / Sachkunde 14	Lagerort L = Labor R = Rezeptur (ggf. ergänzen) 15	Lagermenge (ändern, falls abweichend) 16	Sicherheitsdatenblatt vorhanden 17
Gelb, Hellblau	nein	nein	nein					
	nein	nein	ja					
	nein	nein	ja					
Rot	ja	nein	ja	ChemVerbotsV DrogS 1 REACH	Info / Doku / Sachk. Erlaubnis / Doku / Kundenerklärung REACH / (Verbot)			
Gelb, Orange	nein	nein	ja					
Gelb, Orange, Hellblau	nein	nein	ja					
Gelb, Orange, Hellblau	nein	nein	ja					
	ja	ja	ja	ChemVerbotsV ExplV Grenzwertüberschreitung	Info / Doku / Sachk. Abgabeverbot / Kundenerklärung bei gewerbl., berufl.			
Gelb, Orange, Hellblau	ja	ja	ja	ChemVerbotsV ExplV Grenzwertüberschreitung	Info / Doku / Sachk. Abgabeverbot / Kundenerklärung bei gewerbl., berufl.			
Gelb, Orange, Hellblau	ja	ja	ja	ChemVerbotsV ExplV Grenzwertüberschreitung	Info / Doku / Sachk. Abgabeverbot / Kundenerklärung bei gewerbl., berufl.			
Gelb, Orange, Hellblau	ja	ja	ja	ChemVerbotsV ExplV Grenzwertüberschreitung	Info / Doku / Sachk. Abgabeverbot / Kundenerklärung bei gewerbl., berufl.			
Gelb, Orange, Hellblau	ja	ja	ja	ChemVerbotsV ExplV Grenzwertüberschreitung	Info / Doku / Sachk. Abgabeverbot / Kundenerklärung bei gewerbl., berufl.			

Stoffname 1	Produktidentifikator EG- / CAS-Nummer Index-Nr. 2	Piktogramm / e 3	Signalwort 4	H-Sätze 5	Quelle 6	CMR-Eigenschaften 7	P-Sätze 8
Salpetersäure 3 bis < 5 %	EG 231-714-2, CAS 7697-37-2, Index 007-030-00-3	GHS05	Gefahr	H290, H315, H318	SDBl Hersteller		P280, P302+P352, P305+P351+P338, P310, P390
Salzsäure ab 25 %	EG 231-595-7	GHS05, GHS07	Gefahr	H290, H314, H319, H335	CLP, ECHA		P280, P303+P361+P353, P305+P351+P338, P405, P406, P501
Salzsäure 10 bis < 25 %	EG 231-595-7	GHS05, GHS07	Achtung	H290, H315, H319, H335	CLP, ECHA		P280, P302+P352, P305+P351+P338, P362+P364, P405, P501
Saponin	EG 232-462-6, CAS 8047-15-2	GHS07	Achtung	H319, H335	ECHA		P261, P264, P271, P280, P304+P340, P305+P351+P338, P405, P501
Sassafrasöl	EG 202-345-4, CAS 94-59-7, Index 605-020-00-9	GHS07, GHS08	Gefahr	H302, H341, H350	CLP	Carc. 1B, Muta. 2	P201, P280, P301+P312, P308+P313, P405, P501
Schwefel	EG 231-722-6, CAS 7704-34-9, Index 016-094-00-1	GHS07	Achtung	H228, H315	CLP, ECHA		P210, P240, P241, P280, P302+P352
Schwefelkohlenstoff	EG 200-843-6, CAS 75-15-0, Index 006-003-00-3	GHS02, GHS07, GHS08	Gefahr	H225, H315, H319, H332, H361fd, H372	CLP, ECHA	Repr. 2	P201, P210, P280, P303+P361+P353, P304+P340, P305+P351+P338, P308+P313, P405, P501
Schwefelsäure ab 15 %	EG 231-639-5, CAS 7664-93-9, Index 016-020-00-8	GHS05	Gefahr	H290, H314	CLP, ECHA		P280, P301+P330+P331, P303+P361+P353, P305+P351+P338, P405, P406
Schwefelsäure 5 bis < 15 %	EG 231-639-5, CAS 7664-93-9, Index 016-020-00-8	GHS05	Gefahr	H315, H319	CLP		P280, P302+P352, P305+P351+P338, P362+P364
Scopolaminhydrobromid	EG 204-050-6, CAS 114-49-8, Index 614-015-00-0	GHS06	Gefahr	H300+H310 +H330	ECHA		P262, P301+P310, P302+P352, P304+P340, P320, P405, P501
Scopoletin	EG 202-171-9, CAS 92-61-5	GHS07	Achtung	H315, H319, H335	ECHA		P280, P302+P352, P305+P351+P338, P405, P501
Senföl	EG 200-309-2, CAS 57-06-7	GHS02, GHS05, GHS06, GHS09	Gefahr	H226, H302, H310+H330, H314, H317, H410	SDBl Hersteller		P210, P273, P280, P303+P361+P353, P305+P351+P338, P310, P405, P501
Siam-Benzoe-Tinktur	EG 200-578-6, CAS 64-17-5, Index 603-002-00-5	GHS02	Gefahr	H225	CLP		P210, P233, P240, P403+P235

Farb-codierung BAK 9	Lagerung unter Verschluss – intern – 10	Abgabe – kindergesicherter Verschluss 11	Abgabe – tastbares Warnzeichen 12	Verbote / Beschränkungen bei der Abgabe 13	Informations- / Dokumentationspflichten / Sachkunde 14	Lagerort L = Labor R = Rezeptur (ggf. ergänzen) 15	Lagermenge (ändern, falls abweichend) 16	Sieherheitsdatenblatt vorhanden 17
Gelb, Hellblau	nein	nein	nein	ExplV Grenzwertüberschreitung	Abgabeverbot / Kundenerklärung bei gewerbl., berufl.			
Gelb, Orange, Hellblau	nein	ja	ja	DrogS 3	(Doku)			
Gelb, Orange, Hellblau	nein	nein	nein	DrogS 3	(Doku)			
	nein	nein	nein					
Rot	ja	nein	ja	ChemVerbotsV DrogS 1 REACH	Info / Doku / Sachk. Erlaubnis / Doku / Kundenerklärung REACH / (Verbot)			
Gelb	nein	nein	ja					
Gelb, Orange, Hellblau	ja	ja	ja	ChemVerbotsV	Info / Doku / Sachk.			
Gelb, Hellblau	nein	ja	ja	DrogS 3 ExplV Grenzwertüberschreitung	(Doku) Abgabeverbot / Kundenerklärung bei gewerbl., berufl.			
Gelb, Hellblau	nein	nein	nein	DrogS 3	(Doku)			
Gelb, Orange	ja	ja	ja	AMVV ChemVerbotsV	Rx / Verbot Info / Doku / Sachk.			
Gelb, Orange, Hellblau	nein	nein	nein					
	ja	ja	ja	ChemVerbotsV	Info / Doku / Sachk.			
	nein	nein	ja					

Stoffname 1	Produktidentifikator EG- / CAS-Nummer Index-Nr. 2	Piktogramm / e 3	Signalwort 4	H-Sätze 5	Quelle 6	CMR-Eigenschaften 7	P-Sätze 8
Silbereiweißacetyltannat	EG 802-134-2, CAS 9008-42-8	GHS07	Achtung	H302+H312 +H332, H319	ECHA, SDBl Hersteller		P261, P280, P305+P351+P338, P321, P330, P501
Silbernitrat	EG 231-853-9, CAS 7761-88-8, Index 047-001-00-2	GHS03, GHS05, GHS09	Gefahr	H272, H290, H314, H410	CLP, GESTIS		P210, P220, P260, P280, P305+P351+P338, P308+P311, P370+P378, P405, P501
Silbernitratlösung 0,1 M	EG 913-943-6	GHS03, GHS07, GHS09	Gefahr	H272, H290, H314, H410	ECHA, SDBl Hersteller		P210, P220, P273, P280, P303+P361+P353, P305+P351+P338, P405, P501
Sorbinsäure	EG 203-768-7, CAS 110-44-1	GHS07	Achtung	H315, H319	ECHA		P264, P280, P302+P352, P305+P351+P338, P332+P313, P337+P313
Spironolacton	EG 200-133-6, CAS 52-01-7	GHS08	Gefahr	H360	ECHA, SDBl Hersteller	Repr. 1B	P201, P202, P280, P308+P313, P405, P501
Stärke, lösliche	EG 232-686-4, CAS 9005-84-9	-	-	-	ECHA		
Steinkohlenteer	EG 266-028-2, CAS 65996-93-2, Index 648-055-00-5	GHS08	Gefahr	H340, H350, H360FD	CLP	Carc. 1B, Muta. 1B, Repr. 1B	P201, P280, P308+P313, P405, P501
Steinkohlenteerlösung	EG 200-578-6, EG 266-024-0, CAS 64-17-5, CAS 65996-89-6	GHS02, GHS08	Gefahr	H225, H350	SDBl Hersteller	Carc. 1A	P210, P241, P280, P303+P361+P353, P405, P501
Steinkohlenteerspiritus	EG 200-578-6, EG 266-024-0, CAS 64-17-5, CAS 65996-89-6	GHS02, GHS08	Gefahr	H225, H340, H350, H360FD	SDBl Hersteller	Carc. 1B, Muta. 1B, Repr. 1B	P201, P210, P280, P308+P313, P405, P501
Sternanisöl	EG 283-518-1, CAS 84650-59-9	GHS07, GHS08	Achtung	EUH208, H317, H341, H351, H412	ECHA, SDBl Hersteller	Carc. 2, Muta. 2	P261, P273, P280, P405, P501
Sulfadiazin	EG 200-685-8, CAS 68-35-9	GHS07, GHS08	Gefahr	H302, H315, H317, H319, H334, H335	SDBl Hersteller		P261, P280, P302+P352, P305+P351+P338, P405, P501
Sulfafurazol	EG 204-858-9, CAS 127-69-5	GHS07	Achtung	H315, H319, H335	ECHA		P261, P280, P305+P351+P338, P405, P501
Sulfamerazin	EG 204-866-2, CAS 127-79-7	GHS07	Achtung	H315, H319, H335	ECHA		P261, P280, P305+P351+P338, P405, P501
Sulfaminsäure	EG 226-218-8, CAS 5329-14-6, Index 016-026-00-0	GHS07	Achtung	H315, H319, H412	CLP		P305+P351+P338, P501

Farbcodierung BAK 9	Lagerung unter Verschluss – intern – 10	Abgabe – kindergesicherter Verschluss 11	Abgabe – tastbares Warnzeichen 12	Verbote / Beschränkungen bei der Abgabe 13	Informations- / Dokumentationspflichten / Sachkunde 14	Lagerort L = Labor R = Rezeptur (ggf. ergänzen) 15	Lagermenge (ändern, falls abweichend) 16	Sicherheitsdatenblatt vorhanden 17
Gelb, Orange, Hellblau	nein	nein	ja					
Gelb, Hellblau	nein	ja	ja	ChemVerbotsV	Info / Sachk.			
	nein	ja	ja	ChemVerbotsV	Info / Sachk.			
	nein	nein	nein					
Rot	nein	nein	nein	AMVV ChemVerbotsV REACH	Rx / Verbot Info / Doku / Sachk. REACH / (Verbot)			
	nein	nein	nein					
Rot	ja	nein	nein	ChemVerbotsV REACH	Info / Doku / Sachk. REACH / (Verbot)			
Rot	ja	nein	ja	ChemVerbotsV REACH	Info / Doku / Sachk. REACH / (Verbot)			
Rot	ja	nein	ja	ChemVerbotsV REACH	Info / Doku / Sachk. REACH / (Verbot)			
	nein	nein	ja					
	nein	nein	ja	AMVV	Rx / Verbot			
	nein	nein	nein	AMVV	Rx / Verbot			
Gelb, Orange, Hellblau	nein	nein	nein	AMVV	Rx / Verbot			
Gelb, Hellblau	nein	nein	nein					

Stoffname 1	Produktidentifikator EG- / CAS-Nummer Index-Nr. 2	Pikto-gramm / e 3	Signal-wort 4	H-Sätze 5	Quelle 6	CMR-Eigen-schaften 7	P-Sätze 8
Sulfanilamid	EG 200-563-4, CAS 63-74-1	-	-	-	ECHA		
Sulfanilsäure, wasserfrei	EG 204-482-5, CAS 121-57-3, Index 612-014-00-X	GHS07	Achtung	H315, H317, H319	CLP		P280, P302+P352, P305+P351+P338, P333+P313, P501
Sumatra-Benzoe-Tinktur	EG 200-578-6, CAS 64-17-5, Index 603-002-00-5	GHS07	Gefahr	H225	CLP		P210, P233, P280, P403+P235
Tannin	EG 215-753-2, CAS 1401-55-4	GHS07	Achtung	H319	ECHA		P264, P280, P305+P351+P338, P337+P313
Teebaumöl	EG 285-377-1, CAS 85085-48-9	GHS02, GHS07, GHS08, GHS09	Gefahr	H226, H302, H304, H315, H317, H319, H411	ECHA, SDBl Her-steller		P280, P301+P310, P303+P361+P353, P305+P351+P338, P321, P331, P362+P364, P405, P501
Terpentinöl	EG 232-350-7, CAS 8006-64-2, Index 650-002-00-6	GHS02, GHS07, GHS08, GHS09	Gefahr	EUH208, H226, H302+H312 +H332, H304, H315, H317, H319, H411	CLP		P210, P273, P280, P301+P310, P303+P361+P353, P331, P405, P501
Testosteronpropionat	EG 200-351-1, CAS 57-85-2	GHS07, GHS08	Gefahr	H302, H350, H361	ECHA, SDBl Her-steller	Carc. 1B, Repr. 2	P280, P301+P312, P308+P313, P405, P501
Tetracainhydrochlorid	EG 205-248-5, CAS 136-47-0	GHS06	Gefahr	H301, H317, H319	ECHA, SDBl Her-steller		P280, P301+P310, P305+P351+P338, P330, P362+P364, P405, P501
Tetrachlorkohlenstoff	EG 200-262-8, CAS 56-23-5, Index 602-008-00-5	GHS06, GHS08	Gefahr	H301+H311 +H331, H317, H351, H372, H412, H420	CLP, ECHA	Carc. 2	P261, P273, P280, P301+P310, P403+P233, P405, P502
Tetracyclinhydrochlorid	EG 200-593-8, CAS 64-75-5	GHS07	Achtung	H315, H319, H335	ECHA, SDBl Her-steller		P261, P280, P305+P351+P338, P405, P501
Tetramethylammonium-hydroxid, wässrige Lösung (wasserfrei)	EG 200-882-9, CAS 75-59-2	GHS05, GHS06, GHS08, GHS09	Gefahr	H300+H310, H314, H370, H372, H411	ECHA		P273, P280, P301+P330+P331, P302+P352, P305+P351+P338, P405, P501
Thalidomid	EG 200-031-1, CAS 50-35-1	GHS06, GHS08	Gefahr	H302, H360	ECHA	Repr. 1B	P201, P280, P301+P312, P405, P501
Thalidomid-Rezepturkon-zentrat 50% (NRF S.32.)	EG 200-031-1, CAS 50-35-1	GHS06, GHS08	Gefahr	H302, H360	ECHA	Repr. 1B	P201, P280, P301+P312, P405, P501

Farbcodierung BAK 9	Lagerung unter Verschluss – intern – 10	Abgabe – kindergesicherter Verschluss 11	Abgabe – tastbares Warnzeichen 12	Verbote / Beschränkungen bei der Abgabe 13	Informations- / Dokumentationspflichten / Sachkunde 14	Lagerort L = Labor R = Rezeptur (ggf. ergänzen) 15	Lagermenge (ändern, falls abweichend) 16	Sicherheitsdatenblatt vorhanden 17
	nein	nein	nein					
Gelb, Hellblau	nein	nein	nein					
	nein	nein	ja					
Hellblau	nein	nein	nein					
	nein	nein	ja					
Gelb, Orange, Hellblau	nein	nein	ja					
	ja	ja	ja	AMVV ChemVerbotsV REACH	Rx / Verbot Info / Doku / Sachk. REACH / (Verbot)			
Gelb, Hellblau	ja	ja	ja	ChemVerbotsV AMVV	Info / Doku / Sachk. Rx / Verbot			
Gelb, Orange	ja	ja	ja	ChemVerbotsV	Info / Doku / Sachk.			
Gelb, Orange, Hellblau	nein	nein	nein	AMVV	Rx / Verbot			
Gelb, Orange, Hellblau	ja	ja	ja	ChemVerbotsV	Info / Doku / Sachk.			
Rot	nein	nein	ja	AMVV ChemVerbotsV REACH	Rx / Verbot Info / Doku / Sachk. REACH / (Verbot)			
Rot	nein	nein	ja	AMVV ChemVerbotsV REACH	Rx / Verbot Info / Doku / Sachk. REACH / (Verbot)			

Stoffname 1	Produktidentifikator EG- / CAS-Nummer Index-Nr. 2	Pikto-gramm / e 3	Signal-wort 4	H-Sätze 5	Quelle 6	CMR-Eigen-schaften 7	P-Sätze 8
Theobromin	EG 201-494-2, CAS 83-67-0	GHS07	Achtung	H302	ECHA		P264, P301+P312, P501
Theophyllin	EG 200-385-7, CAS 58-55-9, Index 613-342-00-6	GHS06, GHS08	Gefahr	H301, H360D	ECHA, GESTIS	Repr. 1B	P264, P270, P301+P310, P405, P501
Thesit	EG 500-002-6, CAS 9002-92-0	GHS05, GHS07	Gefahr	H302, H318	ECHA, SDBl Her-steller		P280, P301+P312, P305+P351+P338, P310, P501
Thioacetamid	EG 200-541-4, CAS 62-55-5, Index 616-026-00-6	GHS07, GHS08	Gefahr	H302, H315, H319, H350, H412	CLP	Carc. 1B	P201, P273, P280, P301+P312, P302+P352, P305+P351+P338, P308+P313, P405, P501
Thioglykolsäure	EG 200-677-4, CAS 68-11-1, Index 607-090-00-6	GHS05, GHS06	Gefahr	H301+H311 +H331, H314	CLP		P280, P301+P330+P331, P303+P361+P353, P304+P340, P305+P351+P338, P405, P501
Thioharnstoff	EG 200-543-5, CAS 62-56-6, Index 612-082-00-0	GHS07, GHS08, GHS09	Achtung	H302, H351, H361d, H411	CLP	Carc. 2, Repr. 2	P201, P280, P301+P312, P308+P313, P405, P501
Thiomersal	EG 200-210-4, CAS 54-64-8, Index 080-004-00-7	GHS06, GHS08, GHS09	Gefahr	H300+H310 +H330, H373, H410	ECHA		P260, P273, P301+P310, P302+P352, P304+P340, P391, P403+P233, P405, P501
Thujon	EG 208-912-2, CAS 546-80-5	GHS07	Achtung	H302	ECHA		P264, P270, P501
Thymianöl	EG 201-944-8, CAS 89-83-8	GHS05, GHS07, GHS08, GHS09	Gefahr	EUH208, H302, H304, H314, H317, H411	SDBl Her-steller		P301+P310, P303+P361+P353, P305+P351+P338, P321, P362+P364, P405, P501
Thymol	EG 201-944-8, CAS 89-83-8, Index 604-032-00-1	GHS05, GHS07, GHS09	Gefahr	H302, H314, H411	CLP		P260, P273, P280, P301+P312, P303+P361+P353, P305+P351+P338, P405, P501
Thymolblau	EG 200-973-3, CAS 76-61-9	GHS07	Achtung	H302	ECHA		P264, P270, P301+P312
Thymolphthalein	EG 204-729-7, CAS 125-20-2	-	-	-	ECHA		
Tinkturen mit Ethanol ab 57 % (V / V)	EG 200-578-6, CAS 64-17-5	GHS02, GHS07	Gefahr	H225, H319	CLP, ECHA		P210, P240, P305+P351+P338, P403+P235, P501
Tinkturen mit Ethanol unter 57 % (V / V)	EG 200-578-6, CAS 64-17-5	GHS02	Achtung	H226	CLP, ECHA		P210, P403+P235, P501

Farb-codierung BAK 9	Lagerung unter Ver-schluss – intern – 10	Abgabe – kinderge-sicherter Verschluss 11	Abgabe – tastbares Warn-zeichen 12	Verbote / Beschränkungen bei der Abgabe 13	Informations- / Dokumentations-pflichten / Sachkunde 14	Lagerort L = Labor R = Rezeptur (ggf. ergänzen) 15	Lager-menge (ändern, falls ab-weichend) 16	Sieher-heitsda-tenblatt vorhanden 17
Gelb	nein	nein	ja					
Rot	ja	ja	ja	AMVV ChemVerbotsV REACH	Rx / Verbot Info / Doku / Sachk. REACH / (Verbot)			
Hellblau	nein	nein	ja					
Rot	ja	nein	ja	ChemVerbotsV REACH	Info / Doku / Sachk. REACH / (Verbot)			
Gelb, Orange	ja	ja	ja	ChemVerbotsV	Info / Doku / Sachk.			
Gelb, Orange	nein	nein	ja					
	ja	ja	ja	AMVV ChemVerbotsV REACH	Rx / Verbot Info / Doku / Sachk. REACH / (Verbot)			
	nein	nein	ja					
Gelb, Orange, Hellblau	nein	ja	ja					
	nein	ja	ja					
	nein	nein	ja					
	nein	nein	nein					
Hellblau	nein	nein	ja					
	nein	nein	nein					

Stoffname 1	Produktidentifikator EG- / CAS-Nummer Index-Nr. 2	Pikto-gramm / e 3	Signal-wort 4	H-Sätze 5	Quelle 6	CMR-Eigen-schaften 7	P-Sätze 8
Toluol	EG 203-625-9, CAS 108-88-3, Index 601-021-00-3	GHS02, GHS07, GHS08	Gefahr	H225, H304, H315, H335, H336, H361fd, H373	CLP	Repr. 2	P210, P260, P280, P303+P361+P353, P405, P501
Topotecan·Hydrochlorid	EG 601-607-9, CAS 119413-54-6	GHS06, GHS08	Gefahr	H300, H340, H351, H361, H412	SDBl Her-steller	Carc. 2, Muta. 1B, Repr. 2	P201, P264, P280, P301+P310, P308+P313, P405, P501
Tramadolhydrochlorid	EG 252-950-2, CAS 36282-47-0	GHS06, GHS09	Gefahr	H301, H411	ECHA, SDBl Her-steller		P273, P301+P310, P330, P405, P501
Triamcinolonacetonid	EG 200-948-7, CAS 76-25-5	GHS08	Gefahr	H360, H372	ECHA, SDBl Her-steller	Repr. 1A	P201, P202, P280, P308+P313, P405, P501
Triamcinolonacetonid-Verreibung 2 % mit Weißem Vaselin	EG 200-948-7, CAS 76-25-5	GHS08	Gefahr	H360	SDBl Her-steller	Repr. 1A	P201, P202, P280, P308+P313, P405, P501
Triamteren	EG 206-904-3, CAS 396-01-0	GHS07	Achtung	H302, H315, H319, H335	ECHA		P261, P280, P301+P312, P305+P351+P338, P405, P501
Trichloressigsäure	EG 200-927-2, CAS 76-03-9, Index 607-004-00-7	GHS05, GHS09	Gefahr	H314, H335, H410	CLP, GESTIS		P260, P271, P273, P280, P303+P361+P353, P305+P351+P338, P391, P405, P501
Trichlorethen	EG 201-167-4, CAS 79-01-6, Index 602-027-00-9	GHS07, GHS08	Gefahr	EUH208, H315, H317, H319, H336, H341, H350, H412	CLP, ECHA	Carc. 1B, Muta. 2	P280, P302+P352, P304+P340, P312, P333+P313, P337+P313, P405, P501
Triclosan	EG 222-182-2, CAS 3380-34-5, Index 604-070-00-9	GHS07, GHS09	Achtung	H315, H319, H410	CLP		P273, P280, P302+P352, P305+P351+P338, P501
Triethanolamin	EG 203-049-8, CAS 102-71-6	-	-	-	ECHA, SDBl Her-steller		
Trimethoprim	EG 212-006-2, CAS 738-70-5	GHS07	Achtung	H302	ECHA		P301+P312, P501
Triphenyltetrazolium-chlorid	EG 206-071-6, CAS 298-96-4	GHS07	Achtung	H315, H319, H335	ECHA		P261, P280, P302+P352, P305+P351+P338, P405, P501
Trometamol	EG 201-064-4, CAS 77-86-1	GHS07	Achtung	H315, H319, H335	ECHA		P261, P280, P302+P352, P337+P313, P405, P501

Farb-codierung BAK 9	Lagerung unter Ver-schluss – intern – 10	Abgabe – kinderge-sicherter Verschluss 11	Abgabe – tastbares Warn-zeichen 12	Verbote / Beschränkungen bei der Abgabe 13	Informations- / Dokumentations-pflichten / Sachkunde 14	Lagerort L = Labor R = Rezeptur (ggf. ergänzen) 15	Lager-menge (ändern, falls ab-weichend) 16	Sieher-heitsda-tenblatt vorhanden 17
Gelb, Orange	nein	nein	ja	DrogS 3 REACH	(Doku) REACH / (Verbot)			
Rot	ja	ja	ja	AMVV ChemVerbotsV REACH	Rx / Verbot Info / Doku / Sachk. REACH / (Verbot)			
	ja	ja	ja	AMVV ChemVerbotsV BtMG	Rx / Verbot Info / Doku / Sachk. BtM / Verbot			
Rot	ja	ja	ja	AMVV ChemVerbotsV REACH	Rx / Verbot Info / Doku / Sachk. REACH / (Verbot)			
Rot	nein	nein	nein	AMVV ChemVerbotsV REACH	Rx / Verbot Info / Doku / Sachk. REACH / (Verbot)			
Gelb, Orange, Hellblau	nein	nein	ja	AMVV	Rx / Verbot			
Gelb, Orange, Hellblau	nein	ja	ja					
Rot	ja	nein	ja	ChemVerbotsV REACH	Info / Doku / Sachk. REACH / (Verbot)			
Gelb, Hellblau	nein	nein	nein					
	nein	nein	nein					
	nein	nein	ja	AMVV	Rx / Verbot			
Gelb, Hellblau	nein	nein	nein					
Gelb, Hellblau	nein	nein	nein	AMVV	Rx / Verbot			

Stoffname 1	Produktidentifikator EG- / CAS-Nummer Index-Nr. 2	Pikto-gramm / e 3	Signal-wort 4	H-Sätze 5	Quelle 6	CMR-Eigen-schaften 7	P-Sätze 8
Vanillin	EG 204-465-2, CAS 121-33-5	GHS07	Achtung	H319	ECHA		P264, P280, P305+P351+P338, P337+P313
Vinorelbintartrat	EG 639-264-2, CAS 125317-39-7	GHS06, GHS08	Gefahr	H300, H341, H351, H360D, H372	SDBl Her-steller	Carc. 2, Muta. 2, Repr. 1B	P202, P260, P264, P270, P280, P301+P310, P405, P501
Vitamin A-Säure	EG 206-129-0, CAS 302-79-4	GHS07, GHS08, GHS09	Gefahr	H302, H315, H360FD, H410	SDBl Her-steller	Repr. 1A	P273, P280, P301+P312, P405, P501
Vitamin-A-acetat	EG 204-884-2, CAS 127-47-9	GHS08	Gefahr	H360D, H413	ECHA	Repr. 1B	P273, P280, P308+P313, P405, P501
Vitamin-A-palmitat	EG 201-228-5, CAS 79-81-2	GHS08	Gefahr	H360, H413	ECHA, SDBl Her-steller	Repr. 1B	P273, P280, P308+P313, P405, P501
Wacholderholzöl	EG 232-350-7, CAS 8006-64-2	GHS02, GHS07, GHS08, GHS09	Gefahr	H226, H302+H312 +H332, H304, H315, H317, H319, H411	SDBl Her-steller		P301+P310, P303+P361+P353, P305+P351+P338, P321, P330, P362+ P364, P405, P501
Wasserstoffperoxidlö-sung ab 60 %	EG 231-765-0, CAS 7722-84-1, Index 008-003-00-9	GHS03, GHS05, GHS07	Gefahr	H271, H314, H302+H332, EUH071	CLP, GESTIS		P220, P261, P280, P303+P361+P353, P305+P351+P338, P310, P405, P501
Wasserstoffperoxidlö-sung 50 bis < 60 %	EG 231-765-0, CAS 7722-84-1, Index 008-003-00-9	GHS03, GHS05, GHS07	Gefahr	H272, H314 H302+H332 EUH071	CLP, GESTIS		P220, P261, P280, P303+P361+P353, P305+P351+P338 P312, P405, P501
Wasserstoffperoxidlö-sung 35 bis < 50 %	EG 231-765-0, CAS 7722-84-1, Index 008-003-00-9	GHS03, GHS05, GHS07	Gefahr	H272, H335 H302+H332, H315, H318	CLP, GESTIS		P220, P261, P280, P305+P351+P338, P405, P501
Wasserstoffperoxidlö-sung 30 bis < 35 %	EG 231-765-0, CAS 7722-84-1, Index 008-003-00-9	GHS03, GHS05, GHS07	Gefahr	H272, H302+H332, H318	CLP, GESTIS		P220, P261, P280, P305+P351+P338, P501
Wasserstoffperoxidlö-sung 25 bis < 30 %	EG 231-765-0, CAS 7722-84-1, Index 008-003-00-9	GHS03, GHS05, GHS07	Gefahr	H272, H302, H318	CLP, GESTIS		P220, P280, P305+P351+P338, P501
Wasserstoffperoxidlö-sung 12 bis < 25 %	EG 231-765-0, CAS 7722-84-1, Index 008-003-00-9	GHS03, GHS05	Gefahr	H272, H318	CLP, GESTIS		P220, P280, P305+P351+P338, P501
Wasserstoffperoxidlö-sung 8 bis < 12 %	EG 231-765-0, CAS 7722-84-1, Index 008-003-00-9	GHS03, GHS05	Gefahr	H272, H318	CLP, GESTIS		P220, P280, P305+P351+P338, P501

Farb-codierung BAK 9	Lagerung unter Ver-schluss – intern – 10	Abgabe – kinderge-sicherter Verschluss 11	Abgabe – tastbares Warn-zeichen 12	Verbote / Beschränkungen bei der Abgabe 13	Informations- / Dokumentations-pflichten / Sachkunde 14	Lagerort L = Labor R = Rezeptur (ggf. ergänzen) 15	Lager-menge (ändern, falls ab-weichend) 16	Sieher-heitsda-tenblatt vorhanden 17
Hellblau	nein	nein	nein					
Rot	ja	ja	ja	AMVV	Rx / Verbot			
				ChemVerbotsV	Info / Doku / Sachk.			
				REACH	REACH / (Verbot)			
Rot	nein	nein	ja	AMVV	Rx / Verbot			
				ChemVerbotsV	Info / Doku / Sachk.			
				REACH	REACH / (Verbot)			
Rot	nein	nein	nein	AMVV	Rx / Verbot			
				ChemVerbotsV	Info / Doku / Sachk.			
				REACH	REACH / (Verbot)			
Rot	nein	nein	nein	AMVV	Rx / Verbot			
				ChemVerbotsV	Info / Doku / Sachk.			
				REACH	REACH / (Verbot)			
Gelb, Orange, Hellblau	nein	nein	ja					
Gelb, Orange, Hellblau	nein	ja	ja	ChemVerbotsV	Info / Sachk.			
				ExplV Grenzwert-überschreitung	Abgabeverbot / Kundenerklärung bei gewerbl., berufl.			
Gelb, Orange, Hellblau	nein	ja	ja	ChemVerbotsV	Info / Sachk.			
				ExplV Grenzwert-überschreitung	Abgabeverbot / Kundenerklärung bei gewerbl., berufl.			
Gelb, Orange, Hellblau	nein	nein	ja	ChemVerbotsV	Info / Sachk.			
				ExplV Grenzwert-überschreitung	Abgabeverbot / Kundenerklärung bei gewerbl., berufl.			
Orange, Hellblau	nein	nein	ja	ChemVerbotsV	Info / Sachk.			
				ExplV Grenzwert-überschreitung	Abgabeverbot / Kundenerklärung bei gewerbl., berufl.			
Hellblau	nein	nein	ja	ChemVerbotsV	Info / Sachk.			
				ExplV Grenzwert-überschreitung	Abgabeverbot / Kundenerklärung bei gewerbl., berufl.			
Hellblau	nein	nein	nein	ChemVerbotsV	Info / Sachk.			
				ExplV Grenzwert-überschreitung	Abgabeverbot / Kundenerklärung bei gewerbl., berufl.			
Hellblau	nein	nein	nein	ChemVerbotsV	Info / Sachk.			
				ExplV Grenzwert-unterschreitung	(Doku)			

Stoffname 1	Produktidentifikator EG- / CAS-Nummer Index-Nr. 2	Pikto-gramm / e 3	Signal-wort 4	H-Sätze 5	Quelle 6	CMR-Eigen-schaften 7	P-Sätze 8
Wasserstoffperoxidlösung 5 bis < 8 %	EG 231-765-0, CAS 7722-84-1, Index 008-003-00-9	GHS07	Achtung	H319	CLP, GESTIS		P264, P280 P305+P351+P338, P337+P313, P501
DL-Weinsäure	EG 201-766-0, CAS 133-37-9	GHS05	Gefahr	H318	ECHA, SDBl Hersteller		P280, P305+P351+P338, P310
Weinsäure	EG 201-766-0, CAS 87-69-4	GHS05	Gefahr	H318	ECHA		P280, P305+P351+P338
Wermutöl	EG 208-912-2, CAS 546-80-5	GHS07, GHS08	Gefahr	EUH208, H302, H304, H315, H317, H412	SDBl Hersteller		P280, P301+P310, P331, P362+P364, P405, P501
Wintergrünöl	EG 204-317-7, CAS 119-36-8, Index 607-749-00-8	GHS05, GHS07	Gefahr	H302, H318	ECHA		P280, P301+P312, P305+P351+P338, P501
Wundbenzin	EG 931-254-9, CAS 64742-49-0	GHS02, GHS07, GHS08, GHS09	Gefahr	H225, H304, H315, H336, H411			P210, P280, P301+P310, P403+P233, P405, P501
Xanthydrol	EG 201-996-1, CAS 90-46-0	GHS07, GHS09	Achtung	H302, H315, H319, H335, H411	ECHA		P261, P273, P280, P301+P312, P332+P313, P337+P313, P405
Xylenolorange	EG 222-805-8, CAS 3618-43-7	-	-	-	ECHA		
Xylol, Isomerengemisch	EG 215-535-7, CAS 1330-20-7, Index 601-022-00-9	GHS02, GHS07, GHS08	Gefahr	H226, H304, H312+H332, H315, H319, H335, H373	ECHA		P210, P260, P280, P301+P310, P305+P351+P338, P370+P378, P405, P501
Xylometazolinhydrochlorid	EG 214-936-4, CAS 1218-35-5	GHS06	Gefahr	H301	ECHA		P301+P310, P330, P405, P501
Zedernholzöl	EG 285-360-9, CAS 85085-29-6	GHS08, GHS09	Gefahr	H304, H410	ECHA, SDBl Hersteller		P301+P310, P331, P405, P501
Zimtöl	EG 203-213-9, CAS 104-55-2, CAS 14371-10-9	GHS07	Achtung	EUH208, H312, H315, H317, H319, H412	ECHA		P261, P273, P280, P302+P352, P305+P351+P338, P501
Zinkchlorid	EG 231-592-0, CAS 7646-85-7, Index 030-003-00-2	GHS05, GHS07, GHS09	Gefahr	H302, H314, H335, H410	CLP		P273, P280, P301+P330+P331, P305+P351+P338, P405, P501
Zinkoxid	EG 215-222-5, CAS 1314-13-2, Index 030-013-00-7	GHS09	Achtung	H410	CLP		P273, P501
Zinkstaub, nicht stabilisiert	EG 231-175-3, CAS 7440-66-6, Index 030-001-00-1	GHS02, GHS09	Gefahr	H250, H260, H410	CLP		P210, P222, P231+P232, P280, P302+P334, P370+P378, P501

Farbcodierung BAK 9	Lagerung unter Verschluss – intern – 10	Abgabe – kindergesicherter Verschluss 11	Abgabe – tastbares Warnzeichen 12	Verbote / Beschränkungen bei der Abgabe 13	Informations- / Dokumentationspflichten / Sachkunde 14	Lagerort L = Labor R = Rezeptur (ggf. ergänzen) 15	Lagermenge (ändern, falls abweichend) 16	Sieherheitsdatenblatt vorhanden 17
Hellblau	nein	nein	nein	ExplV Grenzwertunterschreitung	(Doku)			
Hellblau	nein	nein	nein					
Hellblau	nein	nein	nein					
Gelb, Orange	nein	ja	ja					
Gelb, Orange, Hellblau	nein	nein	ja					
	nein	nein	ja					
Gelb, Orange, Hellblau	nein	nein	ja					
	nein	nein	nein					
Gelb, Orange, Hellblau	nein	nein	ja					
	ja	ja	ja	ChemVerbotsV	Info / Doku / Sachk.			
Orange	nein	nein	ja					
Gelb, Hellblau	nein	nein	ja					
Gelb, Orange, Hellblau	nein	ja	ja					
	nein	nein	nein					
	nein	nein	nein					

Stoffname 1	Produktidentifikator EG- / CAS-Nummer Index-Nr. 2	Pikto-gramm / e 3	Signal-wort 4	H-Sätze 5	Quelle 6	CMR-Eigen-schaften 7	P-Sätze 8
Zinkstaub, stabilisiert	EG 231-175-3, CAS 7440-66-6, Index 030-001-01-9	GHS09	Achtung	H410	CLP		P273, P501
Zinksulfat, Heptahydrat	EG 231-793-3, CAS 7446-20-0	GHS05, GHS07, GHS09	Gefahr	H302, H318, H410	CLP		P273, P280, P305+P351+P338, P501
Zinksulfatlösung 0.1M	EG 231-793-3, CAS 7446-20-0, Index 030-006-00-9	GHS05, GHS09	Gefahr	H318, H411	ECHA, Gischem		P273, P280, P305+P351+P338, P501
Zinn(II)-chlorid, Dihydrat	EG 231-868-0, EG 600-045-1, CAS 10025-69-1	GHS05, GHS07, GHS08	Gefahr	EUH208, H290, H302+H332, H314, H317, H318, H335, H373, H412	ECHA		P260, P273, P280, P303+P361+P353, P304+P340, P305+P351+P338, P405, P501
Zinn(II)-chlorid, wasserfrei	EG 231-868-0, CAS 7772-99-8	GHS05, GHS07, GHS08	Gefahr	EUH208, H290, H302+ H312, H314, H317, H319, H332, H335, H373, H412	ECHA		P260, P273, P280, P303+P361+P353, P304+P340, P305+P351+P338, P405, P501
Zypressenöl	EG 283-626-9, CAS 84696-07-1	GHS02, GHS07, GHS08, GHS09	Gefahr	H226, H304, H315, H317, H411	ECHA		P210, P233, P280, P303+P361+P353, P405, P501

Farb-codierung BAK 9	Lagerung unter Ver-schluss – intern – 10	Abgabe – kinderge-sicherter Verschluss 11	Abgabe – tastbares Warn-zeichen 12	Verbote / Beschränkungen bei der Abgabe 13	Informations- / Dokumentations-pflichten / Sachkunde 14	Lagerort L = Labor R = Rezeptur (ggf. ergänzen) 15	Lager-menge (ändern, falls ab-weichend) 16	Sicher-heitsda-tenblatt vorhanden 17
	nein	nein	nein					
Hellblau	nein	nein	ja					
Hellblau	nein	nein	nein					
Gelb, Orange, Hellblau	nein	ja	ja					
Gelb, Orange, Hellblau	nein	ja	ja					
Gelb, Orange	nein	nein	nein					

2 Kennzeichnungselemente nach CLP-Verordnung

Die Grundlage der CLP-Verordnung (EG) Nr. 1272/2008 über die Einstufung, Kennzeichnung und Verpackung von Stoffen und Gemischen ist das Global Harmonisierte System der Vereinten Nationen (GHS). Das Ziel ist die Sicherstellung eines hohen Schutzniveaus für die menschliche Gesundheit und die Umwelt sowie die Gewährleistung des freien Verkehrs von chemischen Stoffen, Gemischen und Erzeugnissen. Die Verordnung regelt die vorschriftsmäßige Einstufung, Kennzeichnung und Verpackung von Gefahrstoffen, vor dem Inverkehrbringen.

Ausgangspunkt für die Gefahrenkommunikation ist die Einstufung – also die Zuordnung von gefährlichen Eigenschaften – eines Stoffes oder Gemisches zu den in der CLP-Verordnung aufgeführten Gefahrenklassen und -kategorien. Es gibt drei Gefahrenbereiche:

- physikalische / chemische Gefahren,
- Gesundheitsgefahren,
- Umweltgefahren,
- zusätzliche EU-Gefahren.

2.1 Gefahrenklassifizierung – Gefahrenkategorien

Die Systematik unterscheidet zwischen Gefahrenklassen und Gefahrenkategorien.

Die Einstufung und Kennzeichnung berücksichtigt alle potenziellen Gefahren, die bei der gebräuchlichen Handhabung und Verwendung dieser Stoffe auftreten können. Die charakteristischen Gefahren ergeben sich also aus den Gefahrenpiktogrammen und den Gefahrenhinweisen.

Gefahrenklassen: Nach CLP-Verordnung werden die verschiedenen Arten der Gefahren in Gefahrenklassen eingeteilt. Bei den Gefahrenklassen werden Expositionswege, Aggregatzustände oder auch andere Aspekte berücksichtigt, wie zum Beispiel die akuten oder auch chronischen Wirkungen. Ein Stoff oder auch ein Gemisch wird als gefährlich („hazardous") eingestuft, wenn es mindestens einer Gefahrenklasse zugeordnet werden kann.

Gefahrenkategorien: Die Gefahrenklassen werden in Abhängigkeit vom Gefährdungspotenzial, der Schwere der Gefahr noch einmal in bis zu sieben Gefahrenkategorien („hazard categories"), Unterklassen, Typen oder Kategorien unterteilt. Die Gefahrenkategorien ermöglichen eine starke Differenzierung nach dem Ausmaß der Gefährlichkeit. Der Gefahrenhinweis wird nun mehr durch die Gefahrenklasse und Gefahrenkategorie bestimmt.

Während die Gefahrenklassen die Art der Gefahr angeben, dienen die Gefahrenkategorien zur Abstufung innerhalb der Gefahrenklassen.

Es gibt zurzeit 33 Gefahrenklassen („hazard classes"):

Physikalische Gefahren (17 Gefahrenklassen)
- Explosive Stoffe / Gemische und Erzeugnisse mit Explosivstoff
- Entzündbare Gase
- Aerosole
- Oxidierende Gase
- Gase unter Druck
- Entzündbare Flüssigkeiten
- Entzündbare Feststoffe
- Selbstzersetzliche Stoffe und Gemische
- Pyrophore Flüssigkeiten
- Pyrophore Feststoffe
- Selbsterhitzungsfähige Stoffe und Gemische
- Stoffe oder Gemische, die in Berührung mit Wasser entzündbare Gase entwickeln
- Oxidierende Flüssigkeiten
- Oxidierende Feststoffe
- Organische Peroxide
- Korrosiv gegenüber Metallen
- Desensibilisierte explosive Stoffe / Gemische

Gesundheitsgefahren (11 Gefahrenklassen)
- Akute Toxizität (oral, dermal oder inhalativ)
- Ätz- / Reizwirkung auf die Haut
- Schwere Augenschädigung / Augenreizung
- Sensibilisierung der Atemwege oder der Haut
- Keimzellmutagenität
- Karzinogenität
- Reproduktionstoxizität
- Spezifische Zielorgan-Toxizität, einmalige Exposition
- Spezifische Zielorgan-Toxizität, wiederholte Exposition
- Aspirationsgefahr
- Endokrine Disruption mit Wirkung auf die menschliche Gesundheit

Umweltgefahren (4 Gefahrenklassen)
- Gewässergefährdend (akut und langfristig)
- Endokrine Disruption mit Wirkung auf die Umwelt
- Persistente, bioakkumulierbare und toxische Eigenschaften oder sehr persistente und sehr bioakkumulierbare Eigenschaften
- Persistente, mobile und toxische Eigenschaften oder sehr persistente, sehr mobile Eigenschaften

Weitere Gefahren (1 Gefahrenklasse)

- Die Ozonschicht schädigend

Die Einstufung der Stoffe / Gemische ist den Sicherheitsdatenblättern zu entnehmen, die am Arbeitsplatz zur Verfügung stehen müssen.

2.2 Gefahrenpiktogramme

Die Gefahrenpiktogramme sind rot umrandete Rauten mit schwarzen Symbolen auf weißem Grund. Sie vermitteln eine bestimmte Information über die betreffende Gefahr. Sie werden den unterschiedlichen Gefahrenkategorien zugeordnet. Neun Gefahrenpiktogramme stehen zur Verfügung.

Jedem Piktogramm ist ein Code zugeordnet, so steht zum Beispiel die Angabe „GHS07" für das Piktogramm „Ausrufezeichen".

Abbildung 1: Die Piktogramme.
(http://www.unece.org/trans/danger/publi/ghs/pictograms.html).

2.3 Vorrangregelung für Gefahrenpiktogramme

Die CLP-Verordnung definiert in Artikel 26 die Vorrangregeln für Gefahrenpiktogramme. Bei der Kennzeichnung mit dem Gefahrenpiktogramm der linken Spalte in Tabelle 2 können die Gefahrenpiktogramme in der rechten Spalte entfallen.

So kann beispielsweise bei einer Kennzeichnung mit GHS05 „Ätzwirkung" das Gefahrenpiktogramm GHS07 „Ausrufezeichen" entfallen. Dies gilt jedoch nur, wenn GHS07 „Ausrufezeichen" in Verbindung mit H315 (Verursacht Hautreizungen) oder H319 (Verursacht schwere Augenreizung) vorgeschrieben ist. Ist das Ausrufezeichen z. B. in Verbindung mit H302 (Gesundheitsschädlich bei Verschlucken) vorgeschrieben, so muss es zusätzlich angebracht werden und kann nicht entfallen.

Wenn vorhanden…	… kann entfallen:
GHS01	GHS02 und GHS03 Ausnahme: mehr als eines dieser Gefahrenpiktogramme ist verbindlich vorgeschrieben
GHS02 oder GHS06	GHS04
GHS06	GHS07
GHS05	GHS07 bei Haut- oder Augenreizungen (= bei H315 oder H319)
GHS08 bei Sensibilisierung der Atemwege (= H334)	GHS07 bei Haut- und Augenreizungen (= bei H315 und H319) oder bei Hautsensibilisierungen (= H317)

Tabelle 2: Vorrangregelung für Gefahrenpiktogramme nach Artikel 26 CLP-Verordnung

2.4 Signalwörter

Zusätzlich zu den Gefahrenpiktogrammen werden in Abhängigkeit von der Gefährlichkeit die Signalwörter „Gefahr" oder „Achtung" eingesetzt. Sie sollen den Verbraucher auf eine potenzielle Gefahr hinweisen. Signalwörter sind spezifische Kennzeichnungselemente, die Auskunft über den relativen Gefährdungsgrad geben. Das Signalwort „Gefahr" weist auf eine schwerwiegende Gefahr hin, das Signalwort „Achtung" auf eine weniger schwerwiegende Gefährlichkeit.

Im Rahmen der Vorrangregelung kann bei der Kennzeichnung „Gefahr" der Hinweis „Achtung" entfallen.

2.5 Gefahren- und Sicherheitshinweise

Gefahrenhinweise: Gefahrenhinweise sind standardisierte Textbausteine. Die Gefahrenhinweise / H-Sätze („hazard statements") werden bestimmten Gefahrenklassen und Gefahrenkategorien zugeordnet. Art wie auch gegebenenfalls der Schweregrad der von einem Stoff / Gemisch ausgehenden Gefährdung werden beschrieben. Auf dem Kennzeichnungsetikett sind alle aufgrund der Einstufung erforderlichen Gefahrenhinweise anzugeben, sofern keine eindeutige Doppelung vorliegt (Artikel 27 CLP-Verordnung).

Sicherheitshinweise: Die Sicherheitshinweise / P-Sätze („precautionary statements") beschreiben in standardisierter Form Maßnahmen, um schädliche Wirkungen auf Grund der Exposition gegenüber einem gefährlichen Stoff oder Gemisch bei seiner Verwendung oder Beseitigung zu begrenzen oder zu vermeiden. Die Sicherheitshinweise sind nach den in Anhang IV Teil 1 der CLP-Verordnung festgelegten Kriterien auszuwählen (siehe Kapitel 5.3 Kennzeichnungstabelle / Zuordnung der P-Sätze zu den H-Sätzen). Die Auswahl der Sicherheitshinweise liegt in der Verantwortung des Herstellers oder Inverkehrbringers, also – sofern der Stoff / das Gemisch in der Apotheke für einen Kunden abgefasst wird – der Apotheke. Es gibt keine obligatorischen Sicherheitshinweise, der Hersteller kann diese frei wählen. Dies bedeutet, dass selbst bei einer Legaleinstufung von unterschiedlichen Herstellern für den gleichen Stoff oder das gleiche Gemisch unterschiedliche Kennzeichnungen zu erwarten sind. Wird der Stoff an die breite Öffentlichkeit / private Endverbraucher abgegeben, so sollte auf dem Kennzeichnungsetikett mindestens ein Sicherheitshinweis zur Entsorgung angegeben werden.

Gefahrenhinweis
Buchstabe H (harzard statements) dreistellige Zahl
Sicherheitshinweis
Buchstabe P (precautionary statements) dreistellige Zahl

Die Buchstaben H und P signalisieren die Art des Hinweises (Gefahr / Sicherheit). Die H- und P-Sätze sind mit einer dreistelligen Nummer versehen. Die erste Ziffer steht für die Gruppierung / Art der Gefahr oder auch der Sicherheitshinweise, die beiden anderen Ziffern beinhalten die laufende Nummer.

Gefahrenhinweis ...
2xx physikalisch-chemische Gefahr
3xx Gesundheitsgefahr (toxische Gefahr)
4xx Umweltgefahr

Sicherheitshinweis ...
1xx Allgemeines
2xx Prävention
3xx Reaktion
4xx Aufbewahrung / Lagerung
5xx Entsorgung

Beispiele:
H240 – „Erwärmung kann Explosion verursachen" – physikalische Gefahr
H318 – „Verursacht schwere Augenschäden" – Gesundheitsgefahr
H400 – „Sehr giftig für Wasserorganismen" – Umweltgefahr

P102 – Darf nicht in die Hände von Kindern gelangen
P232 – Vor Feuchtigkeit schützen
P331 – KEIN Erbrechen herbeiführen

Zusätzliche Kennzeichnungselemente beziehen sich auf ergänzende Gefahrenmerkmale, die nicht zum weltweiten GHS-System gehören, aber in der EU Bestandteil der Kennzeichnung sind[1]. Beispiel EUH31: „Entwickelt bei Berührung mit Säure giftige Gase" oder EUH070 „Giftig bei Berührung mit den Augen". Diese zusätzlichen Ergänzungsmerkmale beschreiben Gefahren, die vom CLP-Standard noch nicht abgedeckt sind. (Siehe auch Kapitel 5.1 Gefahrenhinweise – H-Sätze und Kapitel 5.2 Sicherheitshinweise – P-Sätze.)

2.6 Andere Einstufungen nach CLP-Verordnung

Die CLP-Verordnung enthält sehr differenzierte Zuordnungen, insbesondere im Bereich der physikalisch-chemischen Gefahren, der akuten Humantoxizität und der Aspirationsgefahr.

Unterschiedliche Kriterien und Verfahren zur Einstufung und Kennzeichnung führen dazu, dass den nach CLP-Verordnung gekennzeichneten Produkten höhere oder auch niedrigere Gefahrenpotenziale zugeordnet werden, als dies bei der bisherigen Kennzeichnung der Fall war. Die Einstufungsgrenzen ändern sich; für die Vergabe der neuen Gefahrenpiktogramme gelten teilweise neue Kriterien. Die neuen Kategorien sind deshalb nicht immer deckungsgleich mit den bisherigen Einstufungen.

Dies bedeutet, es ist zu zahlreichen Umstufungen von Stoffen gekommen, insbesondere von gesundheitsschädlich zu giftig[2]. Bei den Gesundheitsgefahren wird zudem unterschieden zwischen

- direkten Folgen (Vergiftung) und
- längerfristigen / chronischen Folgen (z. B. Entstehung von Krebs).

Der Totenkopf mit gekreuzten Knochen (GHS06) warnt nur noch vor akut wirkenden Giften, bei den längerfristigen Gefahren ist das Piktogramm Gesundheitsgefahr (GHS08) anzubringen.

1 EU-Leftover, umgangssprachlich EUH-Satz.
2 Weitere Ausführungen hierzu finden Sie z. B. in Stapel, Ute: GHS – Betriebsanweisungen und Gefährdungsbeurteilung. Eschborn 2017, oder bei der Bundesanstalt für Arbeitsschutz und Arbeitsmedizin: www.baua.de

2.7 Weitere Information

Auf der Internetseite der Europäischen Chemikalienagentur (ECHA) sind weitere umfangreiche Hinweise zu den im Gefahrstoffbereich geltenden Rechtsvorschriften, aber auch zur Einstufung und Kennzeichnung von Gefahrstoffen zu finden.

Eine Übersicht zu den unterschiedlichen Gefahrenklassen und Gefahrenkategorien finden sie bei: https://www.baua.de/DE/Angebote/Publikationen/Praxis/Poster/GHS-01.html

3 Innerbetriebliche Kennzeichnung und Lagerung der Standgefäße/Reagenzien

Die Kennzeichnung der Stoffe und Reagenzien muss die wesentlichen Informationen zu den Eigenschaften der Ausgangsstoffe vermitteln. Weitere sicherheitsrelevante Informationen enthalten die jeweiligen Sicherheitsdatenblätter, die im Apothekenbetrieb **am Arbeitsplatz** zur Verfügung stehen müssen, eine digitale Speicherung ist zulässig. Die Sicherheitsdatenblätter müssen für die Mitarbeiter zugänglich sein, z. B. in einem Ordner auf dem Computer. Ein allgemeiner Hinweis auf das Internet ist nicht ausreichend. Jedoch sind die Internetseiten der Inverkehrbringer eine gute Quelle, um zu einzelnen Stoffen aktuelle Sicherheitsdatenblätter herunterzuladen und im entsprechenden Ordner abzulegen. Sicherheitsdatenblätter einiger Firmen sind zudem auf der Homepage der ABDA hinterlegt. (Siehe hierzu auch Punkt 3.4, Sicherheitsdatenblatt).

Standgefäße sind grundsätzlich mit Gefahrenpiktogramm / en, Signalwort, Gefahren- und Sicherheitshinweisen (H- und P-Sätze im Wortlaut) sowie ggf. ergänzenden Informationen zu kennzeichnen. In Apotheken ist weiterhin eine vereinfachte Kennzeichnung zulässig (siehe Punkt 3.1).

Die Apothekenmitarbeiter erkennen die charakteristischen Gefahren des Stoffes / des Gemisches am **Gefahrenpiktogramm** und dem **Signalwort** sowie an den **Gefahrenhinweisen**, die zum Beispiel auf krebserzeugende oder keimzellmutagene / erbgutverändernde Eigenschaften hinweisen.

Die Bundesapothekerkammer empfiehlt in ihren Handlungsempfehlungen ein farbliches Kennzeichnungskonzept. Die Gefahrenhinweise auf den Standgefäßen (zusätzlich zu Gefahrenpiktogramm und ggf. Signalwort oder anderen spezifischen Hinweisen) sollen farbig mit Textmarker oder mit farbigem Aufkleber versehen werden. Die Mitarbeiter können anhand der farbigen Kennzeichnung so schnell die erforderlichen Arbeitsschutzmaßnahmen erkennen. Bei einer Kennzeichnung mit „rot" besteht ein Beschäftigungsverbot für Schwangere und Stillende. Die zusätzliche farbliche Kennzeichnung ist rechtlich nicht vorgeschrieben. In der Literatur wird sie oftmals angeben, so dass die Mitarbeiter sich auch bei der Planung der Herstellung bereits daran orientieren können. In Apotheken, insbesondere mit umfangreicher Herstellung, in PTA-Schulen wie auch an Universitäten wird das System in der Regel umfassend umgesetzt (siehe Tabelle 3). In einigen Apotheken dient das Farbsystem einer ersten Einschätzung der Gefahr und der möglicherweise auszuwählenden Schutzmaßnahme. Der Apotheker muss nach § 6 GefStoffV eine Gefährdungsbeurteilung u. a. auch unter Berücksichtigung der ordnungsgemäßen Kennzeichnung erstellen. In der Gefährdungsbeurteilung kann der Apotheker für seine Apotheke differenzierte Schutzmaßnahmen – risikobezogen – festlegen.

Im Verzeichnis der Gefahrstoffe – Kapitel 1 dieses Buches – wurde bei der Zuordnung eines roten Punktes auf die Angabe weiterer farbiger Punkte, z. B. gelb oder orange, die sich aufgrund anderer Eigenschaften des Stoffes ergeben, verzichtet, da der rote Punkt alle Schutzmaßnahme der anderen Punkte beinhaltet.

Farbe	Potenzielle Gefahr	Persönliche Schutzausrüstung
Tätigkeiten mit Stoffen, die nicht zu den CMR Stoffen der Kategorie 1A und 1B gehören		
Gelb	Gefahr durch Hautkontakt	Schutzhandschuhe
Orange	Gefahr durch Einatmen	Atemschutz
Hellblau	Gefahr für die Augen	Schutzbrille
Tätigkeiten mit CMR Stoffen der Kategorie 1A und 1B		
Rot	Gefahr durch Kontakt	Schutzhandschuhe / Atemschutz / Schutzbrille

Tabelle 3: Farbliches Kennzeichnungskonzept der Bundesapothekerkammer

3.1 Vollständige und vereinfachte innerbetriebliche Kennzeichnung bei Standgefäßen / Reagenzien

Grundsätzlich muss die Kennzeichnung deutlich sichtbar und dauerhaft sein. Ein schon vorhandenes Etikett darf nicht überschrieben werden.

Nach der TRGS 201 ist eine vollständige und eine **vereinfachte Kennzeichnung bei Standgefäßen in Laboratorien und Apotheken (Handgebrauch / bis 1 Liter)** möglich.

Eine vollständige Kennzeichnung bei Tätigkeiten enthält neben der Identifikation des Stoffes oder Gemisches die auf der Einstufung basierenden Kennzeichnungselemente; auf Grundlage der CLP-Verordnung sind dies: Gefahrenpiktogramm, Signalwort, Gefahren- und Sicherheitshinweise (H- und P-Sätze im Wortlaut) sowie ggf. ergänzende Informationen (nach TRGS 201 Punkt 4.3 (4)).

Innerbetriebliche Kennzeichnungselemente nach CLP-Verordnung bei Tätigkeiten	vollständig	vereinfacht (≤ 1 l)
Inhaltsangabe / gebräuchliche wissenschaftliche Bezeichnung nach Synonymverzeichnis		
bei Stoffen		
– Stoffname	ja[a)]	ja[a)]
bei Gemischen		
– Handelsname oder -bezeichnung	ja[a)]	ja[a)]
– Identität bestimmter Inhaltsstoffe	empfohlen	empfohlen
Gefahrenpiktogramm(e)	ja	ja[b)]
Signalwort	ja	nein (aber empfohlen)
Gefahrenhinweise im Wortlaut	ja	nein[c)]
Sicherheitshinweise im Wortlaut	ja	nein
Ergänzende Informationen, z. B. zusätzliche Hinweise wie EUH-Sätze	ja	nein
für den Apothekenbetrieb nach ApBetrO für pharmazeutische Ausgangsstoffe vorgeschrieben:		
Prüfnummer / Chargennummer	ja	ja
Verfalldatum / Lagerfrist	ja	ja

a) Auch betriebsinterne Bezeichnung möglich
b) Bei mehreren Piktogrammen ggf. eine angemessene Auswahl unter Berücksichtigung der Rangfolgeregelungen, d. h. Darstellung von Hauptgefahren mit den Piktogrammen bei Bedarf ergänzt durch Gefahrenhinweis (im Wortlaut ggf. in geeigneter Weise verkürzt, z. B. cancerogen oder andere Kurzinformationen, z. B. CMR oder H-Satz als Nummer)
c) Wenn die Aussagekraft der Gefahrenpiktogramme zu unspezifisch ist, kann der Gefahrenhinweis in geeigneter Weise verkürzt, z. B. cancerogen oder andere Kurzinformationen, z. B. CMR oder H-Satz als Nummer (bei GHS06 und GHS08 wird aus Arbeitsschutzgründen empfohlen die H-Sätze im Wortlaut anzugeben) ergänzt werden.

Tabelle 4: Vollständige und vereinfachte **innerbetriebliche** Kennzeichnung nach TRGS 201 (Stand April 2018)

Eine vereinfachte Kennzeichnung ist nur unter den Bedingungen zulässig,

- dass dies die Gefährdungsbeurteilung zulässt und dort entsprechend dokumentiert ist,
- die nach Gefahrstoffverordnung entsprechenden Betriebsanweisungen zu den auftretenden Gefahren und den notwendigen Schutzmaßnahmen vorliegen
- und die Mitarbeiter entsprechend unterwiesen wurden. Die Mitarbeiter müssen die vom Stoff / Gemisch ausgehenden Gefahren kennen.

Tabelle 4 zeigt, welche Kennzeichnung dann auf Grundlage der TRGS 201 bei Tätigkeiten möglich ist.

Die vereinfachte Kennzeichnung nur mit Stoffname, Gefahrenpiktogramm und ggf. Signalwort ist bei Standgefäßen und Reagenzien **unter bestimmten Bedingungen** zulässig. Eine weitergehende Kennzeichnung (Angabe der Gefahrenhinweise ggf. verkürzt) kann aus Gründen des Arbeitsschutzes angezeigt sein; sie wird bei der Kennzeichnung mit GHS06 und GHS08 empfohlen; weitere apothekeninterne Kennzeichnungen / Hinweise sind möglich.

Standgefäße über 1 Liter sind umfassend zu kennzeichnen, also zusätzlich mit der Angabe der Gefahrenhinweise und Sicherheitshinweise im Wortlaut.

Beispiel für eine vollständige innerbetriebliche Kennzeichnung:

Clotrimazol
CAS-Nr. 23593-75-1

Achtung

Gesundheitsschädigung bei Verschlucken. Verursacht Hautreizungen. Verursacht schwere Augenreizungen. Sehr giftig für Wasserorganismen, mit langfristiger Wirkung.
Schutzhandschuhe / Schutzkleidung / Augenschutz tragen. BEI VERSCHLUCKEN: Bei Unwohlsein GIFTINFORMATIONSZENTRUM anrufen. BEI KONTAKT MIT DEN AUGEN: Einige Minuten lang behutsam mit Wasser spülen. Eventuell vorhandene Kontaktlinsen nach Möglichkeit entfernen. Weiter spülen. BEI HAUTREIZUNGEN: Ärztlichen Rat einholen / ärztliche Hilfe hinzuziehen. Verschüttete Mengen aufnehmen.
Prüfnummer / Chargennummer: XXXXXXXX
Verfallsdatum / Lagerfrist: XX.XXXX

Beispiel für eine vereinfachte innerbetriebliche Kennzeichnung:

Clotrimazol
CAS-Nr. 23593-75-1

Achtung

Prüfnummer / Chargennummer: XXXXXXXX
Verfallsdatum / Lagerfrist: XX.XXXX

oder auch

Clotrimazol
CAS-Nr. 23593-75-1

Achtung

H302, H315, H319, H410
Prüfnummer / Chargennummer: XXXXXXXX
Verfallsdatum / Lagerfrist: XX.XXXX

3.2 Lagerung der Ausgangsstoffe

Nach § 8 Abs. 7 GefStoffV muss der Apotheker sicherstellen, dass Stoffe und Gemische, die als akut toxisch Kategorie 1, 2 oder 3, spezifisch zielorgantoxisch Kategorie 1, krebserzeugend Kategorie 1A oder 1B oder keimzellmutagen Kategorie 1A oder 1B eingestuft sind, unter Verschluss oder so aufbewahrt oder gelagert werden, dass nur fachkundige und zuverlässige Personen Zugang haben (Tabelle 5).

Dies bedeutet, dass Stoffe / Gemische, die als reproduktionstoxisch Kategorie 1A oder 1B eingestuft sind (z. B. Glucocorticoide, TRGS 905, Stand: 13.07.2021) in der Apotheke nicht unter Verschluss aufzubewahren oder zu lagern sind.

In der Apotheke werden sowohl die entsprechenden Reagenzien im Labor, wie auch die Ausgangsstoffe in der Rezeptur in einem abschließbaren Schrank / Schublade gelagert.

Im Unterschied zur Verschlusslagerung im Apothekenbetrieb gibt es im Handel zahlreiche Ausgangsstoffe, die mit dem Sicherheitshinweis „Unter Verschluss aufbewahren" (P405) gekennzeichnet sind. Diese Vorschrift gilt bei der Aufbewahrung beim Endverbraucher, nicht zwingend für die innerbetriebliche Lagerung im Apothekenbetrieb.

In der Apotheke dürfen **Tätigkeiten** mit den unter Verschluss zu lagernden Stoffen und Gemischen und zusätzlich die als reproduktionstoxisch Katgorie 1A oder 1B oder als atemwegssensibilisierend eingestufen Stoffe und Gemische nur von fachkundigen oder besonders unterwiesenen Personen durchgeführt werden.

In der Gefährdungsbeurteilung sollte konkretisiert werden, dass bei Tätigkeiten mit Gefahrstoffen grundsätzlich nur fachkundiges Personal eingesetzt wird.

Lagerung unter Verschluss (innerbetrieblich)

Verschlusslagerung nach § 8 (7) GefStoffV		**zugehörige Gefahrenhinweise (H-Sätze)**	**zugehöriges Gefahrenpiktogramm mit Signalwort**
Gefahrenklasse	**Gefahrenkategorie**		
akute Toxizität	Kategorie 1	H300, H310, H330	GHS06 Gefahr
akute Toxizität	Kategorie 2	H300, H310, H330	GHS06 Gefahr
akute Toxizität	Kategorie 3	H301, H311, H331	GHS06 Gefahr
Keimzellmutagenität	Kategorie 1 A	H340	GHS08 Gefahr
Keimzellmutagenität	Kategorie 1 B	H340	GHS08 Gefahr
karzinogene Wirkungen	Kategorie 1 A	H350	GHS08 Gefahr
karzinogene Wirkungen	Kategorie 1 B	H350	GHS08 Gefahr
spezifische Zielorgantoxizität bei einmaliger Exposition	Kategorie 1	H370	GHS08 Gefahr
spezifische Zielorgantoxizität bei wiederholter Exposition	Kategorie 1	H372	GHS08 Gefahr

Tabelle 5: Lagerung unter Verschluss im Apothekenbetrieb nach § 8 (7) Gefahrstoffverordnung

Lagerung von Gefahrstoffen in ortsbeweglichen Behältern

Einstufung / Eigenschaft	Gefahrenhinweis nach CLP-Verordnung	Maximale Lagermenge in der Apotheke ohne Lagerraum[1]	Maximale Lagermenge im Lagerraum bzw. im Sicherheitsschrank (FWF 30)[2]	Beispiele
Entzündbare Flüssigkeiten Kat. 1, 2	H224 H225	20 kg, davon bis 10 kg H 224 H224 / H225 in Summe 20 kg	200 kg	H224: Ethylether, Acetaldehyd H225: Aceton, Ethanol, Isopropylalkohol
Entzündbare Flüssigkeiten Kat. 3	H226	100 kg	1000 kg	H226: Benzin
Oxidierende Flüssigkeiten und Feststoffe Kat. 1	H271	1 kg	5 kg	H271: Perchlorsäure > 50 % Kaliumchlorat Natriumchlorat Natriumperchlorat
Oxidierende Flüssigkeiten und Feststoffe Kat. 2, 3	H272	50 kg	200 kg	H272: Ammoniumnitrat, Kaliumnitrat
Gase unter Druck, nicht akut toxisch Kat 1, 2, 3, nicht entzündbar und nicht oxidierend	H280, H281	2,5 l		
entzündbare Gase, Kat. 1A, 1B, 2 (auch in Druckgaskartuschen)	H220, H221	2,5 l		
oxidierende Gase, Kat. 1	H270	2,5 l		

1 Bei der Aufbewahrung im Arbeitsraum ist neben der maximalen Menge zu beachten, dass die Behälter nur klein sein dürfen; z. B. entzündbare Flüssigkeiten in zerbrechlichen Gefäßen (Glas, Porzellan, Steinzeug) bis max. 2,5 l, in nicht zerbrechlichen Gefäßen bis 10 l.

2 Gefahrstoffe mit einer Zündtemperatur unter 200°C, z. B. Schwefelkohlenstoff, sowie extrem entzündbare Flüssigkeiten (H224) dürfen in der angegebenen Menge nur in belüfteten Sicherheitsschränken mit einer feuerbeständigen Ausführung FWF 90 gelagert werden.

Tabelle 6: Lagerung von Gefahrstoffen in ortsbeweglichen Behältern in Arbeitsäumen bzw. Lagerraum / Sicherheitsschränken (geändert nach: „Empfehlungen der Bundesapothekerkammer zu Arbeitsschutzmaßnahmen bei Tätigkeiten mit Gefahrstoffen", „Allgemeine Informationen zu Tätigkeiten mit brand- und explosionsgefährlichen Stoffen in der Apotheke" Punkt 2.4, Stand 23.11.2016, aktualisiert am 03.01.2018)

Bei der Aufbewahrung brand- und explosionsgefährlicher Stoffe im Arbeitsraum und / oder Lagerung im Lagerraum bzw. Sicherheitsschrank müssen die Vorgaben der TRGS 510 „Lagerung von Gefahrstoffen in ortsbeweglichen Behältern" eingehalten werden (Tabelle 6, Stand 16.02.2021).

Die Apothekenbetriebsordnung ermöglicht bei den vorrätig zu haltenden Reagenzien eine flexiblere, praxisorientierte Lösung. Die vorrätig zu haltenden Reagenzien müssen nach den neuen Bestimmungen grundsätzlich dem Bedarf entsprechen; eine Mindestausstattung muss dennoch vorhanden sein. Als Orientierung könnten hier die Herstellungsanweisungen und Herstellungsprotokolle heran gezogen werden.

Alte, nicht mehr benötigte Reagenzien oder solche, die geminderte Qualität aufweisen, sollten ordnungsgemäß vernichtet werden.

Chemikalien, die nicht zu pharmazeutischen Zwecken verwendet oder abgegeben werden, sind getrennt von den Arzneistoffen mit einer entsprechenden Kennzeichnung (z. B. „Abgabe nur zu technischen Zwecken") zu lagern, z. B. Wasserstoffperoxid, Salzsäure, Natriumhydroxid oder Ammoniaklösung. Diese Ausgangsstoffe sind nicht zwingend nach § 6 ApBetrO zu prüfen. Die Verpflichtung zur Prüfung (Identitätsprüfung bei vorliegendem ordnungsgemäßem Zertifikat) gilt nur bei arzneilicher Verwendung und Abgabe.

Achtung:

- **Die Lagerung der Nitroaromaten (reaktive Substanzen) im Reagenziensatz ist zu prüfen. Hierzu gehören u. a. 3,5-Dinitrobenzoylchlorid, Dinitrophenol, 2,4,Dinitrophenylhydrazin. Im trockenen Zustand ist Pikrinsäure und 2,4-Dinitrophenylhydrazin explosionsgefährlich und wird deshalb phlegmatisiert in den Handel gebracht. Die Sicherheitsdatenblätter machen folgende Angaben: „Lagerungsbedingungen: Die Einkaufsdaten für jeden Behälter müssen festgehalten werden. Material, das älter als 2 Jahre ist, sollte beseitigt werden. Alle 6 Monate überprüfen und nach Bedarf Wasser hinzufügen. Behälter alle drei Monate umdrehen, um das Wasser zu verteilen. Hitze, Flammen und Funken fernhalten".**

- **Besondere Entsorgungsvorschriften gelten bei Uranylacetat, eine radioaktive Substanz, die nach dem Arzneibuch (DAB 6) vorgeschrieben war.**
- **Sollte noch Phosphor im Phosphorschrank im Keller gelagert werden, so ist eine sachgerechte Entsorgung sicherzustellen. Altbestände sind unter Berücksichtigung der gebotenen Vorsichtsmaßnahmen zu entsorgen (Brandgefahr).**

3.3 Jährliche Überprüfung des Gefahrstoffverzeichnisses

Das vorliegende Verzeichnis der apothekenüblichen Gefahrstoffe kann als betriebsinternes Gefahrstoffverzeichnis (§ 6 (12) GefStoffV) verwendet werden. Bei den im Betrieb vorhandenen Gefahrstoffen werden die Lagermengen, der Lagerort ergänzt und ein Hinweis auf das Sicherheitsdatenblatt gegeben. Nicht vorhandene Gefahrstoffe könnten mit einem Sternchen (= nicht vorhandene) gekennzeichnet werden; weitere, im Verzeichnis nicht aufgeführte Gefahrstoffe, müssen am Ende der Tabelle ergänzt werden. Bei der apothekenrechtlich vorgeschriebenen Prüfung der Ausgangsstoffe sollte ein Abgleich mit dem vorhandenen Gefahrstoffverzeichnis erfolgen.

Jährlich hat eine Überprüfung und ggf. Ergänzung des Gefahrstoffverzeichnisses zu erfolgen. Diese Überprüfung muss schriftlich mit Unterschrift und Datum dokumentiert werden (siehe Vorlage S. 177).

3.4 Sicherheitsdatenblatt

Die Sicherheitsdatenblätter sind die zentrale Informationsquelle zu den stoffspezifischen Eigenschaften eines Stoffes/Gemisches. Der Aufbau des Sicherheitsdatenblattes ist im Anhang II REACH-Verordnung „Anforderungen an die Erstellung des Sicherheitsdatenblatts" beschrieben. Neben dem Sicherheitsdatenblatt gibt es noch das erweiterte Sicherheitsdatenblatt. Die Verantwortung für die Sicherheitsdatenblätter liegt beim Hersteller/Inverkehrbringer.

Die auf dem Sicherheitsdatenblatt geforderten Punkte sind:

Abschnitt 1: Bezeichnung des Stoffs bzw. des Gemischs und des Unternehmens
Abschnitt 2: Mögliche Gefahren
Abschnitt 3: Zusammensetzung / Angaben zu Bestandteilen
Abschnitt 4: Erste-Hilfe-Maßnahmen
Abschnitt 5: Maßnahmen zur Brandbekämpfung
Abschnitt 6: Maßnahmen bei unbeabsichtigter Freisetzung
Abschnitt 7: Handhabung und Lagerung
Abschnitt 8: Begrenzung und Überwachung der Exposition / Persönliche Schutzausrüstung
Abschnitt 9: Physikalische und chemische Eigenschaften
Abschntt 10: Physikalische und chemische Eigenschaften
Abschnitt 11: Toxikologische Angaben
Abschnitt 12: Umweltbezogene Angaben
Abschnitt 13: Hinweise zur Entsorgung
Abschnitt 14: Angaben zum Transport
Abschnitt 15: Rechtsvorschriften
Abschnitt 16: Sonstige Angaben

Unter Punkt 2 wird die Einstufungen des Stoffs oder des Gemischs angegeben, zudem ein Hinweis auf gegebenenfalls krebserzeugende, keimzellmutagene oder reproduktionstoxische Eigenschaften. Das pharmazeutische Personal findet zudem Angaben zu Erste-Hilfe-Maßnahmen (Punkt 4) wie auch Maßnahmen bei unbeabsichtigter Freisetzung (Punkt 6), beispielsweise bei Unfällen in der Apotheke. Weiterhin wurden Informationen zur Handhabung und Lagerung sowie Hinweise zu Zusammenlagerungsverboten aufgenommen (Abschnitt 7). Angaben zur persönlichen Schutzausrüstung, zum Beispiel geeignete Handschuhe, findet man unter Punkt 8.

Das Sicherheitsdatenblatt muss für Stoffe oder Gemische, die in Deutschland in Verkehr gebracht werden, in deutscher Sprache abgefasst sein und ist regelmäßig sowie bei wesentlichen Änderungen zu aktualisieren. Zu wesentlichen Änderungen zählen neue Informationen über Gefährdungen und über Schutzmaßnahmen wie zum Beispiel Änderungen der Einstufung und Kennzeichnung, Hinweise auf krebserzeugende, erbgutverändernde und fortpflanzungsschädigende Gefährdungen, neue Grenzwerte, eine Zulassung für einen Stoff oder eine Beschränkung für einen Stoff.

Der Stand der Aktualisierung des Sicherheitsdatenblattes ist anzugeben. Dies ist unter anderem von Bedeutung, wenn stoffspezifische Daten überprüft werden sollen.

Berufliche/gewerbliche Verwender erhalten kostenlos bei der Abgabe eines Gefahrstoffes ein Sicherheitsdatenblatt.

Die aktualisierte Fassung wird an alle Abnehmer, die den Stoff oder das Gemisch in den letzten 12 Monaten erhalten haben, übermittelt.

In der Apotheke müssen die Sicherheitsdatenblätter zu den in der Apotheke vorrätig gehaltenen Stoffen (Arzneistoffe und Reagenzien) vorhanden sein. Sie können digital gespeichert werden, zum Beispiel als PDF auf einem Apotheken-Rechner; der Zugriff muss jederzeit sichergestellt sein.

Die Sicherheitsdatenblätter werden regelmäßig von den Inverkehrbringern/Herstellern aktualisiert und in der Regel von den Firmen auf deren Homepage in aktueller Fassung bereitgestellt. Eine CD mit einer Sammlung von Sicherheitsdatenblättern kann nicht auf dem aktuellen Stand gehalten werden und ist somit nicht sinnvoll. Verwenden Sie stets aktuelle SDB; Hersteller übernehmen keinerlei Haftung oder Verantwortung für Schäden, die durch die Verwendung nicht mehr aktueller SDB entstehen.

4 Abgabe und Kennzeichnung der Abgabegefäße

Leitfaden für die Abgabe von Gefahrstoffen

Neben der ordnungsmäßen Kennzeichnung der Gefahrstoffe sind weitere rechtliche Vorgaben, Verbote und Beschränkungen im Rahmen der Abgabe zu beachten. Deshalb ist bei der Abgabe und Kennzeichnung der Gefahrstoffe ein systematisches Vorgehen – entsprechend der Verfahrensweise wie in Tabelle 7 zusammengefasst – empfohlen.

Leitfaden für die Abgabe von Gefahrstoffen – Der 5-Punkte-Plan

Notwendige Überprüfungen:	
1	Gefahrstoff, Biozid oder Arzneimittel – welche Zweckbestimmung?
2	Plausibilität und Legalität des angegebenen Verwendungszwecks prüfen! Ist der Anwendungszweck plausibel, legal und sicher? Ist die nachgefragte Menge plausibel?
3	Private Endverbraucher oder gewerbliche / berufliche Verwendung? Gewerblich / berufliche Verwendung → aktuelles Sicherheitsdatenblatt aushändigen; dies ggf. bei der Dokumentation vermerken.
4	Abgabeverbote / Abgabebeschränkungen von Chemikalien
	a. REACH – Anhang XVII
	b. Ausgangsstoffe für Explosivstoffe mit Dokumentation
	c. Drogenausgangsstoffe mit Dokumentation
	d. ChemVerbotsV mit Handelserlaubnis, Sachkunde, Mündliche Informationspflicht, Dokumentation, Selbstbedienungsverbot, Versandhandel
5	Kennzeichnung / Verpackung nach CLP-Verordnung (siehe Angaben Gefahrstoffverzeichnis)
	a. Etikett zusätzliche Kennzeichnung / Verpackung bei privaten Endverbrauchern / UFI
	b. Kleinstmengenregelung
	c. Kindergesicherter Verschluss
	d. Tastbarer Gefahrenhinweis

Tabelle 7: Strukturiertes Vorgehen bei der Abgabe von Gefahrstoffen

Punkt 1:
Gefahrstoff, Biozid oder Arzneimittel – welche Zweckbestimmung?

Die Zweckbestimmung ist entscheidend für die anzuwendenden Vorschriften. Soll der Stoff / das Gemisch zu arzneilichen Zwecken verwendet werden, so gelten die Apothekenbetriebsordnung wie auch die arzneimittelrechtlichen Vorschriften bezogen auf die Verkehrsfähigkeit und die Kennzeichnung.

Soll der Stoff als Biozid, zum Beispiel als Flächendesinfektionsmittel, als Hände- oder Hautdesinfektionsmittel verwendet werden, so gelten die rechtlichen Biozid Bestimmungen. Ist eine **gefahrstoffrechtliche Verwendung**, z. B. eine technische Verwendung beabsichtigt, so gilt das Gefahrstoffrecht. Verschreibungspflichtige Arzneistoffe oder Betäubungsmittel dürfen als Gefahrstoffe grundsätzlich nicht an **private Personen** abgegeben werden. Die Abgabe verschreibungspflichtiger Arzneistoffe zu wissenschaftlichen oder Analysezwecken an ein Labor, eine Forschungsanstalt oder auch an eine Schule kann ggf. jedoch möglich sein. In diesem Fall wird empfohlen, die Abgabe im Abgabebuch zu dokumentieren.

Achtung! Biozide, z. B. Propan-2-ol 70 % (Isospropylalkohol oder Isopropanol oder 2-Propanol) als Flächen- bzw. Händedesinfektionsmittel

Die Biozid-Verordnung (EU-VO 528 / 2012) ist am 17.07.2012 in Kraft getreten und ersetzt die bisherige Biozid Richtlinie 98 / 8 / EG; sie regelt europaweit das Inverkehrbringen und die Verwendung von Biozid Produkten.

Zulassungspflicht: Gemäß Artikel 17 der Verordnung dürfen nur die Biozidprodukte auf dem Markt bereit gestellt und verwendet werden, die gemäß der Verordnung zugelassen sind. Ohne Zulassung dürfen auch die oftmals von Apotheken hergestellten Flächendesinfektionsmittel mit dem Wirkstoff Propan-2-ol 70 % (Isopropylalkohol oder Isopropanol oder 2-Propanol) nicht in Verkehr gebracht werden. Die Verwendung von nicht zugelassenen Desinfektionsmittel in der eigenen Apotheke ist nach den Biozid Regelungen nicht mehr erlaubt.

Dies gilt auch für 2-Propanol haltige Produkte für die Händedesinfektion, die ebenfalls vom Geltungsbereich der Biozid Verordnung erfasst werden.[3]

In den weiteren Punkten wird nur noch die gefahrstoffrechtliche Abgabe und Kennzeichnung behandelt!

Arzneiliche Zweckbestimmung: Rezepturarzneimittel werden nach § 14 Apothekenbetriebsordnung (ApBetrO) gekennzeichnet. Dies gilt auch grundsätzlich bei Rezepturarzneimittel mit gefährlichen physikalischen Eigenschaften. Eine zusätzliche Kennzeichnung nach Gefahrstoffrecht ist hier nicht vorgeschrieben. Da jedoch nach § 14 ApBetrO Hinweise – soweit erforderlich – zu besonderen Vorsichtsmaßnahmen, um Gefahren für die Umwelt zu vermeiden, angebracht werden können, liegt eine weitergehende Kennzeichnung in

3 Siehe hierzu Durchführungsbeschluss EU 2016 / 904 der Kommission vom 8. Juni 2016 gemäß Artikel 3 der EU Verordnung 528 / 2012

der Verantwortung des Apothekers. Bei Rezepturarzneimitteln, die größere Mengen an z. B. Ethanol, Isopropylalkohol oder Ether enthalten, kann aus Sicherheitsgründen das Gefahrenpiktogramm GHS02, im Einzelfall auch GHS01 oder auch GHS03 angebracht werden.

Standardzulassungen hingegen sind wie Fertigarzneimittel zu betrachten und nach Arzneimittelgesetz zu kennzeichnen.

Punkt 2:
Plausibilität und Legalität des angegebenen Verwendungszwecks

Die Abgabe von Chemikalien liegt im Ermessen wie auch der Verantwortung des Abgebenden; es besteht kein Kontrahierungszwang. Die Abgabe ist nur zulässig, wenn unverdächtige, legale und vernünftige Verwendungszwecke angegeben werden. Die Zweckbestimmung muss für den Abgebenden nachvollziehbar sein. Es muss ausgeschlossen sein, dass der Erwerber sich selbst oder andere mit der Chemikalie gefährdet. Die Abgabe ist zu verweigern, wenn der Verdacht besteht, der Erwerber könnte die Chemikalie zum Herstellen von Sprengstoff oder Feuerwerkskörpern verwenden. Die Abgabe ist ebenfalls zu verweigern, wenn der Verdacht aufkommt, die nachgefragte Chemikalie sollte zur Herstellung von Suchtstoffen und psychotropen Stoffen eingesetzt werden.

Es gibt zwei unterschiedliche Meldewege:

- **Ausgangsstoffe für Explosivstoffe:** Die Verwendung und Vermarktung bei verdächtigen Transaktionen, bei Abhandenkommen oder auch Diebstahl der gelisteten Stoffe (Anhang I und Anhang II), ist den zuständigen Landeskriminalämtern zu melden (siehe Anhang Kapitel 5.9 Adressen der Landeskriminalämter)
- **Drogenausgangsstoffe:** Besteht der Verdacht auf unerlaubte Herstellung von Betäubungsmitteln (Handel mit Drogenausgangsstoffen), so erfolgt die Meldung an die Gemeinsame Grundstoffüberwachungsstelle ZKA / BKA (GÜS) beim Bundeskriminalamt, Postfach, 65173 Wiesbaden.

Punkt 3:
Private Endverbraucher oder gewerbliche / berufliche Verwendung

Private Endverbraucher

Viele Verbote und Beschränkungen gelten bei der privaten Verwendung von Gefahrstoffen. Dies ist u. a. auch von Bedeutung für die Verpackung (siehe Punkt 5b, c), die Kennzeichnung (siehe Punkt 5d) sowie die Dokumentation der Abgabe (siehe Punkt 4b, c, d).

Gewerbliche / berufliche / Verwendung (Firmen / Ärzte / Lehrer)

Soll der Stoff / das Gemisch gewerblich oder auch beruflich verwendet werden, so ist zunächst an die Abgabe eines **aktuellen Sicherheitsdatenblattes** zu denken. Ein Sicherheitsdatenblatt in deutscher Sprache ist an gewerbliche und berufliche Abnehmer wie zum Beispiel an einen Restaurator, an Ärzte oder Lehrer kostenlos in aktueller Fassung abzugeben. Dies gilt nicht bei der Abgabe an private Endverbraucher. Wird der Stoff / das Gemisch mehrfach von dem gleichen Erwerber bezogen (z. B. einer Arztpraxis), so ist eine erneute Abgabe eines Sicherheitsdatenblattes nur bei einer aktualisierten Fassung erforderlich.

Es wird empfohlen, die Abgabe des Sicherheitsdatenblattes, zumindest bei den dokumentationspflichtigen Gefahrstoffen, auch in den Aufzeichnungen (Abgabebuch / Kundenerklärung) zu vermerken. Werden dokumentationspflichtige Gefahrstoffe abgegeben, so sollte der Nachweis zum Gewerbe mit Gewerbe-Identifikationsnummer (Steuer-Nr.) / Gewerbeschein-Nr. oder ein Hinweis zur beruflichen Verwendung dokumentiert werden (z. B. Goldschmied, Elektriker, Präparator von Tieren, Förster, Lehrer).

Punkt 4:
Abgabeverbote und Beschränkungen von Chemikalien

4a: REACH – Anhang XVII

Im Anhang XVII der REACH-Verordnung wird die Herstellung, das Inverkehrbringen und die Verwendung bestimmter gefährlicher Stoffe, Gemische und Erzeugnisse geregelt. Die meisten Verbote und Beschränkungen sind für den normalen Apothekenbetrieb nicht von Bedeutung. Mehrere Stoffe dürfen jedoch nicht an die breite Öffentlichkeit (private Endverbraucher) abgegeben werden, z. B. CMR-Stoffe / Gemische der Kategorie 1A / 1B. Bei den im Kapitel 5.6 aufgelisteten Stoffen / Gemischen muss im Einzelfall gemäß der REACH-Verordnung Anhang XVII geprüft werden, ob eine Abgabeverbot oder eine Beschränkung bei der jeweiligen Verwendung besteht. Weitere Stoffe, die unter die REACH-Verordnung Anhang XVII fallen, sind in der Tabelle der apothekenüblichen Gefahrstoffe (Kapitel 1) in Spalte 13 mit REACH / (Verbot) bzw. mit REACH / Verbot gekennzeichnet.

REACH-VO Spalte 1 (Tabelle 8) gibt die Bezeichnung und den Produktidentifikator des „beschränkten" Stoffes an, Spalte 2 führt die Bedingungen dieser Beschränkung auf.

Stoffe / Gemische mit CMR-Eigenschaften der Kategorie 1A und 1B (REACH Anhang XVII Ziffer 28, 29 und 30) dürfen grundsätzlich nicht an private Endverbraucher / breite Öffentlichkeit abgegeben werden.

Auszug aus Anhang XVII REACH-Verordnung

Spalte 1 (gekürzt) Bezeichnung des Stoffes, der Stoffgruppen oder der Gemische	Spalte 2 (gekürzt) Beschränkungsbedingungen
1. Polychlorierte Terphenyle (PCT)	Dürfen nicht in Verkehr gebracht oder verwendet werden: • als Stoffe, • in Gemischen, einschließlich Altölen, die mehr als 0,005 Gew.-% PCT enthalten.
2. Chlorethen (Vinylchlorid)	Darf für keinen Verwendungszweck als Treibgas für Aerosole verwendet werden. Aerosolpackungen, die diesen Stoff als Treibgas enthalten, dürfen nicht in Verkehr gebracht werden.
3. Flüssige Stoffe oder Gemische, die als gefährlich gelten	Dekorationsgegenstände, die u.a Farbeffekte / Farbstoff in Öllampen mit H 304; Grillanzünder mit H 304
5. Benzol	u. a. Spielwaren, Ausnahme Treibstoff
9. a) Panamarindenpulver (Quillaja saponaria) und seine Saponine enthaltenden Derivate bis f)	verboten in Scherzartikeln, Niespulver und Stinkbomben
10. a) Ammoniumsulfid bis c)	
12. 2-Naphthylamin und seine Salze	> 0,1 Gew.-%
13. Benzidin und seine Salze	> 0,1 Gew.-%
16. Bleicarbonate: a) und b)	
17. Bleisulfate: (a) und b)	
18. Quecksilberverbindungen	
18a. Quecksilber	
19. Arsenverbindungen	
20. Zinnorganische Verbindungen	z. B. als Biozide in Farben
23. Cadmium und seine Verbindungen	
27. Nickel und seine Verbindungen	
28. krebserzeugende Stoffe der Kategorie 1A oder 1B 29. erbgutverändernde Stoffe der Kategorie 1A oder 1B 30. fortpflanzungsgefährdende Stoffe der Kategorie 1A oder 1B	Verbot der Abgabe an Privatpersonen
31. a) Kreosot; Waschöl bis i)	
32. Chloroform 35. 1,1,2,2-Tetrachlorethan	Verbot der Abgabe an Privatpersonen
43. Azofarbstoffe	
47. Chrom-VI-Verbindungen	
48. Toluol	
50. Polyzyklische aromatische Kohlenwasserstoffe (PAK) a) bis h)	
51. Phthalate a) bis c)	
52. Phthalate a) bis c)	
56. Methylendiphenyl-Diisocyanat (MDI) a) bis c)	nicht zur Abgabe an die breite Öffentlichkeit in Gemischen, ...
57. Cyclohexan	
58. Ammoniumnitrat (AN)	
59. Dichlormethan	
60. Acrylamid	
61. Dimethylfumarat (DMF)	
62. Phenylquecksilberverbindungen a) bis e)	
63. Blei und seine Verbindungen	
64. 1,4-Dichlorbenzol	
65. Anorganische Ammoniumsalze	
66. Bisphenol A	
69. Methanol	... nicht in Scheibenwaschflüssigkeiten oder Scheibenfrostschutzmitteln in einer Konzentration von 0,6 Gew.-% oder mehr für die allgemeine Öffentlichkeit ...
70. Octamethylcyclotetrasiloxan (D4)	in abwaschbaren kosmetischen Mitteln nicht in einer Konzentration von ≥ 0,1 Gew.-% ...
71. 1-Methyl-2-pyrrolidon (NMP)	
72. Die in Spalte 1 der Tabelle in Anlage 12 der REACH-VO aufgeführten Stoffe	... in Kleidung, anderen Textilien, Schuhwaren ...
73. (3,3,4,4,5,5,6,6,7,7,8,8,8-Tridecafluoroctyl)-silantriol ...	... nicht in Sprühprodukten an die breite Öffentlichkeit ...
74. Diisocyanate, ...	
75. Stoffe, auf die mindestens einer der folgenden Punkte zutrifft: • CMR 1A, 1B, 2 ...,	Dürfen nicht in Gemischen zur Verwendung für Tätowierungszwecke in Verkehr gebracht werden, ...
76. N,N-Dimethylformamid	... nicht als Stoff, als Bestandteil anderer Stoffe oder in Gemischen in Konzentrationen von ≥ 0,3 % in Verkehr gebracht werden, es sei denn, ...

Tabelle 8: Auszug aus Anhang XVII REACH-Verordnung, Stand 14.10.2022. Siehe auch: Kapitel 5.6. Der Anhang XVII der REACH-Verordnung ist unter https://www.reach-clp-biozid-helpdesk.de/DE/REACH/Verfahren/Beschraenkungsverfahren/Anhang-XVII-Beschraenkungen/Anhang-XVII-Beschraenkungen_node.html in aktueller Form zu finden.

4b: Ausgangsstoffe für Explosivstoffe

Die EU Verordnung 2019 / 1148 über die Vermarktung und Verwendung von Ausgangsstoffen für Explosivstoffe (ExplV) ist am 01.02.2021 in Kraft getreten. Die Abgabeverbote und Beschränkungen werden im Anhang I und II der Verordnung geregelt.

Im Anhang I werden Abgabeverbote und Beschränkungen an private Endverbraucher für bestimmte Stoffe definiert. Weiterhin werden Meldepflichten verdächtiger Transaktionen, ebenfalls bezogen auf bestimmte Stoffe, sowohl für Anhang I als auch für Anhang II definiert (siehe Tabelle 9 und 10).

Anhang I: Abgabeverbote und Beschränkungen nach Anhang I ExplV
Anhang I enthält die Stoffe, die Mitgliedern der Allgemeinheit weder als solche noch in Gemischen oder in Stoffen, die diese Stoffe enthalten, bereitgestellt werden dürfen, wenn ihre Konzentration die in der Tabelle 9 genannten Konzentrationen überschreitet.

Anhang I: Beschränkte und regulierte Ausgangsstoffe für Explosivstoffe		
Stoffname	**CAS-Nr.**	**Konzentrationsgrenze**
Salpetersäure Synonyme: Aqua fortis	CAS-Nr. 7697-37-2	3 Gew.-%
Wasserstoffperoxid Synonyme: Peroxid, Dioxan, Wasserstoffdioxid	CAS-Nr. 7722-84-1	12 Gew.-%
Schwefelsäure	CAS-Nr. 7644-93-9	15 Gew.-%
Nitromethan Synonym: Nitrocarbol	CAS-Nr. 75-52-5	16 Gew.-%
Ammoniumnitrat	CAS-Nr. 6484-52-2	mit einem Stickstoffgehalt im Verhältnis zum Ammoniumnitrat über 16 % w/w*
Kaliumchlorat Synonyme: Kaliumchlorat (V)	CAS-Nr. 3811-04-9	40 Gew.-%
Kaliumperchlorat Synonyme: Kaliumchlorat (VII), Kaliumhyperchlorat	CAS-Nr. 7778-74-7	40 Gew.-%
Natriumchlorat Synonym: Natriumchlorat (V)	CAS-Nr. 7775-09-9	40 Gew.-%
Natriumperchlorat Synonyme: Natriumchlorat (VII), Natriumhyperchlorat	CAS-Nr. 7601-89-0	40 Gew.-%

*16 % w/w Stickstoff im Verhältnis zum Ammoniumnitrat entspricht 45,7 % Ammoniumnitrat ohne Berücksichtigung von Verunreinigungen.

Tabelle 9: Die Stoffe dürfen bis zur angegebenen Konzentration an Privatpersonen abgegeben werden.

Abgabe an Privatpersonen: Die gelisteten Stoffe (Tabelle 9) dürfen an Privatpersonen bis zu der angegebenen Konzentration abgegeben werden; oberhalb der Konzentration ist die Abgabe verboten.
Abgabe an gewerbliche / berufliche Verwender: Die Abgabe der gelisteten Stoffe ist bei legaler gewerblicher / beruflicher Zweckbestimmung auch oberhalb der Konzentration möglich. In diesem Fall sind mehrere Bedingungen einzuhalten. (Tabelle 11)

Weitere Stoffe, die für die Herstellung von Explosivstoffen verwendet werden können, in Anhang II aber nicht aufgeführt sind: Ammoniak, Calciumcarbonat, Diethylether, Kaliumpermanganat, Kieselgur, Kohle gepulvert, Kollodiumwolle, Lycopodium, Magnesiumcarbonat, Natriumhydroxid, Nitrocellulose (Cellulosenitrat), Phosphor (rot), Pikrinsäure, Salpetersäure, Salzsäure, Schwefel, Schwefelsäure.

Es wird aber auch hier empfohlen, verdächtige Transaktionen den zuständigen Landeskriminalämtern (siehe Kapitel 5.9) zu melden.

Grundsätzlich kann jede Abgabe von Gefahrstoffen / Chemikalien dokumentiert werden.

Anhang II: Meldepflichtige Ausgangsstoffe für Explosivstoffe für verdächtige Transaktionen = regulierte Ausgangsstoffe	
Stoffname	**CAS-Nr.**
Hexamin Synonyme: Hexamethylentetramin / Methenamin / Urotropin).	CAS-Nr. 100-97-0
Aceton Synonyme: Propanon, Propan-2-on, 2-Propanon	CAS-Nr. 67-64-1
Kaliumnitrat	CAS-Nr. 7757-79-1
Natriumnitrat	CAS-Nr. 7631-99-4
Kalziumnitrat	CAS-Nr. 10124-37-5
Kalziumammoniumnitrat Synonym: Kalkammonsalpeter	CAS-Nr. 15245-12-2
Magnesium, Pulver (mit einer Partikelgröße von kleiner 200 µm als Stoff oder in Gemischen mit mindestens 70 Massenprozent Magnesium)	CAS-Nr. 7439-95-4
Magnesiumnitrat-Hexahydrat	CAS-Nr. 1344-18-9
Aluminium, Pulver (mit einer Partikelgröße von kleiner 200 µm als Stoff oder in Gemischen mit mindestens 70 Massenprozent Aluminium)	CAS-Nr. 7429-90-5

Tabelle 10: Meldepflichtige Ausgangsstoffe für Explosivstoffe für verdächtige Transaktionen

Erfolgt die Abgabe **beschränkter / regulierter Stoffe aus Anhang I oder II EU-Verordnung 2019 / 1148** so gelten die in Tabelle 11 zusammengestellten Vorgaben.

ExplV-Pflichten	Anhang I Konzentrationsgrenze (KG)		Anhang II Meldepflicht
	privat	beruflich / gewerblich	privat oder beruflich / gewerblich
1.	≤ KG: keine Prüfpflicht > KG: Abgabeverbot	≤ KG: keine Prüfpflicht > KG: Abgabe möglich	keine Prüfpflicht
2.	keine Unterrichtungspflicht / Mitteilungspflicht	≤ KG: keine Unterrichtungspflicht / Mitteilungspflicht > KG: Unterrichtungspflicht / Mitteilungspflicht	keine Unterrichtungspflicht / Mitteilungspflicht
3.	keine Dokumentationspflicht	≤ KG: keine Dokumentationspflicht ≤ KG: Dokumentationspflicht	keine Dokumentationspflicht
4.	keine Aufbewahrungspflicht	> KG: Aufbewahrungspflicht 18 Monate	keine Aufbewahrungspflicht
5.	Meldepflicht für verdächtige Transaktionen, Abhandenkommen und bei Diebstahl größerer Mengen	Meldepflicht für verdächtige Transaktionen, Abhandenkommen und bei Diebstahl größerer Mengen	Meldepflicht für verdächtige Transaktionen, Abhandenkommen und bei Diebstahl größerer Mengen
6.	Schulungspflicht	Schulungspflicht	Schulungspflicht

Tabelle 11: Vorgabe bei der Abgabe der beschränkten / regulierten Stoffe aus Anhang I oder II EU-Verordnung 2019/1148

Erläuterung zu Tabelle 11:

1. **Prüfpflicht**: in Verbindung mit der Konzentrationsgrenze
   Abgabe an **Privatpersonen**:
   - unterhalb der Konzentration einschließlich der vorgegebenen Konzentrationsgrenze zulässig ohne weitere Vorgaben
   - Oberhalb der Konzentrationsgrenze gilt ein Abgabeverbot!

   Abgabe zur **gewerblich / beruflichen Verwendung**:
   - Unterhalb wie auch oberhalb der Konzentrationsgrenze zulässig.
   - Oberhalb der Konzentrationsgrenze: Glaubhafte Legitimierung durch z. B. Gewerbeschein (Identifikationsnummer z. B. Steuer-Nr. oder Gewerbeschein-Nr.), Auftragsschein der anfordernden Institution mit Angaben zur Berufsausübung, ggf. Dienstausweis, z. B. Schule / Lehrer; Universität / Assistent / Professor. (siehe Doku Kapitel 5.11)
2. **Unterrichtungspflicht / Mitteilungspflicht** zu den Beschränkungen
   Gilt nur bei der Abgabe an berufliche / gewerbliche Erwerber oberhalb der Konzentrationsgrenze:
   Kundinnen und Kunden in der Lieferkette sind über die Beschränkungen / Pflichten zu informieren.
   Empfohlen ist eine zusätzliche Kennzeichnung auf dem Etikett wie z. B. „Beschränkter Ausgangsstoff, keine Weitergabe an Privatpersonen.", „Verdächtige Transaktionen, Abhandenkommen; Diebstahl erheblicher Mengen ist dem zuständigen Landeskriminalamt zu melden."
3. **Dokumentation**
   - Kundenerklärung nach Anhang IV EU-Verordnung 2019/1148 (siehe Kapitel 5.11) oder
   - Abgabebuch:
     - Identität des Erwerbers, Ausweisnummer (Personal- oder Reisepass, personenbezogene Daten dürfen nach dem Ausgangsstoffgesetz überprüft, erhoben und dokumentiert werden)
     - Gewerbe mit Identifikationsnummer, Berufliche Verwendung, Geschäftstätigkeit, Auftraggeber
     - Verwendungszweck des beschränkten Stoffes
     - Stoffbezeichnung, Menge,
     - Datum, Unterschrift des Erwerbers / der Empfangsperson
     - Name der abgebenden Person
4. **Aufbewahrungspflicht**:
   18 Monate, empfohlen sind 5 Jahre wie nach Gefahrstoffrecht allgemein vorgeschrieben.
5. **Meldepflicht** verdächtiger Transaktionen
   Für die Ausgangsstoffe aus Anhang I und Anhang II besteht eine Meldepflicht bei verdächtigen Transaktionen, bei Abhandenkommen und bei Diebstahl an das zuständige Landeskriminalamt.
   In Kapitel 5.9 sind die Adressen der zuständigen Landeskriminalämter aufgelistet.
6. **Schulungspflicht für Mitarbeiter**
   Der Apothekenleiter muss verpflichtend alle pharmazeutischen Mitarbeiter schulen, welche Ausgangsstoffe zur Herstellung von illegalen Sprengstoffen verwendet werden können und für welche Stoffe eine Meldepflicht gegeben ist. Die Mitarbeiter müssen ihre Pflichten bei der Abgabe beschränkter / regulierter Stoffe, der Information oder Meldung kennen. Dies ist zu dokumentieren.
   Es ist zu empfehlen, im Rahmen der jährlichen Sicherheitsunterweisung bzw. der Unterweisung nach Gefahrstoffrecht die Mitarbeiter diesbezüglich zu schulen.

Verdächtige Transaktionen sind z. B., wenn der potentielle Kunde

- sich hinsichtlich der beabsichtigten Verwendung des Stoffes oder Gemisches nicht im Klaren zu sein scheint;
- mit der beabsichtigten Verwendung des Stoffes oder Gemisches nicht vertraut erscheint oder sie nicht plausibel begründen kann;
- Stoffe in für den Privatgebrauch ungewöhnlichen Mengen, Kombinationen oder Konzentrationen erwerben möchte;
- nicht bereit ist, seine Identität oder seinen Wohnsitz nachzuweisen; oder
- auf ungewöhnlichen Zahlungsmethoden – einschließlich hohen Barzahlungen – besteht.

Datenschutz: Grundsätzlich gilt für den Apotheker die Schweigepflicht. Im Einzelfall bedarf es jedoch einer Güterabwägung, ob eine vermutete geplante Tat schwerer wiegt als die rechtlich verbindliche Schweigepflicht. Besteht ein begründeter Verdacht oder liegen Anhaltspunkte für eine verdächtige Transaktion vor, dass die Gefahrstoffe möglicherweise für eine schwerwiegende Tat verwendet werden könnten, so ist die Verletzung der Schweigepflicht gerechtfertigt. In diesem Fall sollte die Abgabe heraus gezögert (späterer Abholtermin) und die Polizei benachrichtigt werden. Hilfreich ist es, wenn genaue Daten zum Ankaufsversuch (Chemikalie, Menge, Zweckbestimmung, Ort und Zeitpunkt) wie auch zur Person (Beschreibung, Körperbau, Haarfarbe, Alter, besondere Merkmale), ggf. zum Fahrzeug (Typ, Farbe und Kennzeichnen) gemacht werden können.

4c: Verordnung betreffend Drogenausgangsstoffen (DrogS)

Die Vorschriften für die Überwachung des Handels mit Drogenausgangsstoffen sind in EU-Regelungen wie auch im Grundstoffüberwachungsgesetz geregelt. Zur Überwachung bestimmter Stoffe (Auszug in Tabelle 12), die häufig zur unerlaubten Herstellung von Betäubungsmitteln, Suchtstoffen oder psychotropen Stoffen verwendet werden, sind rechtliche Vorgaben festgelegt.

Das Ziel der gesetzlichen Bestimmungen ist, die illegale Produktion von Rauschgift zu erschweren und so Gesundheitsgefahren abzuwenden. Zu diesem Zweck wird der Verkehr mit überwachten Grundstoffen, wenn sie für die illegale Suchtstoffherstellung verwendet werden, geregelt, indem umfassende Erlaubnis- und Anzeigepflichten sowie Kontrollverfahren eingeführt werden.

Ungewöhnliche Bestellmengen von Grundstoffen oder auch besondere Bestellungen aller Kategorien sind zu melden. Ist der Verwendungszweck nicht plausibel oder bestehen Zweifel an der Legalität der Verwendung, so gilt ebenfalls eine Meldepflicht.

Eine gemeinsame Stelle des Bundeskriminalamts und des Zollkriminalamts, die Grundstoffüberwachungsstelle (GÜS) mit Sitz in Wiesbaden, wurde eingerichtet. Die GÜS nimmt Anzeigen nach dem Grundstoffüberwachungsgesetz sowie Verdachtsmitteilungen entgegen und geht ihnen nach.

Gemeinsame Grundstoffüberwachungsstelle ZKA / BKA beim Bundeskriminalamt (GÜS)
Postfach, 65173 Wiesbaden

Werden Stoffe der Kategorien 1 und 2 des Anhangs I (Kapitel 5.7 und Tabelle 12) abgegeben, muss ein Mitarbeiter der zuständigen Behörde mit Namen und Kontaktadresse als verantwortlicher Beauftragter (Grundstoffverantwortlicher) mitgeteilt werden. Er ist dafür verantwortlich, dass alle rechtlichen Vorgaben eingehalten werden und ist befugt, den Wirtschaftsbeteiligten zu vertreten und die für die Erfüllung der genannten Aufgaben erforderlichen Entscheidungen zu treffen. Auf der Seite des BfArM ist ein „Erklärungsformblatt für den verantwortlichen Beauftragten" abrufbar: https://www.bfarm.de/SharedDocs/Formulare/DE/Bundesopiumstelle/Grundstoffe/erklaerung-verantw_de.html. Für den Apothekenbereich gelten Ausnahmen (siehe Kapitel 5.12).

Kategorie 1

In der Kategorie 1 werden die direkten Grundstoffe, Vorstufen oder direkte Vorläufer von illegalen Drogen (teilweise haben sie selbst schon berauschende Wirkung) erfasst. Die Stoffe dieser Kategorie dürfen nur an Personen mit Erlaubnis für Besitz- oder Inverkehrbringen abgegeben werden. Erlaubnis- und Genehmigungsbehörde ist die Bundesopiumstelle; Apotheken haben eine Sondererlaubnis für den Besitz und das Inverkehrbringen; ein verantwortlicher Beauftragter ist nicht zu benennen.

Apotheken dürfen somit diese Stoffe beziehen und bei Vorlage einer Erlaubnis auch abgeben.

Dokumentation: Die Abgabe dieser Stoffe in der Apotheke zu anderen Zwecken an Personen/Einrichtungen ist nur nach Vorlage eines Erlaubnisscheines vom BfArM zulässig. Der Erlaubnisschein muss im Original in der Apotheke vorliegen. Die Apotheke dokumentiert die Abgabe auf einer Kundenerklärung oder im Abgabebuch u. a. mit Verwendungszweck (siehe Kapitel 5.13).

Eine Kopie der Kundenerklärung ist mit Stempel und Datum zu versehen und dem Kunden als Transportpapier mitzugeben.

Die Kundenerklärung ist nach den Bestimmungen der Verordnung 3 Jahre aufzubewahren; es ist zu empfehlen, diese analog der anderen Dokumentationen 5 Jahre aufzubewahren.

Kategorie 2

In der Kategorie 2 werden Stoffe gelistet, die als Reagenzien für die illegale Drogensynthese (sie können in mehreren Schritten zusammen mit anderen Substanzen zu illegalen Rauschmitteln umgesetzt werden) verwendet werden können.

Kategorie 2A

Bei **Überschreitung des Schwellenwertes** ist die Abgabe nur an Kunden erlaubt, die bei der Bundeopiumstelle registriert sind, dies gilt auch bei privatem Erwerb. Achtung, für Apotheken gibt es hier keine Sonderregistrierung. In diesem

Auszug aus der EU-Verordnung 273/2004 Drogenausgangsstoffen – Überwachte Stoffe (alle überwachten Stoffe sind in der Tabelle der apothekenüblichen Gefahrstoffe in Spalte 13 mit DrogS gekennzeichnet)		
Kategorie 1: – 1-Phenyl-2-propanon (Phenylaceton) – N-Acetylanthranilsäure – Alpha-Phenylacetoacetamid (APAA) – Isosafrol – 3,4-Methylendioxyphenylpropan-2-on (Piperonylmethylketon) – Piperonal (Heliotropin) – Safrol – 4-Anilino-N-phenethylpiperidin (ANPP) – N-Phenethyl-4-piperidon (NPP) – Ephedrin – Pseudoephedrin – Norephedrin – Ergometrin (Ergobasin) – Ergotamin – Lysergsäure – Chlorephedrin – Chlorpseudoephedrin	**Kategorie 2A:** – Roter Phosphor: Schwellenwert 0,1 kg – Essigsäureanhydrid (Acetanhydrid): Schwellenwert 100 l **Kategorie 2B:** – Anthranilsäure (2-Aminobenzoesäure): Schwellenwert 1 kg – Phenylessigsäure: Schwellenwert 1 kg – Piperidin: Schwellenwert 0,5 kg – Kaliumpermanganat: Schwellenwert 100 kg Die Salze der in dieser Kategorie aufgeführten Stoffe, sofern das Vorhandensein solcher Salze möglich ist.	**Kategorie 3:** – Aceton – Ethylether, Diethylether – Methylethylketon (2-Butanon) – Salzsäure – Schwefelsäure – Toluol **Kategorie 4** – Ephedrin oder seine Salze enthaltende Arzneimittel und Tierarzneimittel – Pseudoephedrin oder seine Salze enthaltende Arzneimittel und Tierarzneimittel

Eine Liste der Synonyme zu den Grundstoffen ist auf der Internetseite der Bundesopiumstelle unter http://www.bfarm.de/DE/Bundesopiumstelle/Grundstoffe/_node.html zu finden (siehe unter Downloads → Grundstoffe (xls, 242 KB)), siehe Kapitel 5.7.

Tabelle 12: Zusammengefasste Liste der erfassten Stoffe, die zur unerlaubten Herstellung von Suchtstoffen oder psychotropen Substanzen verwendet werden können. (Auszug der Verordnung (EG) Nr. 273 / 2004 (Stand 03.10.2022) mit Änderungsverordnung EU-Verordnung 1258 / 2013 betreffend Drogenausgangsstoffen und der Verordnung (EG) Nr. 111 / 2005 mit Änderungsverordnung EU-Verordnung 1259 / 2013 zur Festlegung von Vorschriften für die Überwachung des Handels mit Drogenausgangsstoffen zwischen der Union und Drittländern.)

Weitere Stoffe, die für die Herstellung von Suchtstoffen oder psychotropen Stoffen verwendet werden können, in Kategorie 1 bis 4 aber nicht aufgeführt sind: Acetaldehyd, Ammoniaklösung, Benzaldehyd, Chlortoluol, Formaldehyd, Formamid, Iodwasserstoffsäure, Perchlorsäure, Propionsäureanhydrid. [Quelle: Gefahrstoffrecht für die Apotheke, Holger Herold, 7. Auflage

Fall verlangt das BfArm die Bestimmung eines Grundstoffverantwortlichen, welcher die Befolgung der Vorschriften versichert, mitzuteilen.

Dokumentation: Bei **Überschreitung des Schwellenwertes** ist die Abgabe dieser Stoffe in einer Kundenerklärung (siehe Kapitel 5.13) zu dokumentieren. Bei Abgabemengen **unterhalb des Schwellenwertes** hat der Kunde schriftlich zu erklären, dass er die Schwellenmenge nicht im laufenden Kalenderjahr überschreiten wird. Eine Kundenerklärung ist in diesem Fall nicht erforderlich. Eine Dokumentation im Abgabebuch ist aber zu empfehlen.

Kategorie 2B

Dokumentation: Bei **Überschreitung des Schwellenwertes** ist die Abgabe dieser Stoffe in einer Kundenerklärung (siehe Kapitel 5.13) zu dokumentieren. Bei Abgabemengen **unterhalb des Schwellenwertes** hat der Kunde schriftlich zu erklären, dass er die Schwellenmenge nicht im laufenden Kalenderjahr überschreiten wird. Eine Kundenerklärung ist in diesem Fall nicht erforderlich. Eine Dokumentation mit der Kundenerklärung (Kapitel 5.13) oder im Abgabebuch ist aber zu empfehlen.

Die Kundenerklärung ist nach den Bestimmungen des DrogS 3 Jahre aufzubewahren; es ist zu empfehlen, diese analog der anderen Dokumentationen 5 Jahre aufzubewahren.

In der Regel werden die vorgegebenen Schwellenwerte in der Apotheke nicht überschritten.

Kategorie 3

In der Kategorie 3 sind die Lösemittel erfasst, die auch zur Drogensynthese verwendet werden können. Die Abgabe ist grundsätzlich nicht dokumentationspflichtig. Der Verwendungszweck ist genau zu prüfen. Ungewöhnliche Bestellungen, also große Mengen und / oder hohe Konzentration müssen der Gemeinsamen Grundstoffüberwachungsstelle ZKA / BKA beim Bundeskriminalamt gemeldet werden.

Dokumentation: Die Dokumentation im Abgabebuch oder mit der Kundenerklärung (Kapitel 5.13) ist zu empfehlen.

Kategorie 4

Die Ausfuhr von Ephedrin und Pseudoephedrin oder ihre Salze enthaltende Arzneimittel und Tierarzneimittel unterliegt außerhalb der EU der Genehmigungspflicht; die Ausfuhrgenehmigung erteilt die Bundesopiumstelle.

4d: Chemikalien-Verbotsverordnung (ChemVerbotsV)

Der Umfang der Verbote / Beschränkungen ist in Anlage 1 der ChemVerbotsV, Spalte 2 definiert, die Ausnahmen sind in der Spalte 3 beschrieben (siehe Tabelle 13). Die Verbote / Beschränkungen gelten jedoch nicht bei z. B. kosmetischen Mitteln und Arzneimitteln bzw. Lebensmitteln oder wenn der Stoff / das Gemisch zu Forschungs-, wissenschaftlichen Lehr- und Ausbildungszwecken sowie Analysezwecken in den dafür erforderlichen Mengen abgeben wird.

Anlage 1

Spalte 1	Spalte 2	Spalte 3
Stoffe / Gemische	Verbote	Ausnahmen
Eintrag 1 Formal-dehyd	(1) ... (2) ... (3) Wasch-, Reinigungs- und Pflegemittel mit einem Massengehalt von mehr als 0,2 % Formaldehyd dürfen nicht in den Verkehr gebracht werden.	(1) ... (2) nicht für Reiniger im ausschließlich industriellen Gebrauch
Eintrag 2 Dioxine und Furane		
Eintrag 3 Pentachlor-phenol		
Eintrag 4 Biopersis-tente Fasern		

Tabelle 13: Auszug aus Anlage 1 Inverkerbringungsverbote (zu § 3 Chemikalien-Verbotsverordnung)

Die ChemVerbotsV enthält aber auch einige nationle Ausnahmen, so wird die nach REACH-Verordnung (EG 1907 / 2006) in Anhang XVII (Eintrag 16, 17) beschriebene Beschränkung zur Abgabe von Bleiverbindungen unter bestimmten Bedingungen erlaubt. Die Abgabe von Bleiverbindungen ist in oder für Farben zur Erhaltung und originalgetreuen Wiederherstellung von Kunstwerken und historischen Bestandteilen oder von Einrichtungen denkmalgeschützter Gebäude zulässig, wenn die Verwendung von Ersatzstoffen nicht möglich ist (§ 4 ChemVerbotsV).
In diesem Fall ist die Abgabe in der Apotheke unter Nachweis der beruflichen / gewerblichen Verwendung im Abgabebuch zu dokumentieren. Weitere Ausnahmen gelten u. a. für Kraftstoffe, Druckgase mit Gefahrenpiktogramm GHS02 oder GHS03 gekennzeichnet, Klebstoffe, Härter, Mehrkomponentenkleber, Mehrkomponentenreparaturspachtel mit GHS02 und GHS03 gekennzeichnet, elektrische Zigaretten und Nachfüllbehälter.

Anlage 2, Eintrag 1

Stoffe und Gemische, es gilt:
- **aktuelle Sachkunde (Abgabe an beruflich / gewerblich auch durch beauftragte Person)**
- **Erwerber älter als 18 Jahre**
- **mündliche Informationspflicht**
- **Dokumentationspflicht (Abgabebuch)**
- **Selbstbedienungsverbot**
- **Versandhandelsverbot**

GHS06		
GHS08 + Gefahr	und	H340
	oder	H350
	oder	H350i
	oder	H360
	oder	H360F
	oder	H360D
	oder	H360DF
	oder	H360Fd
	oder	H360Df
	oder	H370
	oder	H372

Tabelle 14: Gemäß Anlage 2 (zu §§ 5 bis 11 ChemVerbotsV)

Anlage 2, Eintrag 2

Stoffe und Gemische, es gilt:
- **aktuelle Sachkunde (Abgabe an beruflich / gewerblich auch durch beauftragte Person)**
- **Erwerber älter als 18 Jahre**
- **mündliche Informationspflicht**
- **Selbstbedienungsverbot**

GHS03		
GHS02	und	H224
	oder	H241
	oder	H242
Stoffe und Gemische, die bei bestimmungsgemäßer Verwendung Phosphorwasserstoff entwickeln		

Tabelle 15: Gemäß Anlage 2 (zu §§ 5 bis 11 ChemVerbotsV)

Abgabevorschriften nach ChemVerbotsV

Handelserlaubnis (Anlage 2, Eintrag 1)

Der Handel mit bestimmten Stoffen / Gemischen (GHS06 und GHS08 mit Gefahr und den H-Sätze H340 und / oder H350, H350i, H360, H360F, H360D, H360FD, H360Fd, H360Df, H370, H372) unterliegt der Erlaubnispflicht (Tabelle 14). Die Handelserlaubnis wiederum ist gebunden an die Sachkunde, Zuverlässigkeit und ein Mindestalter von 18 Jahre. Apotheken benötigen keine gesonderte Handelserlaubnis.

Die Erlaubnis kann auf einzelne Stoffe oder Gemische oder auf bestimmte Gruppen von Stoffen oder Gemischen beschränkt werden.

Sachkunde

Die Abgabe der in Tabelle 14 und 15 aufgelisteten Stoffe / Gemische darf grundsätzlich nur von einer in der Apotheke beschäftigten sachkundigen Person (aktueller Sachkundenachweis) durchgeführt werden.

Die Sachkunde ist für 6 Jahre nach deren Erlangung gültig. Danach kann sie durch eine Teilnahme an einer ganztägigen Fortbildung für 6 Jahre oder durch Teilnahme an einer halbtägigen Fortbildung für 3 Jahre aktualisiert werden.

Mündliche Informationspflicht (Anlage 2, Eintrag 1 und 2)

Besteht mündliche Informationspflicht (Tabelle 14 und 15), ist dies in der Gefahrstofftabelle in Kapitel 1 in der Spalte 14 mit „Info" abgekürzt.

Die Abgabe dieser Stoffe / Gemische ist nach § 8 ChemVerbotsV nur zulässig, wenn folgende Kriterien erfüllt sind:

1. Die Abgabeperson besitzt einen aktuellen Sachkundenachweis, ist zuverlässig und mindestens 18 Jahre alt (§ 8 (1) ChemVerbotsV).
   Die Abgabe an Wiederverkäufer, berufsmäßige / gewerbliche Verwender und öffentliche Forschungs-, Untersuchungs- und Lehranstalten darf auch durch eine beauftragte Person erfolgen. Diese beauftragte Person muss zuverlässig, älter als 18 Jahre alt und von einer sachkundigen Person über die wesentlichen Eigenschaften der abzugebenden Stoffe und Gemische, über die mit ihrer Verwendung verbundenen Gefahren und über die einschlägigen Vorschriften belehrt worden sein. Diese Belehrung erfolgt von einer Person mit aktuellem Sachkundenachweis, muss jährlich wiederholt werden und ist jeweils schriftlich zu bestätigen.
   Die beauftragte Person darf keine sachkundepflichtigen Gefahrstoffe an Privatpersonen abgeben.
2. Der Erwerber hat bestätigt oder durch Unterlagen nachgewiesen, dass er den Stoff, die Stoffe oder Gemische in erlaubter Weise verwenden will und die hierfür rechtlichen Bestimmungen erfüllt und keine Anhaltspunkte für eine unerlaubte Verwendung oder Weiterveräußerung vorliegen (Verwendungszweck und -menge plausibel, erlaubt).
3. Der Erwerber ist älter als 18 Jahre alt.
4. Die sachkundige Abgabeperson hat den Erwerber mündlich zu unterweisen über
   a) die mit dem Verwenden des Stoffes oder des Gemisches verbundenen Gefahren,
   b) die notwendigen Vorsichtsmaßnahmen beim bestimmungsgemäßen Gebrauch und für den Fall des unvorhergesehenen Verschüttens oder Freisetzens sowie
   c) die ordnungsgemäße Entsorgung.

Dokumentationspflicht (Anlage 2, Eintrag 1)

Ist in der Tabelle 1 „Apothekenübliche Gefahrstoffe" in der Spalte 14 „Doku" angegeben, muss eine Dokumentation erfolgen.

Die Abgabe eines Stoffes, der nach den Vorschriften der **ChemVerbotsV** dokumentationspflichtig ist (Tabelle 14), muss grundsätzlich im Abgabebuch aufgeführt werden. Der Erwerber /der Abholende kann den Empfang im Abgabebuch oder auf gesondertem Empfangsschein (Kapitel 5.10) bestätigen. Die Abgabe darf nur von einer sachkundigen Person (aktueller Sachkundenachweis) erfolgen.

Folgende Daten sind von der sachkundigen Person im Abgabebuch zu dokumentieren:

1. Name des Erwerbers, des Abholers
   Mindestalter 18 Jahre
2. Anschrift des Erwerbers
3. Bezeichnung des abgegebenen Stoffes / Gemisches mit Konzentrationsangaben
4. Menge
5. beabsichtigte Verwendung
   bei Abgabe an öffentliche Forschungs-, Untersuchungs- und Lehranstalten „die Angabe zur Forschungs-, Analyse- oder Lehrzwecken"
6. Datum der Abgabe
7. Name des Abgebenden / sachkundige Person
8. Name, Anschrift der Apotheke
9. Unterschrift des Erwerbers / Abholers, ggf. Unterschrift auf Empfangsschein
10. Ggf. Name und Anschrift des Abholenden; Auftragsbestätigung mit Verwendungszweck und Identität des Erwerbers

Die Dokumentation ist 5 Jahre aufzubewahren.

Der Erwerber hat im Abgabebuch den Empfang durch Unterschrift oder durch eine handschriftliche elektronische Unterschrift zu bestätigen. Der Empfang des Stoffes / Gemisches kann zusätzlich zum Abgabebuch auch auf einem gesonderten Empfangsschein vom Erwerber durch Unterschrift bestätigt werden. Der Empfangsschein muss die Angaben nach Abgabebuch enthalten.

Das Abgabebuch und ggf. die zugehörigen Empfangsscheine sind fünf Jahre aufzubewahren.

Das Abgabebuch[4] kann bei jeder Abgabe von Gefahrstoffen zur Dokumentation verwendet werden.

4 erhältlich z. B. bei Avoxa bzw. govi.de

Selbstbedienungsverbot (Anlage, Eintrag 1 und 2)

Für die Stoffe / Gemische, die in Tabelle 14 und 15 aufgeführt sind, gilt nach den Rechtsbestimmungen im Einzelhandel ein Selbstbedienungsverbot. Grundsätzlich sollten jedoch alle Gefahrstoffe in Apotheken nicht in Selbstbedienung angeboten werden.

Versandhandel (Anlage, Eintrag 1)

Für die Stoffe / Gemische, die in Tabelle 14 aufgeführt sind, gilt nach den Rechtsbestimmungen ein Verbot des Versandhandels bei der privaten und der beruflichen / gewerblichen Abgabe. Ausgenommen hiervon ist der Versand an Wiederverkäufer, berufsmäßige Verwender und öffentliche Forschungs-, Untersuchungs- und Lehranstalten.

Punkt 5:
Kennzeichnung / Verpackung nach CLP-Verordnung

5a: Etikett

Die Kennzeichnung muss groß genug, deutlich lesbar, haltbar und in deutscher Sprache abgefasst sein[5]. Nicht erlaubt sind verharmlosende Angaben, wie beispielsweise „nicht gefährlich", graphische Dekorationen oder Bezeichnungen, die für Lebensmittel, Futtermittel oder Kosmetika verwendet werden.

Das Kennzeichnungsetikett muss im angemessenem Verhältnis zur Verpackung stehen; die Mindestabmessungen der Etiketten sind vorgeschrieben (Tabelle 16).

Volumen	Abmessungen des Kennzeichnungsetiketts	Abmessungen des Piktogramms
bis 3,0 l	wenn möglich, mindestens 52 mm x 74 mm	nicht kleiner als 10 mm x 10 mm wenn möglich > 16 mm x 16 mm
über 3,0 bis höchstens 50,0 l	mindestens 74 mm x 105 mm	mindestens 23 mm x 23 mm
über 50 bis höchstens 500 l	mindestens 105 mm x 148 mm	mindestens 32 mm x 32 mm
über 500 l	mindestens 148 mm x 210 mm	mindestens 46 mm x 46 mm

Tabelle 16: Mindestabmessungen der Etiketten

Die Kennzeichnung ist auf einer oder mehreren Flächen der Verpackung so anzubringen, dass die Angaben gelesen werden können, wenn die Verpackung in der vorgesehenen Weise abgestellt wird.

Angaben auf dem Kennzeichnungsetikett von Abgabebehältnissen:

- Name des Stoffes / Gemisches (Handelsname / Bezeichnung des Stoffes ggf. genaue Konzentration),
- Produktidentifikator (z. B. CAS-Nummer oder EG-Nummer),
- UFI-Code bei Gemischen,
- Nennmenge des Stoffes oder Gemisches,
- Gefahrenpiktogramm / e,
- Signalwort,
- Gefahrenhinweise (H-Sätze),
- geeignete Sicherheitshinweise (P-Sätze),
- Name, Anschrift und Telefonnummer der Apotheke,
- ggf. ergänzende Informationen wie z. B. „Nur für gewerbliche Anwender" bei CMR-Stoffen / Gemischen nach REACH VO Anhang XVII Nr. 28–30.

Bei den **Produktidentifikatoren** handelt es sich um eine eindeutige Identifizierung des Stoffes / Gemisches, der Identifizierungsnummer. Hier soll die CAS-Nummer oder die EG-Nummer verwendet werden.

Bei Gemischen ist seit dem 01.01.2021 zusätzlich ein UFI-Code (Unique Formual Identifier) anzugeben, (Artikel 45 und Anhang VIII CLP-VO, die Übergangsfrist endet am 01.01.2025). Der UFI-Code ist ein 16-stelliger alphanumerischer Rezepturidentifikator, welcher aus der Umsatzsteueridentifikationsnummer der Apotheke sowie einem apothekeninternen Rezepturcode besteht: UFI: XXX-XXX-XXX-XXX (wobei X Ziffern oder Buchstaben sein können). Der Code kann am einfachsten mit dem UFI-Generator der ECHA (https://ufi.echa.europa.eu/#/create) erstellt werden und ist gebührenfrei. Er sollte deutlich sichtbar, gut lesbar und in der Nähe des Stoffnamens oder der Gefahrenpiktogramme angebracht sein. Mithilfe des Codes können die Mitarbeiter von Giftnotrufzentralen sofort alle relevanten Informationen zum vorliegenden Produkt abrufen und so korrekt medizinisch beraten. Stellt die Apotheke Gemische oder Biozide mit gefährlichen Eigenschaften selbst her oder füllt diese um und bringt sie dann in den Verkehr besteht eine Mitteilungspflicht (= Meldepflicht). Die Mitteilungspflicht gilt nicht bei innerbetrieblicher Verwendung der selbst hergestellten / umgefüllten Gemische sowie bei der Herstellung von Rezepturarzeimitteln.

Die Meldung kann sowohl über das BfR im PCN-Format (Poison Centres Notification) erfolgen, ist jedoch auch über die ECHA möglich (siehe Kapitel 6).

Die Erstellung eines UFI-Codes ist aufwendig. Es ist sinnvoller fertige Produkte zu beziehen. Hierbei muss dann das komplette Gebinde abgebeben werden.

Werden aus größeren Gebinden in der Apotheke Gemische unverändert in kleinere Gebinde um- oder abgefüllt, so ist vor dem Inverkehrbringen ebenfalls die Mitteilung an das BfR erforderlich.

5 CLP-Verordnung, Artikel 17 mit Artikel 31 und TRGS 201 (4)

In diesem Fall kann der UFI-Code des Lieferanten übernommen und auf das eingekaufte Gemisch verwiesen werden („Apothekenprodukt enthält 100 % Lieferantenprodukt mit UFI XYZ…“).[6]

Bei den **Gefahrenpiktogrammen** und dem **Signalwort** kann die Vorrangregelung (Kapitel 2.2 und 2.3) beachtet werden. Jedes Gefahrenpiktogramm muss mindestens **1 cm²** groß sein und mindestens **1 / 15 der Fläche des Kennzeichnungsschildes** ausmachen.

Alle auf Grund der Einstufung erforderlichen **Gefahrenhinweise**[7] (H-Sätze) sind anzugeben. Gefahrenhinweise können nur entfallen, wenn eine eindeutige Doppelung vorliegt.

Die H- und P-Sätze müssen im genauen Wortlaut angegeben werden. Die Angabe der Ziffer, zum Beispiel H314, kann ggf. zusätzlich erfolgen; ist jedoch nicht vorgeschrieben.

Die Auswahl der zutreffenden **Sicherheitshinweise** (P-Sätze)[8] liegt in der Verantwortung des Herstellers oder des Apothekers. Werden zum Beispiel einem Stoff auf Grund der Einstufung drei Gefahrenhinweise (H-Sätze) zugeordnet, so könnten sich daraus circa 15 bis 25 Sicherheitshinweise (P-Sätze) ableiten. Nach Artikel 28 CLP-Verordnung sollen in der Regel **nicht mehr als sechs Sicherheitshinweise** angegeben werden, es sei denn, die Art und Schwere der Gefahren machen eine größere Auswahl erforderlich. Die Sicherheitshinweise können gemäß der Vorgaben nach **Anhang I** der CLP-Verordnung oder aus dem Verzeichnis der Gefahrstoffe (Kapitel 1) ausgewählt werden, wobei die Gefahrenhinweise und der beabsichtigte Verwendungszweck zu berücksichtigen sind. Dies bedeutet, dass der Verwendungszweck für die Auswahl der Sicherheitshinweise von entscheidender Bedeutung ist. Den H-Sätzen werden nach CLP-Verordnung P-Sätze zugeordnet (siehe Kapitel 5.3). Weitere Hinweise zur Kennzeichnung: Leitlinien zur Kennzeichnung und Verpackung gemäß Verordnung (EG) Nr. 1272 / 2008 („https://echa.europa.eu/documents/10162/2324906/clp_labelling_en.pdf/89628d94-573a-4024-86cc-0b4052a74d65“englische Version: Fassung 4.2, März 2021; „https://www.ihk-siegen.de/fileadmin/user_upload/Leitlinien_zur_Kennzeichnung_und_Verpackung__ECHA_.pdf“deutsche Version: Fassung 3.0, Juli 2017))

Wird der Stoff / das Gemisch an die breite Öffentlichkeit / private Endverbraucher abgegeben, so ist auf dem Kennzeichnungsetikett nach Maßgabe der Kennzeichnungstabelle 5.3 ein Sicherheitshinweis zur Entsorgung anzugeben (z. B. P501 oder P502). Ein Sicherheitshinweis zur Entsorgung kann nur entfallen, wenn der Stoff, das Gemisch, die Verpackung keine Gefahr für die menschliche Gesundheit oder die Umwelt darstellt.

Wird der Stoff / das Gemisch an die breite Öffentlichkeit / private Endverbraucher abgegeben, so soll immer P102 (Darf nicht in die Hände von Kindern gelangen), ggf. auch P101 oder P103 angeben werden. Weiterhin muss nach Maßgabe der Kennzeichnungstabelle 5.3 ein P-Satz zur Entsorgung angegeben werden.

Dieser Ermessungsspielraum bei der Auswahl der Sicherheitshinweise wird dazu führen, dass ein Stoff / Gemisch von verschiedenen Herstellern bezüglich Gefahrenpiktogramm, Signalwort und Gefahrenhinweis übereinstimmt, nicht jedoch bei den ausgewählten Sicherheitshinweisen, da hier Abweichungen vom Gesetz her möglich sind.

6 siehe „Leitlinien zu harmonisierten Informationen für die gesundheitliche Notversorgung – Anhang VIII der CLP-VO“ Version 5.0, April 2022
7 Artikel 21 CLP-Verordnung in Verbindung mit Anhang I Teil 2 bis 5 und Anhang III
8 Artikel 22 CLP-Verordnung in Verbindung mit Anhang I Teil 2 bis 5 und Anhang IV

Kennzeichnungsbeispiele

Die Etiketten der Abgabegefäße können mithilfe der Liste der apothekenüblichen Gefahrstoffe (Kapitel 1) erstellt werden. Die H- und P- Sätze sind in Kapitel 5.1 und Kapitel 5.2 aufgeführt. Die folgenden Beispiele zeigen einige Musteretiketten (Abbildung 2 bis 4).

Etikett für die gewerbliche / berufliche Abgabe, z. B. zum Herstellen von Seife:

Natriumhydroxid
CAS-Nr. 1310-73-2

Gefahr

Kann gegenüber Metallen korrosiv sein.
Verursacht schwere Verätzungen der Haut und schwere Augenschäden.
Nur in Originalverpackung aufbewahren.
Schutzhandschuhe/Schutzkleidung/Augenschutz/Gesichtsschutz tragen.
BEI KONTAKT MIT DEN AUGEN: Einige Minuten lang behutsam mit Wasser spülen. Eventuell vorhandene Kontaktlinsen nach Möglichkeit entfernen. Weiter spülen. Sofort GIFTINFORMATIONSZENTRUM/Arzt anrufen. Verschüttete Mengen aufnehmen, um Materialschäden zu vermeiden. Unter Verschluss aufbewahren.

Avoxa-Apotheke, Carl-Mannich-Str. 26, 65760 Eschborn, Tel. 06196/928-0
Datum: 1.3.2023; Ch.B.: 23/03/N123; Inhalt: 150 g

Abbildung 2: Natriumhydroxid, 150 g, gewerbliche / berufliche Verwendung mit aktuellem Sicherheitsdatenblatt

Etikett für die Abgabe an eine Privatperson, z. B. zum Herstellen von Seife:

Natriumhydroxid
CAS-Nr. 1310-73-2

Gefahr

Darf nicht in die Hände von Kindern gelangen. Kann gegenüber Metallen korrosiv sein. Verursacht schwere Verätzungen der Haut und schwere Augenschäden.
Nur in Originalverpackung aufbewahren.
Schutzhandschuhe/Schutzkleidung/Augenschutz/Gesichtsschutz tragen.
BEI KONTAKT MIT DEN AUGEN: Einige Minuten lang behutsam mit Wasser spülen. Eventuell vorhandene Kontaktlinsen nach Möglichkeit entfernen. Weiter spülen. Sofort GIFTINFORMATIONSZENTRUM/Arzt anrufen. Verschüttete Mengen aufnehmen, um Materialschäden zu vermeiden. Unter Verschluss aufbewahren. Inhalt/Behälter der Problemabfallentsorgung zuführen.

Avoxa-Apotheke, Carl-Mannich-Str. 26, 65760 Eschborn, Tel. 06196/928-0
Datum: 1.3.2023; Ch.B.: 23/03/N123; Inhalt: 150 g

Abbildung 3: Natriumhydroxid, 150 g, private Verwendung mit KiSi und TaWa

Etikett für die Abgabe an eine Privatperson:

Aceton
CAS-Nr. 67-64-1

Gefahr

Darf nicht in die Hände von Kindern gelangen. Flüssigkeit und Dampf leicht entzündbar. Verursacht schwere Augenreizung. Kann Schläfrigkeit und Benommenheit verursachen. Wiederholter Kontakt kann zu spröder oder rissiger Haut führen.
Von Hitze, heißen Oberflächen, Funken, offenen Flammen sowie anderen Zündquellen fernhalten. Nicht rauchen. Behälter und zu befüllende Anlage erden. BEI KONTAKT MIT DEN AUGEN: Einige Minuten lang behutsam mit Wasser spülen. Eventuell vorhandene Kontaktlinsen nach Möglichkeit entfernen. Weiter spülen. An einem gut belüfteten Ort aufbewahren. Behälter dicht verschlossen halten. Unter Verschluss aufbewahren. Inhalt/Behälter der Problemabfallentsorgung zuführen.

Avoxa-Apotheke, Carl-Mannich-Str. 26, 65760 Eschborn, Tel. 06196/928-0
Datum: 1.3.2023; Ch.B.: 23/03/N123; Inhalt: 150 mL

Abbildung 4: Aceton, 150 mL mit TaWa

Grundsätzlich sollten Gefahrstoffe möglichst nicht umgefüllt, sondern in den bereits umfassend gekennzeichneten Liefergefäßen (z. B. 1 Liter Salzsäure zum Reinigen der Fliesen) an den Kunden abgegeben werden. Auch hier ist die Apotheke als Inverkehrbringer zusätzlich anzugeben.

5b: Kleinstmengenregelung

Die Gefahrenhinweise und Sicherheitshinweise können bei der Kennzeichnung bestimmter Gefahrenkategorien mit einem Inhalt von nicht mehr als 125 ml entfallen, sofern folgende Bedingungen gegeben sind[9]:

- die Verpackung enthält nicht mehr als 125 ml **und**
- der Stoff oder das Gemisch in eine oder mehrere der Gefahrenkategorien (nach CLP-VO 1272 / 2009 Anhang 1 Nr. 1.5.2) eingestuft ist (siehe Kapitel 5.5).

Die Ausnahmen für Kleinpackungen sind komplex und umfassend, mehrere Bedingungen müssen erfüllt sein. Daher wird empfohlen, auch bei Kleinstmengen immer umfassend zu kennzeichnen.

Die Kleinstmengenregelung kann bei der Abgabe von zum Beispiel 50 ml Aceton an eine Privatperson nur bedingt angewendet werden, denn Aceton ist in folgende Gefahrenkategorien eingestuft:

1. entzündbare Flüssigkeiten, Kategorie 2 (H225),
2. Augenreizung, Kategorie 2 (H319),
3. Spezifische Zielorgantoxizität, einmalige Exposition, Kategorie 3 (H336).

Die Kategorien, die bei 1. und 2. genannt sind, erfüllen die Bedingungen für die reduzierte Kennzeichnung (vergleiche Tabelle Kleinstmengenregelung Kapitel 5.5). Für 3. (Spezifische Zielorgantoxizität, einmalige Exposition, Kategorie 3) gilt die Ausnahmeregelungen für Kleinstmengen bei der privaten Abgabe jedoch nicht. Für diese Kategorie gilt die Regelung nur, wenn der Stoff / das Gemisch **nicht** an die breite Öffentlichkeit abgegeben wird. Demnach muss auch bei der Abgabe von Kleinstmengen an Privatpersonen / die breite Öffentlichkeit der H336 mit entsprechenden P-Sätzen immer angegeben werden.

Abgabegefäße mit Gefahrstoffen sollten auch bei Kleinstmengen immer umfassend gekennzeichnet werden.

9 Artikel 17 und Artikel 29 CLP-Verordnung in Verbindung mit Anhang I Punkt 1.5.2.1

5c: Kindergesicherter Verschluss
5d: Tastbarer Gefahrenhinweis

Die Verpackung muss so beschaffen sein, dass eine Beanspruchung durch Stoß, Druck oder Feuchtigkeit zu keiner maßgeblichen Veränderung führt und sie dürfen nicht vom Gefahrstoff angegriffen werden.

Die Verpackungen zahlreicher Gefahrstoffe oder Gemische, die für jedermann erhältlich sind, also an die breite Öffentlichkeit abgegeben werden, sind in Abhängigkeit von der zu erwartenden Gefahr aber unabhängig von ihrem Fassungsvermögen mit kindergesicherten Verschlüssen auszustatten. Gleiches gilt für die tastbaren Gefahrenhinweise (Artikel 35 CLP-Verordnung in Verbindung mit Anhang II Punkt 3.1 , 3.2.).

Tabelle 17 zeigt, wie die komplexe Vorschrift im Apothekenalltag bei der Abgabe an den privaten Endverbraucher umgesetzt werden kann.

Kennzeichnungsempfehlung für den Apothekenalltag

Kindergesicherter Verschluss bei der Abgabe an private Endverbraucher

GHS05 GHS06 GHS08

Tastbarer Gefahrenhinweis (= tastbares Warnzeichen) bei der Abgabe an private Endverbraucher

GHS05 GHS06 GHS08 GHS02 GHS07

Tabelle 17: Empfehlungen für den Apothekenalltag

Durch die Vereinfachung in Tabelle 17 werden manche Stoffe mit kindergesicherten Verschlüssen / und tastbaren Warnzeichen versehen, ohne dass diese gesetzlich gefordert würde. Dies hängt nicht nur von dem Piktogramm, sondern auch von der Kategorie ab, in die der Stoff eingestuft ist.

Die genauen gesetzlichen Einzelheiten zu kindergesicherten Verschlüssen und tastbarem Warnzeichen sind in Kapitel 5.4 „Kindergesicherter Verschluss / tastbares Warnzeichen" zusammengestellt.

Gewerbliche / berufliche / Verwendung (z. B. Firmen / Ärzte / Lehrer)
Kindergesicherte Verschlüsse, tastbare Warnzeichen, können bei der Abgabe an gewerblich / berufliche Verwender entfallen.

5 Tabellen und Formulare

5.1 Gefahrenhinweise – H-Sätze und ergänzende EU-Hinweise

Anhang III Liste der Gefahrenhinweise, ergänzende Gefahrenmerkmale und ergänzende Kennzeichnungselemente nach CLP VO 1272 / 2008
Die Gefahrenhinweise werden gemäß Anhang I Teil 2 (physikalische Gefahren), 3 (Gesundheitsgefahren), 4 (Umweltgefahren) und 5 (weitere Gefahren) angewendet.

Bei der Wahl der Gefahrenhinweise gemäß Artikel 21 und Artikel 27 können Lieferanten die kombinierten Gefahrenhinweise gemäß diesem Anhang verwenden.

Gemäß Artikel 27 kann bei der Kennzeichnung die folgende Rangfolgeregelung für Gefahrenhinweise gelten, zum Beispiel:

- Wird der Gefahrenhinweis H410 „Sehr giftig für Wasserorganismen, mit langfristiger Wirkung" zugeordnet, kann der Gefahrenhinweis H400 „Sehr giftig für Wasserorganismen" entfallen.
- Wird der Gefahrenhinweis H314 „Verursacht schwere Verätzungen der Haut und schwere Augenschäden." zugeordnet, kann der Gefahrenhinweis H318 „Verursacht schwere Augenschäden." entfallen.

(Stand: 18. ATP + Delegierte VO zu CLP)

Gefahrenhinweise für physikalische Gefahren

H-Nummer	
H200	Instabil, explosiv.
H201	Explosiv, Gefahr der Massenexplosion.
H202	Explosiv; große Gefahr durch Splitter, Spreng- und Wurfstücke.
H203	Explosiv; Gefahr durch Feuer, Luftdruck oder Splitter, Spreng- und Wurfstücke.
H204	Gefahr durch Feuer oder Splitter, Spreng- und Wurfstücke.
H205	Gefahr der Massenexplosion bei Feuer.
H206	Gefahr durch Feuer, Druckstoß oder Sprengstücke; erhöhte Explosionsgefahr, wenn das Desensibilisierungsmittel reduziert wird.
H207	Gefahr durch Feuer oder Sprengstücke; erhöhte Explosionsgefahr, wenn das Desensibilisierungsmittel reduziert wird.
H208	Gefahr durch Feuer, erhöhte Explosionsgefahr, wenn das Desensibilisierungsmittel reduziert wird.
H220	Extrem entzündbares Gas.
H221	Entzündbares Gas.
H222	Extrem entzündbares Aerosol.
H223	Entzündbares Aerosol.
H224	Flüssigkeit und Dampf extrem entzündbar.
H225	Flüssigkeit und Dampf leicht entzündbar.
H226	Flüssigkeit und Dampf entzündbar.
H228	Entzündbarer Feststoff.
H229	Behälter steht unter Druck: kann bei Erwärmung bersten.
H230	Kann auch in Abwesenheit von Luft explosionsartig reagieren.
H231	Kann auch in Abwesenheit von Luft bei erhöhtem Druck und / oder erhöhter Temperatur explosionsartig reagieren.
H232	Kann sich bei Kontakt mit Luft bei Erwärmung spontan entzünden.
H240	Erwärmung kann Explosion verursachen.
H241	Erwärmung kann Brand oder Explosion verursachen.
H242	Erwärmung kann Brand verursachen.
H250	Entzündet sich in Berührung mit Luft von selbst.

H-Nummer	
H251	Selbsterhitzungsfähig; kann in Brand geraten.
H252	In großen Mengen selbsterhitzungsfähig; kann in Brand geraten.
H260	In Berührung mit Wasser entstehen entzündbare Gase, die sich spontan entzünden können.
H261	In Berührung mit Wasser entstehen entzündbare Gase.
H270	Kann Brand verursachen oder verstärken; Oxidationsmittel.
H271	Kann Brand oder Explosion verursachen; starkes Oxidationsmittel.
H272	Kann Brand verstärken; Oxidationsmittel.
H280	Enthält Gas unter Druck; kann bei Erwärmung explodieren.
H281	Enthält tiefgekühltes Gas; kann Kälteverbrennungen oder -verletzungen verursachen.
H290	Kann gegenüber Metallen korrosiv sein.

Tabelle 18: Gefahrenhinweise für physikalische Gefahren

Gefahrenhinweise für Gesundheitsgefahren

H300	Lebensgefahr bei Verschlucken.
H301	Giftig bei Verschlucken.
H302	Gesundheitsschädlich bei Verschlucken.
H304	Kann bei Verschlucken und Eindringen in die Atemwege tödlich sein.
H310	Lebensgefahr bei Hautkontakt.
H311	Giftig bei Hautkontakt.
H312	Gesundheitsschädlich bei Hautkontakt.
H314	Verursacht schwere Verätzungen der Haut und schwere Augenschäden.
H315	Verursacht Hautreizungen.
H317	Kann allergische Hautreaktionen verursachen.
H318	Verursacht schwere Augenschäden.
H319	Verursacht schwere Augenreizung.
H330	Lebensgefahr bei Einatmen.
H331	Giftig bei Einatmen.
H332	Gesundheitsschädlich bei Einatmen.
H334	Kann bei Einatmen Allergie, asthmaartige Symptome oder Atembeschwerden verursachen.
H335	Kann die Atemwege reizen.
H336	Kann Schläfrigkeit und Benommenheit verursachen.
H340	Kann genetische Defekte verursachen.
H341	Kann vermutlich genetische Defekte verursachen.
H350	Kann Krebs erzeugen.
H350i	Kann bei Einatmen Krebs erzeugen.
H351	Kann vermutlich Krebs erzeugen.
H360	Kann die Fruchtbarkeit beeinträchtigen oder das Kind im Mutterleib schädigen.
H360D	Kann das Kind im Mutterleib schädigen.
H360Df	Kann das Kind im Mutterleib schädigen. Kann vermutlich die Fruchtbarkeit beeinträchtigen.
H360F	Kann die Fruchtbarkeit beeinträchtigen.
H360FD	Kann die Fruchtbarkeit beeinträchtigen. Kann das Kind im Mutterleib schädigen.
H360Fd	Kann die Fruchtbarkeit beeinträchtigen. Kann vermutlich das Kind im Mutterleib schädigen.
H361	Kann vermutlich die Fruchtbarkeit beeinträchtigen oder das Kind im Mutterleib schädigen.
H361d	Kann vermutlich das Kind im Mutterleib schädigen.
H361f	Kann vermutlich die Fruchtbarkeit beeinträchtigen.

H361fd	Kann vermutlich die Fruchtbarkeit beeinträchtigen. Kann vermutlich das Kind im Mutterleib schädigen.
H362	Kann Säuglinge über die Muttermilch schädigen.
H370	Schädigt die Organe.
H371	Kann die Organe schädigen.
H372	Schädigt die Organe bei längerer oder wiederholter Exposition.
H373	Kann die Organe schädigen bei längerer oder wiederholter Exposition.
H300+H310	Lebensgefahr bei Verschlucken oder Hautkontakt.
H300+H310+H330	Lebensgefahr bei Verschlucken, Hautkontakt oder Einatmen.
H300+H330	Lebensgefahr bei Verschlucken oder Einatmen.
H301+H311	Giftig bei Verschlucken oder Hautkontakt.
H301+H311+H331	Giftig bei Verschlucken, Hautkontakt oder Einatmen.
H301+H331	Giftig bei Verschlucken oder Einatmen.
H302+H312	Gesundheitsschädlich bei Verschlucken oder Hautkontakt.
H302+H312+H332	Gesundheitsschädlich bei Verschlucken, Hautkontakt oder Einatmen.
H302+H332	Gesundheitsschädlich bei Verschlucken oder Einatmen.
H310+H330	Lebensgefahr bei Hautkontakt oder Einatmen.
H311+H331	Giftig bei Hautkontakt oder Einatmen.
H312+H332	Gesundheitsschädlich bei Hautkontakt oder Einatmen.

Tabelle 19: Gefahrenhinweise für Gesundheitsgefahren

Gefahrenhinweise für Umweltgefahren

H400	Sehr giftig für Wasserorganismen.
H410	Sehr giftig für Wasserorganismen, mit langfristiger Wirkung.
H411	Giftig für Wasserorganismen, mit langfristiger Wirkung.
H412	Schädlich für Wasserorganismen, mit langfristiger Wirkung.
H413	Kann für Wasserorganismen schädlich sein, mit langfristiger Wirkung.
H420	Schädigt die öffentliche Gesundheit und die Umwelt durch Ozonabbau in der äußeren Atmosphäre.

Tabelle 20: Gefahrenhinweise für Umweltgefahren

Physikalische Eigenschaften

EUH014	Reagiert heftig mit Wasser.
EUH018	Kann bei Verwendung explosionsfähige / entzündbare Dampf / Luft-Gemische bilden.
EUH019	Kann explosionsfähige Peroxide bilden.
EUH044	Explosionsgefahr bei Erhitzen unter Einschluss.

Tabelle 21: Physikalische Eigenschaften

Gesundheitsgefährliche Eigenschaften

EUH029	Entwickelt bei Berührung mit Wasser giftige Gase.
EUH031	Entwickelt bei Berührung mit Säure giftige Gase.
EUH032	Entwickelt bei Berührung mit Säure sehr giftige Gase.
EUH066	Wiederholter Kontakt kann zu spröder oder rissiger Haut führen.
EUH070	Giftig bei Berührung mit den Augen.
EUH071	Wirkt ätzend auf die Atemwege.

Tabelle 22: Gesundheitsgefährliche Eigenschaften

Ergänzende Kennzeichnungselemente / Informationen über bestimmte Gemische

EUH201	Enthält Blei. Nicht für den Anstrich von Gegenständen verwenden, die von Kindern gekaut oder gelutscht werden könnten.
EUH201A	Achtung! Enthält Blei.
EUH202	Cyanacrylat. Gefahr. Klebt innerhalb von Sekunden Haut und Augenlider zusammen. Darf nicht in die Hände von Kindern gelangen.
EUH203	Enthält Chrom (VI). Kann allergische Reaktionen hervorrufen.
EUH204	Enthält Isocyanate. Kann allergische Reaktionen hervorrufen.
EUH205	Enthält epoxidhaltige Verbindungen. Kann allergische Reaktionen hervorrufen.
EUH206	Achtung! Nicht zusammen mit anderen Produkten verwenden, da gefährliche Gase (Chlor) freigesetzt werden können.
EUH207	Achtung! Enthält Cadmium. Bei der Verwendung entstehen gefährliche Dämpfe. Hinweise des Herstellers beachten. Sicherheitsanweisungen einhalten.
EUH208	Enthält … . Kann allergische Reaktionen hervorrufen.
EUH209	Kann bei Verwendung leicht entzündbar werden.
EUH209A	Kann bei Verwendung entzündbar werden.
EUH210	Sicherheitsdatenblatt auf Anfrage erhältlich.
EUH211	Achtung! Beim Sprühen können gefährliche lungengängige Tröpfchen entstehen. Aerosol oder Nebel nicht einatmen.
EUH212	Achtung! Bei der Verwendung kann gefährlicher lungengängiger Staub entstehen. Staub nicht einatmen.
EUH380	Kann beim Menschen endokrine Störungen verursachen.
EUH381	Steht in dem Verdacht, beim Menschen endokrine Störungen zu verursachen.
EUH401	Zur Vermeidung von Risiken für Mensch und Umwelt die Gebrauchsanleitung einhalten.
EUH430	Kann endokrine Störungen in der Umwelt verursachen.
EUH431	Steht in dem Verdacht, endokrine Störungen in der Umwelt zu verursachen.
EUH440	Anreicherung in der Umwelt und in lebenden Organismen einschließlich Menschen.
EUH441	Starke Anreicherung in der Umwelt und in lebenden Organismen einschließlich Menschen.
EUH450	Kann lang anhaltende und diffuse Verschmutzung von Wasserressourcen verursachen.
EUH451	Kann sehr lang anhaltende und diffuse Verschmutzung von Wasserressourcen verursachen.

Tabelle 23: Ergänzende Kennzeichnungselemente / Informationen über bestimmte Gemische

5.2 Sicherheitshinweise – P-Sätze

Anhang IV Liste der Sicherheitshinweise nach CLP VO 1272 / 2008

Bei der Wahl der Sicherheitshinweise gemäß Artikel 22 und Artikel 28 Absatz 3 können Lieferanten die Sicherheitshinweise in der unten aufgeführten Tabelle unter Berücksichtigung der Deutlichkeit und Verständlichkeit der Warnhinweise miteinander kombinieren.

Steht ein Textteil eines Sicherheitshinweises in eckigen Klammern [...], so bedeutet das, dass der in eckigen Klammern stehende Text nicht in jedem Fall zutrifft und nur unter bestimmten Voraussetzungen angewandt werden sollte.

Enthält ein Sicherheitshinweis einen Schrägstrich [/], so bedeutet das, dass aus den zwei durch den Schrägstrich getrennten Texten einer auszuwählen ist.

Enthält der Text eines Sicherheitshinweises drei Punkte [...], so bedeutet das, dass Einzelheiten zu den bereitzustellenden Informationen in Spalte 5 (Anhang IV CLP VO 1272 / 2008) enthalten sind. (Stand: 18. ATP)

Sicherheitshinweise – Allgemeines

P101	Ist ärztlicher Rat erforderlich, Verpackung oder Kennzeichnungsetikett bereithalten.	
P102	Darf nicht in die Hände von Kindern gelangen.	
P103	Lesen Sie sämtliche Anweisungen aufmerksam und befolgen Sie diese.	12. ATP

Tabelle 24: Sicherheitshinweise – Allgemeines

Sicherheitshinweise – Prävention

P201	Vor Gebrauch besondere Anweisungen einholen.	
P202	Vor Gebrauch alle Sicherheitshinweise lesen und verstehen.	
P210	Von Hitze, heißen Oberflächen, Funken, offenen Flammen sowie anderen Zündquellen fernhalten. Nicht rauchen.	12. ATP
P211	Nicht gegen offene Flamme oder andere Zündquelle sprühen.	
P212	Erhitzen unter Einschluss und Reduzierung des Desensibilisierungsmittels vermeiden.	12. ATP
P220	Von Kleidung und anderen brennbaren Materialien fernhalten.	8. ATP
P222	Keinen Kontakt mit Luft zulassen.	
P223	Keinen Kontakt mit Wasser zulassen.	
P230	Feucht halten mit ...	
P231	Inhalt unter inertem Gas / ... handhaben und aufbewahren.	8. ATP
P232	Vor Feuchtigkeit schützen.	
P233	Behälter dicht verschlossen halten.	
P234	Nur in Originalverpackung aufbewahren.	8. ATP
P235	Kühl halten.	
P240	Behälter und zu befüllende Anlage erden.	8. ATP
P241	Explosionsgeschützte [elektrische / Lüftungs- / Beleuchtungs- / ...] Geräte verwenden.	8. ATP
P242	Funkenarmes Werkzeug verwenden.	8. ATP
P243	Maßnahmen gegen elektrostatische Entladungen treffen.	8. ATP
P244	Ventile und Ausrüstungsteile öl- und fettfrei halten.	
P250	Nicht schleifen / stoßen / reiben / ...	8. ATP
P251	Nicht durchstechen oder verbrennen, auch nicht nach Gebrauch.	
P260	Staub / Rauch / Gas / Nebel / Dampf / Aerosol nicht einatmen.	
P261	Einatmen von Staub / Rauch / Gas / Nebel / Dampf / Aerosol vermeiden.	
P262	Nicht in die Augen, auf die Haut oder auf die Kleidung gelangen lassen.	
P263	Berührung während Schwangerschaft und Stillzeit vermeiden.	8. ATP
P264	Nach Gebrauch ... gründlich waschen.	
P270	Bei Gebrauch nicht essen, trinken oder rauchen.	
P271	Nur im Freien oder in gut belüfteten Räumen verwenden.	

P272	Kontaminierte Arbeitskleidung nicht außerhalb des Arbeitsplatzes tragen.	
P273	Freisetzung in die Umwelt vermeiden.	
P280	Schutzhandschuhe / Schutzkleidung / Augenschutz / Gesichtsschutz / Gehörschutz / ... tragen.	12. ATP
P282	Schutzhandschuhe mit Kälteisolierung und zusätzlich Gesichtsschild oder Augenschutz tragen.	8. ATP
P283	Schwer entflammbare oder flammhemmende Kleidung tragen.	8. ATP
P284	[Bei unzureichender Belüftung] Atemschutz tragen.	
P231+P232	Inhalt unter inertem Gas / ... handhaben und aufbewahren. Vor Feuchtigkeit schützen.	8. ATP

Tabelle 25: Sicherheitshinweise – Prävention

Sicherheitshinweise – Reaktion

P301	BEI VERSCHLUCKEN:	
P302	BEI BERÜHRUNG MIT DER HAUT:	
P303	BEI BERÜHRUNG MIT DER HAUT (oder dem Haar):	
P304	BEI EINATMEN:	
P305	BEI KONTAKT MIT DEN AUGEN:	
P306	BEI KONTAKT MIT DER KLEIDUNG:	
P308	BEI Exposition oder falls betroffen:	
P310	Sofort GIFTINFORMATIONSZENTRUM / Arzt / ... anrufen.	
P311	GIFTINFORMATIONSZENTRUM / Arzt / ... anrufen.	
P312	Bei Unwohlsein GIFTINFORMATIONSZENTRUM / Arzt / ... anrufen.	8. ATP
P313	Ärztlichen Rat einholen / ärztliche Hilfe hinzuziehen.	
P314	Bei Unwohlsein ärztlichen Rat einholen / ärztliche Hilfe hinzuziehen.	
P315	Sofort ärztlichen Rat einholen / ärztliche Hilfe hinzuziehen.	
P320	Besondere Behandlung dringend erforderlich (siehe ... auf diesem Kennzeichnungsetikett).	
P321	Besondere Behandlung (siehe ... auf diesem Kennzeichnungsetikett).	
P330	Mund ausspülen.	
P331	KEIN Erbrechen herbeiführen.	
P332	Bei Hautreizung:	
P333	Bei Hautreizung oder -ausschlag:	
P334	In kaltes Wasser tauchen [oder nassen Verband anlegen].	8. ATP
P335	Lose Partikel von der Haut abbürsten.	
P336	Vereiste Bereiche mit lauwarmem Wasser auftauen. Betroffenen Bereich nicht reiben.	
P337	Bei anhaltender Augenreizung:	
P338	Eventuell vorhandene Kontaktlinsen nach Möglichkeit entfernen. Weiter ausspülen.	
P340	Die Person an die frische Luft bringen und für ungehinderte Atmung sorgen.	
P342	Bei Symptomen der Atemwege:	
P351	Einige Minuten lang behutsam mit Wasser ausspülen.	
P352	Mit viel Wasser / ...waschen.	
P353	Haut mit Wasser abwaschen [oder duschen].	8. ATP
P360	Kontaminierte Kleidung und Haut sofort mit viel Wasser abwaschen und danach Kleidung ausziehen.	
P361	Alle kontaminierten Kleidungsstücke sofort ausziehen.	
P362	Kontaminierte Kleidung ausziehen.	
P363	Kontaminierte Kleidung vor erneutem Tragen waschen.	
P364	Und vor erneutem Tragen waschen.	
P370	Bei Brand:	
P371	Bei Großbrand und großen Mengen:	

P372	Explosionsgefahr.	8. ATP
P373	KEINE Brandbekämpfung, wenn das Feuer explosive Stoffe / Gemische / Erzeugnisse erreicht.	
P375	Wegen Explosionsgefahr Brand aus der Entfernung bekämpfen.	
P376	Undichtigkeit beseitigen, wenn gefahrlos möglich.	
P377	Brand von ausströmendem Gas: Nicht löschen, bis Undichtigkeit gefahrlos beseitigt werden kann.	
P378	... zum Löschen verwenden.	
P380	Umgebung räumen.	
P381	Bei Undichtigkeit alle Zündquellen entfernen.	8. ATP
P390	Verschüttete Mengen aufnehmen, um Materialschäden zu vermeiden.	
P391	Verschüttete Mengen aufnehmen.	
P301+P310	BEI VERSCHLUCKEN: Sofort GIFTINFORMATIONSZENTRUM / Arzt / ... / anrufen.	
P301+P312	BEI VERSCHLUCKEN: Bei Unwohlsein GIFTINFORMATIONSZENTRUM / Arzt / ... anrufen.	8. ATP
P302+P334	BEI BERÜHRUNG MIT DER HAUT: In kaltes Wasser tauchen [oder nassen Verband anlegen].	8. ATP
P302+P352	BEI BERÜHRUNG MIT DER HAUT: Mit viel Wasser / ...waschen.	
P304+P340	BEI EINATMEN: Die Person an die frische Luft bringen und für ungehinderte Atmung sorgen.	
P306+P360	BEI KONTAKT MIT DER KLEIDUNG: Kontaminierte Kleidung und Haut sofort mit viel Wasser abwaschen und danach Kleidung ausziehen.	
P308+P311	BEI Exposition oder falls betroffen: GIFTINFORMATIONSZENTRUM / Arzt / ... anrufen.	
P308+P313	BEI Exposition oder falls betroffen: Ärztlichen Rat einholen / ärztliche Hilfe hinzuziehen.	
P332+P313	Bei Hautreizung: Ärztlichen Rat einholen / ärztliche Hilfe hinzuziehen.	
P333+P313	Bei Hautreizung oder -ausschlag: Ärztlichen Rat einholen / ärztliche Hilfe hinzuziehen.	
P336+P315	Vereiste Bereiche mit lauwarmem Wasser auftauen. Betroffenen Bereich nicht reiben. Sofort ärztlichen Rat einholen / ärztliche Hilfe hinzuziehen.	8. ATP
P337+P313	Bei anhaltender Augenreizung: Ärztlichen Rat einholen / ärztliche Hilfe hinzuziehen.	
P342+P311	Bei Symptomen der Atemwege: GIFTINFORMATIONSZENTRUM / Arzt / ... anrufen.	
P361+P364	Alle kontaminierten Kleidungsstücke sofort ausziehen und vor erneutem Tragen waschen.	
P362+P364	Kontaminierte Kleidung ausziehen und vor erneutem Tragen waschen.	
P370+P376	Bei Brand: Undichtigkeit beseitigen, wenn gefahrlos möglich.	
P370+P378	Bei Brand: ... zum Löschen verwenden.	
P370+P378a	Bei Brand: Wasser zum Löschen verwenden.	
P370+P378b	Bei Brand: Sand zum Löschen verwenden.	
P370+P378c	Bei Brand: Schaum zum Löschen verwenden.	
P370+P378d	Bei Brand: Pulver zum Löschen verwenden.	
P370+P380	Bei Brand: Umgebung räumen.	
P305+P351+P338	BEI KONTAKT MIT DEN AUGEN: Einige Minuten lang behutsam mit Wasser spülen. Eventuell vorhandene Kontaktlinsen nach Möglichkeit entfernen. Weiter spülen.	8. ATP
P370+P380+P375	Bei Brand: Umgebung räumen. Wegen Explosionsgefahr Brand aus der Entfernung bekämpfen.	
P371+P380+P375	Bei Großbrand und großen Mengen: Umgebung räumen. Wegen Explosionsgefahr Brand aus der Entfernung bekämpfen.	
P370+P372+P380+P373	Bei Brand: Explosionsgefahr. Umgebung räumen. KEINE Brandbekämpfung, wenn das Feuer explosive Stoffe / Gemische / Erzeugnisse erreicht.	8. ATP
P370+P380+P375[+P378]	Bei Brand: Umgebung räumen. Wegen Explosionsgefahr Brand aus der Entfernung bekämpfen. [... zum Löschen verwenden.]	8. ATP

Tabelle 26: Sicherheitshinweise – Reaktion

Sicherheitshinweise – Aufbewahrung

P401	Aufbewahren gemäß ...	8. ATP
P402	An einem trockenen Ort aufbewahren.	
P403	An einem gut belüfteten Ort aufbewahren.	
P404	In einem geschlossenen Behälter aufbewahren.	
P405	Unter Verschluss aufbewahren.	
P406	In korrosionsbeständigem / ... Behälter mit korrosionsbeständiger Innenauskleidung aufbewahren.	8. ATP
P407	Luftspalt zwischen Stapeln oder Paletten lassen.	8. ATP
P410	Vor Sonnenbestrahlung schützen.	
P411	Bei Temperaturen nicht über ... °C / ...°F aufbewahren.	
P412	Nicht Temperaturen über 50 °C / 122 °F aussetzen.	
P413	Schüttgut in Mengen von mehr als ... kg / ... lbs bei Temperaturen nicht über ... °C / ... °F aufbewahren.	
P420	Getrennt aufbewahren.	8. ATP
P402+P404	An einem trockenen Ort aufbewahren. In einem geschlossenen Behälter aufbewahren.	
P403+P233	An einem gut belüfteten Ort aufbewahren. Behälter dicht verschlossen halten.	
P403+P235	An einem gut belüfteten Ort aufbewahren. Kühl halten.	
P410+P403	Vor Sonnenbestrahlung schützen. An einem gut belüfteten Ort aufbewahren.	
P410+P412	Vor Sonnenbestrahlung schützen. Nicht Temperaturen über 50 °C / 122 °F aussetzen.	8. ATP
P411+P235	Kühl und bei Temperaturen von nicht mehr als ... °C aufbewahren.	

Tabelle 27: Sicherheitshinweise – Aufbewahrung

Sicherheitshinweise – Entsorgung

P501	Inhalt / Behälter ... zuführen.	
P502	Informationen zur Wiederverwendung oder Wiederverwertung beim Hersteller oder Lieferanten erfragen.	8. ATP
P503	Informationen zur Entsorgung / Wiederverwertung / Wiederverwendung beim Hersteller / Lieferanten / ... erfragen.	12. ATP

Tabelle 28: Sicherheitshinweise – Entsorgung

5.3 Kennzeichnungstabelle / Zuordnung der P-Sätze zu den H-Sätzen (sortiert nach aufsteigender H-Satz-Nummer)

CLP-VO (Konsolidierte Fassung vom 17.12.2022). Delegierte VO (EU) 2023/707 vom 19.12.2022

Piktogramm	Signalwort	Gefahrenhinweise	Sicherheitshinweise
GHS01	Gefahr	H200 Instabil, explosiv.	P201, P250, P280, P370+P372+P380+P373, P401, P501
GHS01	Gefahr	H201 Explosiv; Gefahr der Massenexplosion.	P210, P230, P234, P240, P250, P280, P370+P372+P380+P373, P401, P501
GHS01	Gefahr	H202 Explosiv; große Gefahr durch Splitter, Spreng- und Wurfstücke.	P210, P230, P234, P240, P250, P280, P370+P372+P380+P373, P401, P501
GHS01	Gefahr	H203 Explosiv; Gefahr durch Feuer, Luftdruck oder Splitter, Spreng- und Wurfstücke.	P210, P230, P234, P240, P250, P280, P370+P372+P380+P373, P401, P501
GHS01	Achtung	H204 Gefahr durch Feuer oder Splitter, Spreng- und Wurfstücke.	P210, P234, P240, P250, P280, P370+P372+P380+P373, P370+P380+P375, P401, P501
–	Gefahr	H205 Gefahr der Massenexplosion bei Feuer.	P210, P230, P234, P240, P250, P280, P370+P372+P380+P373, P401, P501
GHS02	Gefahr	H206 Gefahr durch Feuer, Druckstoß oder Sprengstücke; erhöhte Explosionsgefahr, wenn das Desensibilisierungsmittel reduziert wird.	P210, P212, P230, P233, P280, P370+P380+P375, P401, P501
GHS02	Gefahr	H207 Gefahr durch Feuer oder Sprengstücke; erhöhte Explosionsgefahr, wenn das Desensibilisierungsmittel reduziert wird.	P210, P212, P230, P233, P280, P370+P380+P375, P401, P501
GHS02	Achtung	H207 Gefahr durch Feuer oder Sprengstücke; erhöhte Explosionsgefahr, wenn das Desensibilisierungsmittel reduziert wird.	P210, P212, P230, P233, P280, P370+P380+P375, P401, P501
GHS02	Achtung	H208 Gefahr durch Feuer; erhöhte Explosionsgefahr, wenn das Desensibilisierungsmittel reduziert wird.	P210, P212, P230, P233, P280, P370+P380+P375, P401, P501
GHS02	Gefahr	H220 Extrem entzündbares Gas.	P210, P377, P381, P403
GHS02	Gefahr	H220 Extrem entzündbares Gas. H232 Kann sich bei Kontakt mit Luft spontan entzünden.	P210, P222, P280, P377, P381, P403
GHS02	Gefahr	H220 Extrem entzündbares Gas. H230 Kann auch in Abwesenheit von Luft explosionsartig reagieren.	P202, P210, P377, P381, P403

Piktogramm	Signalwort	Gefahrenhinweise	Sicherheitshinweise
GHS02	Gefahr	H220 Extrem entzündbares Gas. H231 Kann auch in Abwesenheit von Luft bei erhöhtem Druck und / oder erhöhter Temperatur explosionsartig reagieren.	P202, P210, P377, P381, P403
GHS02	Gefahr	H221 Entzündbares Gas.	P210, P377, P381, P403
GHS02	Gefahr	H222 Extrem entzündbares Aerosol. H229 Behälter steht unter Druck: Kann bei Erwärmen bersten.	P210, P211, P251, P410+P412
–	Achtung	H221 Entzündbares Gas.	P210, P377, P381, P403
GHS02	Achtung	H223 Entzündbares Aerosol. H229 Behälter steht unter Druck: Kann bei Erwärmen bersten.	P210, P211, P251, P410+P412
GHS02	Gefahr	H224 Flüssigkeit und Dampf extrem entzündbar.	P210, P233, P240, P241, P242, P243, P280, P303+P361+P353, P370+P378, P403+P235, P501
GHS02	Gefahr	H225 Flüssigkeit und Dampf leicht entzündbar.	P210, P233, P240, P241, P242, P243, P280, P303+P361+P353, P370+P378, P403+P235, P501
GHS02	Achtung	H226 Flüssigkeit und Dampf entzündbar.	P210, P233, P240, P241, P242, P243, P280, P303+P361+P353, P370+P378, P403+P235, P501
GHS02	Gefahr (Kategorie 1) oder Achtung (Kategorie 2)	H228 Entzündbarer Feststoff.	P210, P240, P241, P280, P370+P378
–	Achtung	H229 Behälter steht unter Druck: Kann bei Erwärmen bersten.	P210, P251, P410+P412
GHS01	Gefahr	H240 (für selbstzersetzliche Stoffe und Gemische) Erwärmung kann Explosion verursachen.	P210, P234, P235, P240, P280, P370+P372+P380+P373, P403, P411, P420, P501
GHS01	Gefahr	H240 (für organische Peroxide) Erwärmung kann Explosion verursachen.	P210, P234, P235, P240, P280, P370+P372+P380+P373, P403, P410, P411, P420, P501
GHS01 GHS02	Gefahr	H241 (für selbstzersetzliche Stoffe und Gemische) Erwärmung kann Brand oder Explosion verursachen.	P210, P234, P235, P240, P280, P370+P380+P375 [+ P378], P403, P411, P420, P501
GHS01 GHS02	Gefahr	H241 (für organische Peroxide) Erwärmung kann Brand oder Explosion verursachen.	P210, P234, P235, P240, P280, P370+P380+P375 [+ P378], P403, P410 P411, P420, P501

Piktogramm	Signalwort	Gefahrenhinweise	Sicherheitshinweise
GHS02	Gefahr (Typen C+D) oder Achtung (Typen E+F)	H242 (für selbstzersetzliche Stoffe und Gemische) Erwärmung kann Brand verursachen.	P210, P234, P235, P240, P280, P370+P378, P403, P411, P420, P501
GHS02	Gefahr (Typen C+D) oder Achtung (Typen E+F)	H242 (für organische Peroxide) Erwärmung kann Brand verursachen.	P210, P234, P235, P240, P280, P370+P378, P403, P410, P411, P420, P501
GHS02	Gefahr	H250 Entzündet sich in Berührung mit Luft von selbst.	(flüssig): P210, P222, P231+P232, P233, P280, P302+P334, P370+P378 oder (fest): P210, P222, P231+P232, P233, P280, P302+P335+P334, P370+P378
GHS02	Gefahr	H251 Selbsterhitzungsfähig; kann in Brand geraten.	P235, P280 P407, P413, P420
GHS02	Achtung	H252 In großen Mengen selbsterhitzungsfähig; kann in Brand geraten.	P235, P280, P407, P413, P420
GHS02	Gefahr	H260 In Berührung mit Wasser entstehen entzündbare Gase, die sich spontan entzünden können.	P223, P231+P232, P280, P302+P335+P334, P370+P378, P402+P404, P501
GHS02	Gefahr (Kategorie 2) oder Achtung (Kategorie 3)	H261 In Berührung mit Wasser entstehen entzündbare Gase.	Kategorie 2: P223, P231+P232, P280, P302+P335+P334, P370+P378, P402+P404, P501 Kategorie 3: P231+P232, P280, P370+P378, P402+P404, P501
GHS03	Gefahr	H270 Kann Brand verursachen oder verstärken; Oxidationsmittel.	P220, P244, P370+P376, P403
GHS03	Gefahr	H271 Kann Brand oder Explosion verursachen; starkes Oxidationsmittel.	P210, P220, P280, P283, P306+P360, P371+P380+P375, P370+P378, P420, P501
GHS03	Gefahr (Kategorie 2) oder Achtung (Kategorie 3)	H272 Kann Brand verstärken; Oxidationsmittel.	P210, P220, P280, P370+P378, P501
GHS04	Achtung	H280 Enthält Gas unter Druck; kann bei Erwärmung explodieren.	P410+P403
GHS04	Achtung	H281 Enthält tiefgekühltes Gas; kann Kälteverbrennungen oder -verletzungen verursachen.	P282, P336+P315, P403
GHS05	Achtung	H290 Kann gegenüber Metallen korrosiv sein.	P234, P390, P406
GHS06	Gefahr	H300 Lebensgefahr bei Verschlucken.	P264, P270, P301+P310, P321, P330, P405, P501
GHS06	Gefahr	H301 Giftig bei Verschlucken.	P264, P270, P301+P310, P321, P330, P405, P501
GHS07	Achtung	H302 Gesundheitsschädlich bei Verschlucken.	P264, P270, P301+P312, P330, P501

Piktogramm	Signalwort	Gefahrenhinweise	Sicherheitshinweise
GHS08	Gefahr	H304 Kann bei Verschlucken und Eindringen in die Atemwege tödlich sein.	P301+P310, P331, P405, P501
GHS06	Gefahr	H310 Lebensgefahr bei Hautkontakt.	P262, P264, P270, P280, P302+P352, P310, P321, P361+P364, P405, P501
GHS06	Gefahr	H311 Giftig bei Hautkontakt.	P280, P302+P352, P312, P321, P361+P364, P405, P501
GHS07	Achtung	H312 Gesundheitsschädlich bei Hautkontakt.	P280, P302+P352, P312, P321, P362+P364, P501
GHS05	Gefahr	H314 Verursacht schwere Verätzungen der Haut und schwere Augenschäden.	P260, P264, P280, P301+P330+P331, P303+P361+P353, P363, P304+P340, P310, P321, P305+P351+P338, P405, P501
GHS07	Achtung	H315 Verursacht Hautreizungen.	P264, P280, P302+P352, P321, P332+P313, P362+P364
GHS07	Achtung	H317 Kann allergische Hautreaktionen verursachen.	P261, P272, P280, P302+P352, P333+P313, P321, P362+P364, P501
GHS05	Gefahr	H318 Verursacht schwere Augenschäden.	P280, P305+P351+P338, P310
GHS07	Achtung	H319 Verursacht schwere Augenreizung.	P264, P280, P305+P351+ P338, P337+P313
GHS06	Gefahr	H330 Lebensgefahr bei Einatmen.	P260, P271, P284, P304+P340, P310, P320, P403+P233, P405, P501
GHS06	Gefahr	H331 Giftig bei Einatmen.	P261, P271, P304+P340, P311, P321, P403+P233, P405, P501
GHS07	Achtung	H332 Gesundheitsschädlich bei Einatmen.	P261, P271, P304+P340, P312
GHS08	Gefahr	H334 Kann bei Einatmen Allergie, asthmaartige Symptome oder Atembeschwerden verursachen.	P261, P284, P304+P340, P342+P311, P501
GHS07	Achtung	H335 Kann die Atemwege reizen.	P261, P271, P304+P340, P312, P403+P233, P405, P501
GHS07	Achtung	H336 Kann Schläfrigkeit und Benommenheit verursachen.	P261, P271, P304 +P340, P312, P403+P233, P405, P501
GHS08	Gefahr	H340 Kann genetische Defekte verursachen.	P201, P202, P280, P308+P313, P405, P501
GHS08	Achtung	H341 Kann vermutlich genetische Defekte verursachen.	P201, P202, P280, P308+P313, P405, P501
GHS08	Gefahr	H350 Kann Krebs erzeugen.	P201, P202, P280, P308+P313, P405, P501

Piktogramm	Signalwort	Gefahrenhinweise	Sicherheitshinweise
GHS08	Gefahr	H350i Kann bei Einatmen Krebs erzeugen.	P201, P202, P281, P308+P313, P405, P501
GHS08	Achtung	H351 Kann vermutlich Krebs erzeugen.	P201, P202, P280, P308+P313, P405, P501
GHS08	Gefahr	H360 Kann die Fruchtbarkeit beeinträchtigen oder das Kind im Mutterleib schädigen.	P201, P202, P280, P308+P313, P405, P501
GHS08	Gefahr	H360D Kann das Kind im Mutterleib schädigen.	P201, P202, P281, P308+P313, P405, P501
GHS08	Gefahr	H360Df Kann das Kind im Mutterleib schädigen. Kann vermutlich die Fruchtbarkeit beeinträchtigen.	P201, P202, P281, P308+P313, P405, P501
GHS08	Gefahr	H360F Kann die Fruchtbarkeit beeinträchtigen.	P201, P202, P281, P308+P313, P405, P501
GHS08	Gefahr	H360FD Kann die Fruchtbarkeit beeinträchtigen. Kann das Kind im Mutterleib schädigen.	P201, P202, P281, P308+P313, P405, P501
GHS08	Gefahr	H360Fd Kann die Fruchtbarkeit beeinträchtigen. Kann vermutlich das Kind im Mutterleib schädigen.	P201, P202, P281, P308+P313, P405, P501
GHS08	Achtung	H361 Kann vermutlich die Fruchtbarkeit beeinträchtigen oder das Kind im Mutterleib schädigen.	P201, P202, P280, P308+P313, P405, P501
GHS08	Achtung	H361fd Kann vermutlich die Fruchtbarkeit beeinträchtigen. Kann vermutlich das Kind im Mutterleib schädigen.	P201, P202, P281, P308+P313, P405, P501
–	–	H362 Kann Säuglinge über die Muttermilch schädigen.	P201, P260, P263, P264, P270, P308+P313
GHS08	Gefahr	H370 Schädigt die Organe.	P260, P264, P270, P308+P311, P321, P405, P501
GHS08	Achtung	H371 Kann die Organe schädigen.	P260, P264, P270, P308+P311, P405, P501
GHS08	Gefahr	H372 Schädigt die Organe bei längerer oder wiederholter Exposition.	P260, P264, P270, P314, P501
GHS08	Achtung	H373 Kann die Organe schädigen bei längerer oder wiederholter Exposition.	P260, P314, P501
GHS09	Achtung	H400 Sehr giftig für Wasserorganismen.	P273, P391, P501
GHS09	Achtung	H410 Sehr giftig für Wasserorganismen, mit langfristiger Wirkung.	P273, P391, P501
GHS09	–	H411 Giftig für Wasserorganismen, mit langfristiger Wirkung.	P273, P391, P501

Piktogramm	Signalwort	Gefahrenhinweise	Sicherheitshinweise
–	–	H412 Schädlich für Wasserorganismen, mit langfristiger Wirkung.	P273, P501
–	–	H413 Kann für Wasserorganismen schädlich sein mit langfristiger Wirkung.	P273, P501
GHS07	Achtung	H420 Schädigt die öffentliche Gesundheit und die Umwelt durch Ozonabbau in der äußeren Atmosphäre	P502
–	Gefahr	EUH380 Kann beim Menschen endokrine Störungen verursachen.	P201, P202, P263, P280, P308+P313, P405, P501
–	Achtung	EUH381 Steht in dem Verdacht, beim Menschen endokrine Störungen zu verursachen.	P201, P202, P263, P280, P308+P313, P405, P501
–	Gefahr	EUH430 Kann endokrine Störungen in der Umwelt verursachen.	P201, P202, P273, P280, P391, P405, P501
–	Achtung	EUH431 Steht in dem Verdacht, endokrine Störungen in der Umwelt zu verursachen.	P201, P202, P273, P280, P391, P405, P501
–	Gefahr	EUH440 Anreicherung in der Umwelt und in lebenden Organismen einschließlich Menschen.	P201, P202, P273, P391, P501
–	Gefahr	EUH441 Starke Anreicherung in der Umwelt und in lebenden Organismen einschließlich Menschen.	P201, P202, P273, P391, P501
–	Gefahr	EUH450 Kann lang anhaltende und diffuse Verschmutzung von Wasserressourcen verursachen.	P201, P202, P273, P391, P501
–	Gefahr	EUH451 Kann sehr lang anhaltende und diffuse Verschmutzung von Wasserressourcen verursachen.	P201, P202, P273, P391, P501

Tabelle 29: Kennzeichnungstabelle / Zuordnung der H- und P-Sätze (incl. 12. + 13. ATP)

5.4 Kindergesicherter Verschluss / tastbares Warnzeichen

Gefahren, für die kindergesicherte Verschlüsse oder tastbare Warnzeichen vorgeschrieben sind.

Kindergesicherte Verschlüsse oder tastbares Warnzeichen nach VO(EU)Nr. 1272 / 2008 (CLP-Verordnung), Anhang II, Teil 3 Besondere Vorschriften für die Verpackung

Gefahrenklasse mit Gefahrenkategorie und den zugehörigen H-Sätzen	Gefahrenpiktogramm und Signalwort	kindergesicherter Verschluss	tastbarer Warnhinweis
Akute Toxizität (Kategorie 1 bis 3) H300, H310, H330 H301, H311, H331	GHS06 Gefahr	✓	✓
Aspirationsgefahr (Kategorie 1) (nicht bei Stoffen und Gemischen, die in Form von Aerosolpackungen oder in Behältern mit versiegelter Sprühvorrichtung in Verkehr gebracht werden) H304	GHS08 Gefahr	✓	✓
Ätzwirkung auf die Haut (Kategorie 1A, 1B und 1C und Kategorie 1) H314 H315	GHS05	✓	✓
STOT (spezifische Zielorgan-Toxizität), einmalige Exposition (Kategorie 1) H370	GHS08 Gefahr	✓	✓
STOT wiederholte Exposition (Kategorie 1) H372	GHS08 Gefahr	✓	✓
≥ 3 % Methanol		✓	
≥ 1 % Dichlormethan		✓	
Entzündbare Gase (Kategorie 1 und 2) H220 H221	GHS02 Gefahr		✓
Entzündbare Flüssigkeiten (Kategorie 1 und 2) H224 H225	GHS02 Gefahr		✓
Entzündbare Feststoffe (Kategorie 1 und 2) H228	GHS02 Gefahr (Kategorie1) Achtung (Kategorie2)		✓
Akute Toxizität (Kategorie 4) H302, H312, H332	GHS07 Achtung		✓
Ätzwirkung auf die Haut (Kategorie 2) H315	GHS07 Achtung		✓
Sensibilisierung der Atemwege (Kategorie 1) H334	GHS08 Gefahr		✓

Gefahrenklasse mit Gefahrenkategorie und den zugehörigen H-Sätzen	Gefahrenpiktogramm und Signalwort	kindergesicherter Verschluss	tastbarer Warnhinweis
Keimzellmutagenität (Kategorie 2) H341	GHS08 Achtung		✓
Karzinogenität (Kategorie 2) H351	GHS08 Achtung		✓
Reproduktionstoxizität (Kategorie 2) H361	GHS08 Achtung		✓
STOT einmalige Exposition (Kategorie 2) H371	GHS08 Achtung		✓
STOT wiederholte Exposition (Kategorie 2) H373	GHS08 Achtung		✓

Tabelle 30: Kindergesicherte Verschlüsse / tastbares Warnzeichen (incl. 18. ATP)

5.5 Kleinstmengenregelung

Kleinstmengenregelung: Abgabegefäße sind grundsätzlich vollständig zu kennzeichnen. Bei der Abgabe an Privatpersonen / breite Öffentlichkeit sind jedoch Erleichterungen bei der Kennzeichnung möglich, sofern die Verpackung **nicht mehr als 125 ml** enthält. Die Gefahrenhinweise und Sicherheitshinweise können gemäß folgender Tabelle bei bestimmten Gefahrenkategorien entfallen (nachzuschlagen in der CLP-Verordnung (EG) Nr. 1272 / 2008 Anhang I 1.5.2.1 Ausnahmen, Anhang I 1.5.2.1.2 Ausnahmen, Anhang I 1.5.2.1.3 Ausnahmen).

Bei den nachstehend aufgeführten Gefahrenkategorien, denen **kein Gefahrenpiktogramm und teilweise kein Signalwort zugeordnet** ist, können bei einer Verpackung bis 125 ml **nur die Sicherheitshinweise entfallen**.

Weitere Erleichterungen gibt es bei inneren Verpackungen mit einem Inhalt von höchstens 10 ml (nachzuschlagen in der CLP-Verordnung (EG) Nr. 1272 / 2008 Anhang I Punkt 1.5.2.4.).

Kennzeichnung von H- und P-Sätzen bei Kleinstmengen (nicht mehr als 125 ml)

Gefahrenkategorie	H-Sätze der Gefahren-kategorien	Piktogramm erforderlich	Signalwort erforderlich	H-Satz erforderlich	P-Satz erforderlich
Entzündbare Gase der Kategorie 2	H221	–	Achtung	ja	nein
Entzündbare Flüssigkeiten der Kategorie 2 oder 3	H225 H226	GHS02	Gefahr Achtung	nein	nein
Entzündbare Feststoffe der Kategorie 1 oder 2	H228	GHS02	Gefahr Achtung	nein	nein
Selbstzersetzliche Stoffe oder Gemische der Typen C bis F	H242	GHS02	Gefahr	nein	nein
Organische Peroxide der Typen C bis F	H242	GHS02	Achtung	nein	nein
Selbsterhitzungsfähige Stoffe oder Gemische der Kategorie 2	H252	GHS02	Achtung	nein	nein

Gefahrenkategorie	H-Sätze der Gefahren-kategorien	Piktogramm erforderlich	Signalwort erforderlich	H-Satz erforderlich	P-Satz erforderlich
Stoffe und Gemische, die in Berührung mit Wasser entzündbare Gase der Kategorie 1, 2 oder 3 entwickeln	H260 H261	GHS02	Gefahr Achtung	nein	nein
Oxidierende Gase der Kategorie 1	H270	GHS03	Gefahr	nein	nein
Oxidierende Flüssigkeiten der Kategorie 2 oder 3 Oxidierende Feststoffe der Kategorie 2 oder 3	H272	GHS03	Gefahr Achtung	nein	nein
Gase unter Druck	H280 H281	GHS04	Achtung	nein	nein
Korrosiv gegenüber Metallen	H290	–	Achtung	nein	nein
Hautreizend der Kategorie 2	H315	GHS07	Achtung	nein	nein
Augenreizend der Kategorie 2	H319	GHS07	Achtung	nein	nein
Reproduktionstoxizität – Wirkungen auf / über Laktation	H362	–	–	ja	nein
Gewässergefährdend – akut – der Kategorie 1	H400	GHS09	Achtung	nein	nein
Gewässergefährdend – chronisch – der Kategorie 1 oder 2	H410 H411	GHS09	Achtung	nein	nein
Gewässergefährdend – chronisch – der Kategorie 3 oder 4	H412 H413	–	–	ja	nein
Zusätzlich bei Stoffen oder Gemischen, die nicht an die breite Öffentlichkeit abgegeben werden = gewerbliche / berufliche Abgabe:					
akute Toxizität der Kategorie 4	H302 H312 H332	GHS07	Achtung	nein	nein
spezifische Zielorgan-Toxizität – einmalige Exposition – der Kategorie 2 und 3	H335 H336 H371	GHS07 GHS08	Achtung	nein	nein
spezifische Zielorgan-Toxizität – wiederholte Exposition – der Kategorie 2	H373	GHS08	Achtung	nein	nein

Tabelle 31: Kennzeichnung von H- und P-Sätzen bei Kleinstmengen (nicht mehr als 125 ml)

5.6 Stoffe aus Anhang XVII REACH-Verordnung

Anhang XVII der REACH-Verordnung: Beschränkungen der Herstellung, des Inverkehrbringens und der Verwendung bestimmter gefährlicher Stoffe, Gemische und Erzeugnisse.

Bei Stoffen, die aufgrund von im Rahmen der Richtlinie 76 / 769 / EWG erlassenen Beschränkungen in Anhang XVII der Verordnung (EG) Nr. 1907 / 2006 aufgenommen worden sind (Einträge 1 bis 58), gelten die Beschränkungen nicht für das Lagern, Bereithalten, Behandeln, Abfüllen in Behältnisse oder Umfüllen der Stoffe von einem Behältnis in ein anderes zum Zweck der Ausfuhr, es sei denn, die Herstellung der Stoffe ist verboten.

Die Anlagen 1–13 zu einzelnen Ziffern aus dem Anhang XVII enthalten weitere Stoffnamen mit den zugehörigen Produktidentifikatoren.

Eine aktuelle vollständige Fassung des Anhangs XVII der REACH-Verordnung ist unter http://www.reach-clp-biozid-helpdesk.de/de/REACH/Zulassung-Beschraenkung/Beschraenkung/Anhang-XVII/Anhang17.html zu finden. (Stand: 17.12.2022)

Spalte 1 (gekürzt) Bezeichnung des Stoffes, der Stoffgruppen oder der Gemische	Spalte 2 (gekürzt) Beschränkungsbedingungen
1. Polychlorierte Terphenyle (PCT)	Dürfen nicht in Verkehr gebracht oder verwendet werden: • als Stoffe, • in Gemischen, einschließlich Altölen, die mehr als 0,005 Gew.-% PCT enthalten.
2. Chlorethen (Vinylchlorid)	Darf für keinen Verwendungszweck als Treibgas für Aerosole verwendet werden. Aerosolpackungen, die diesen Stoff als Treibgas enthalten, dürfen nicht in Verkehr gebracht werden.
3. Flüssige Stoffe oder Gemische, die als gefährlich gelten	Dekorationsgegenstände, die u. a. Farbeffekte / Farbstoff in Öllampen mit H 304; Grillanzünder mit H 304
4. Tri-(2,3-Dibrompropyl)-Phosphat	
5. Benzol	u. a. Spielwaren, Ausnahme Treibstoff
6. Asbestfasern a) bis f)	
7. Tris-(aziridinyl)-phosphinoxid	
8. Polybrombiphenyle; polybromierte Biphenyle (PBB)	
9. a) Panamarindenpulver (Quillaja saponaria) und seine Saponine enthaltenden Derivate bis f)	verboten in Scherzartikeln, Niespuler und Stinkbomben
10. a) Ammoniumsulfid bis c)	
11. Flüchtige Ester der Bromessigsäure: a) bis d)	
12. 2-Naphthylamin und seine Salze	> 0,1 Gew.-%
13. Benzidin und seine Salze	> 0,1 Gew.-%
14. 4-Nitrobiphenyl	
15. 4-Aminobiphenyl, Xenylamin und seine Salze	
16. Bleicarbonate: a) und b)	
17. Bleisulfate: (a) und b)	
18. Quecksilberverbindungen	
18a. Quecksilber	
19. Arsenverbindungen	
20. Zinnorganische Verbindungen	z. B. als Biozide in Farben
21. Di-μ-oxo-di-n-butylstanniohydroxyboran, Dibutylzinnhydrogenborat	
22. Pentachlorphenol und seine Salze und Ester	
23. Cadmium und seine Verbindungen	
24. Monomethyl–tetrachlordiphenylmethan ; Handelsname: Ugilec 141	
25. Monomethyl–dichlordiphenylmethan ; Handelsname: Ugilec 121	
26. Monomethyl–dibromdiphenylmethan Brombenzylbromtoluol, Isomerengemisch; Handelsname: DBBT	
27. Nickel und seine Verbindungen	

Spalte 1 (gekürzt) Bezeichnung des Stoffes, der Stoffgruppen oder der Gemische	Spalte 2 (gekürzt) Beschränkungsbedingungen
28. krebserzeugende Stoffe der Kategorie 1A oder 1B 29. erbgutverändernde Stoffe der Kategorie 1A oder 1B 30. fortpflanzungsgefährdende Stoffe der Kategorie 1A oder 1B	Verbot der Abgabe an Privatpersonen Zusätzliche Kennzeichnung mit dem Hinweis „Nur für gewerbliche Anwender"
31. a) Kreosot; Waschöl bis i)	
32. Chloroform 34. 1,1,2-Trichlorethan 35. 1,1,2,2-Tetrachlorethan 36. 1,1,1,2-Tetrachlorethan 37. Pentachlorethan 38. 1,1-Dichlorethen	Verbot der Abgabe an Privatpersonen
40. entzündbare Gase, entzündbare Flüssigkeiten, entzündbare Feststoffe, die bei Berührung mit Wasser entzündbare Gase entwickeln ...	
41. Hexachlorethan	
43. Azofarbstoffe	
45. Diphenylether-Octabromderivat	
46. a) Nonylphenol a) und b)	
46a. Nonylphenolethoxylate (NPE)	
47. Chrom-VI-Verbindungen	
48. Toluol	
49. Trichlorbenzol	
50. Polyzyklische aromatische Kohlenwasserstoffe (PAK) a) bis h)	
51. Phthalate a) bis c)	
52. Phthalate a) bis c)	
54. 2-(2-Methoxyethoxy)ethanol (DEGME)	
55. 2-(2-Butoxyethoxy)ethanol (DEGBE)	
56. Methylendiphenyl-Diisocyanat (MDI) a) bis c)	nicht zur Abgabe an die breite Öffentlichkeit in Gemischen, die diesen Stoff in einer Konzentration von ≥ 0,1 Gew.-% MDI enthalten, in Verkehr gebracht werden; es sei denn, der Lieferant gewährleistet vor dem Inverkehrbringen, dass die Verpackung ......
57. Cyclohexan	
58. Ammoniumnitrat (AN)	
59. Dichlormethan	
60. Acrylamid	
61. Dimethylfumarat (DMF)	
62. Phenylquecksilberverbindungen a) bis e)	
63. Blei und seine Verbindungen	
64. 1,4-Dichlorbenzol	
65. Anorganische Ammoniumsalze	
66. Bisphenol A	
67. Bis(pentabromphenyl)ether (Decabromdiphenylether, Deca-BDE)	
69. Methanol	... nicht in Scheibenwaschflüssigkeiten oder Scheibenfrostschutzmitteln in einer Konzentration von 0,6 Gew.-% oder mehr für die allgemeine Öffentlichkeit ...
71. 1-Methyl-2-pyrrolidon (NMP)	
68. Perfluoroctansäure (PFOA)	
70. Octamethylcyclotetrasiloxan (D4)	
72. Die in Spalte 1 der Tabelle in Anlage 12 aufgeführten Stoffe	dürfen nach dem 1. November 2020 in Folgendem nicht mehr in Verkehr gebracht werden ...
73. (3,3,4,4,5,5,6,6,7,7,8,8,8-Tridecafluoroctyl)-silantriol ...	... nicht in Sprühprodukten an die breite Öffentlichkeit ...

Spalte 1 (gekürzt) Bezeichnung des Stoffes, der Stoffgruppen oder der Gemische	Spalte 2 (gekürzt) Beschränkungsbedingungen
74. Diisocyanate, ...	
75. Stoffe, auf die mindestens einer der folgenden Punkte zutrifft: • CMR 1A, 1B, 2 ..., • hautsensibilisierender Stoff der Kategorie 1, 1A oder 1B • hautätzender Stoff der Kategorie 1, 1A, 1B oder 1C oder hautreizender Stoff der Kategorie 2 • schwer augenschädigender Stoff der Kategorie 1 oder augenreizender Stoff der Kategorie 2 • Stoffe, die in Anhang II der Verordnung (EG) Nr. 1223/2009 des Europäischen Parlaments und des Rates (*) aufgeführt sind • in Anhang IV der Verordnung (EG) Nr. 1223/2009 aufgeführte Stoffe, für die in der Tabelle im genannten Anhang in mindestens einer der Spalten g, h und i eine Bedingung angegeben ist • Stoffe, die in Anlage 13 dieses Anhangs aufgeführt sind.	Dürfen nicht in Gemischen zur Verwendung für Tätowierungszwecke in Verkehr gebracht werden, ... Anhang II: Liste der Stoffe, die in kosmetischen Mitteln verboten sind (1328 Stoffe) Anhang IV: Liste der in kosmetischen Mitteln zugelassenen Farbstoffe
76. N,N-Dimethylformamid	...nicht als Stoff, als Bestandteil anderer Stoffe oder in Gemischen in Konzentrationen von ≥ 0,3 % in Verkehr gebracht werden, es sei denn, ...

Tabelle 32: Stoffe aus dem Anhang XVII REACH-Verordnung (Auszug)

5.7 Synonyma und KN-Code für Grundstoffe aus dem DrogS

Das BfArM, genauer die Bundesopiumstelle, ist zuständig für die Überwachung des Inverkehrbringens von Grundstoffen, ebenso für das Erteilen von Einfuhr- und Ausfuhrgenehmigungen. Detaillierte Informationen dazu sind abrufbar unter https://www.bfarm.de/SharedDocs/Downloads/DE/Bundesopiumstelle/Grundstoffe/Liste_der_Grundstoffe.xlsx?__blob=publicationFile. Dort kann auch die Liste der Grundstoffe heruntergeladen werden (→ Downloads).

Kontakt zur Bundesopiumstelle für den Grundstoffverkehr:
Für Anfragen kann das Kontaktformular des BfArM www.bfarm.de → Kontakt genutzt werden.

Für schriftliche Anfragen:
Bundesinstitut für Arzneimittel und Medizinprodukte
– Bundesopiumstelle –
Kurt-Georg-Kiesinger-Allee 3
53175 Bonn

ID	Stoff	Kat.	systematischer Name	CAS-Nr.	KN-Code	HS-Code	Synonyma	Bemerkungen
1	1-Phenyl-2-Propanon	1	1-Phenylpropan-2-on	103-79-7	2914 31 00	2914.31	Benzylmethylketon (BMK)	
							Methylbenzylketon (MBK)	
							Methylphenylmethylketon	
							Acetonylbenzol	
							Phenylaceton	
							beta-Oxo-alpha-phenylpropan	
							P-2-P	
							A13-02938	
35	2-Methyl-3-phenyl-2-oxirancarbonsäure (BMK-Glycidsäure)	1		25547-51-7	2918 99 90			
32	3-(1,3-Benzodioxol-5-yl)-2-methyl-2-oxirancarbonsäure (PMK-Glycidsäure)	1		2167189-50-4	2932 99 00			
2	3,4-Methylendioxyphenylpropan-2-on	1	(1,3-Benzodioxol-5-yl)propan-2-on	4676-39-5	2932 92 00	2932.92	1-(1,3-Benzodioxol-5-yl)propan-2-on	
							(3,4-Methylendioxyphenyl)aceton	
							(1,3-Benzodioxol-5-yl)aceton	
							Piperonylmethylketon (PMK)	
							Piperonylaceton	
							MDP-2P	
							3,4-MDP-2-P	
							A13-30059	
29	4-Anilino-N-phenethylpiperidin (ANPP)	1	N-Phenyl-1-(2-phenylethyl)piperidin-4-amin	21409-26-7	2933 36 00	2933.36		
33	Alpha-Phenylacetoacetamid (APAA)	1		4433-77-6	2924 29 70			

ID	Stoff	Kat.	systematischer Name	CAS-Nr.	KN-Code	HS-Code	Synonyma	Bemerkungen
28	Alpha-Phenylacetoacetonitril (APAAN)	1	Alpha-Acetylphenylacetonitril	4468-48-8	2926 40 00	2926.90	APAAN	
							alpha-acetyl phenylacetonitril	
							2-acetyl-benzenacetonitril	
							2-acetyl-2-phenylacetonitril	
							alpha-aceto-alpha-cyanotoluen	
							alpha-acetyl-alpha-tolunitril	
							alpha-acetyl benzenacetonitril	
							alpha-acetyl phenylacetonitril	
							alpha-cyano-propion	
							1-cyano-1-phenylpropan-2-on	
							3-oxo-2-phenylbutannitril	
							2-phenylacetoacetonitril	
3	Ephedrin	1	(1R,2S)-2-Methylamino-1-phenylpropan-1-ol	299-42-3	2939 41 00	2939.41	L-Ephedrin	
							(−)-Ephedrin	
							(−)-erythro-alpha-(1-Methylamino-ethyl)benzylalkohol	
							L-erythro-2-Methylamino-1-phenyl-1-propanol	
							[R-(R*,S*)]-alpha-[1-(Methylamino)ethylbenzylalkohol]	
							1-Phenyl-1-hydroxy-2-methylamino-propan	
							alpha-Hydroxy-beta-methylamino-propylbenzol	
4	Ergometrin	1	N-[(S)-1-Hydroxypropan-2-yl]-6-methyl-9,10-didehydroergolin-8b-carboxamid	60-79-7	2939 61 00	2939.61	(8R)-9,10-Dihydro-N-[(S)-2-hydroxy-1-methylethyl]-6-methyl-8-ergolincarboxamid	
							(6aR,9R)-N-[(S)-1-Hydroxypropan-2-yl]-7-methyl-4,6,6a,7,8,9-hexahydroindolo[4,3-fg]chinolin-9-carboxamid	
							Ergobasin	
							Ergonovin	
							Ergotocin	
							Hydroxypropyllysergamid	
							Lysergsäurepropanolamid	
							N-[(S)-2-Hydroxy-1-methylethyl]-d-lysergamid	
5	Ergotamin	1	(5'S)-5'-Benzyl-12'hydroxy-2'-methylergotaman-3',6',18-trion	113-15-5	2939 62 00	2939.62	(6a R,9R)-N-[(2R,5S,10aS,10bS)-5-Benzyl-10b-hydroxy-2-methyl-3,6-dioxoperhydro-8H-[1,3]oxazolo[3,2-a]pyrrolo-[2,1-c]pyrazin-2-yl]-7-methyl-4,6,6a,7,8,9-hexahydroindolo-[4,3-fg]chinolin-9-carboxamid	
38	Ethyl-alpha-phenylacetoacetat (EAPA)	1	Ethyl-3-oxo-2-phenylbutonat	5413-05-8	2918 30 00	2918.30	2-Phenylacetessigsäureethylester 2-Phenyl-3-oxobuttersäure-etyhlester Ethyl-alpha-acetylphenylacetat alpha-Phenylacetessigsäureethylester Ethyl-3-oxo-2-phenylbutanoat	
6	Isosafrol	1	5-(Prop-1-en1-yl)-1,3-benzodioxol	120-58-1	2932 91 00	2932.91	1-[3,4-(Methylendioxy)phenyl]propen	
							1,2-Methylendioxy-4-propenyl-benzol	
7	Lysergsäure	1	6-Methyl-9,10-didehydroergolin-8b-carbonsäure	82-58-6	2939 63 00	2939.63	(6aR,9R)-7-Methyl-4,6,6a,7,8,9-hexahydroindolo[4,3-fg]chinolin-9-carbonsäure	

ID	Stoff	Kat.	systematischer Name	CAS-Nr.	KN-Code	HS-Code	Synonyma	Bemerkungen
34	Methyl-2-methyl-3-phenyl-2-oxirancarboxylat (BMK-Methylglycidat)	1		80532-66-7	2918 99 90			
31	Methyl-3-(1,3-benzodioxol-5-yl)-2-methyl-2-oxirancarboxylat (PMK-Methylglycidat)	1		13605-48-6	2932 99 00			
39	Methyl-3-oxo-2-(3,4-methylenodioxiphenyl)butonat (MAMDPA)	1	Methyl-2-(2H-1,3-benzodioxol-5-yl)-3-oxobutonat	1369021-80-6	2932 99 00	2932.99	Methyl-2-(3,4-methylendioxyphenyl) acetoacetat 1-Methoxycarbonyl-1-(3,4-methylendioxyphenyl)-2-propanon Methyl-3-oxo-2-(3,4-methylendioxyphenyl)butanoat Methyl-2-(2H-1,3-benzodioxol-5-yl)-3-oxobutanoat	
36	Methyl-alpha-acetylphenylacetat (MAPA)	1		16648-44-5	2918 30 00		Methyl-2-phenylacetoacetat Methyl-3-oxo-2-phenylbutyrate Methyl-alpha-acetylphenylacetat alpha-Acetylphenylessigsäure-methylester 3 Oxo-2-phenylbuttersäure-methylester 2-Phenyl-3-on-Butansäuremethylester (Gemini) Methyl-2-phenylacetoacetat 2-Phenyl-3-on-methylbutyrat	
8	N-Acetylanthranilsäure	1	2-Acetamidobenzoesäure	89-52-1	2924 23 00	2924.23	o-Acetamidobenzoesäure N-AAA A13-15469	
30	N-Phenethyl-4-piperidon (NPP)	1	1-(2-Phenylethyl) piperidin-4-on	39742-60-4	2933 37 00	2933.37		
23	Norephedrin	1	(R*,S*)-alpha-(1-amino-ethyl)benzenmethanol	14838-15-4	2939 44 00	2939.44	(RS,SR)-2-Amino-1-phenylpropan-1-ol (1RS,2SR)-2-Amino-1-phenyl-1-propanol Phenylpropanolamin DL-erythro-alpha-(1-Aminoethyl) benzylalkohol 1-Phenyl-2-amino-1-propanol	
9	Piperonal	1	1,3-Benzodioxol-5-carbaldehyd	120-57-00	2932 93 00	2932.93	3,4-(Methylendioxy)benzaldehyd Dioxymethylenprotocatechualdehyd Heliotropin Piperonylaldehyd ARC1484	
10	Pseudoephedrin	1	(1S,2S)-2-Methylamino-1-phenylpropan-1-ol	90-82-4	2939 42 00	2939.42	(1S,2S)-2-Methylamino-1-phenyl-1-propanol (+)-Pseudoephedrin [(R*,R*)]-alpha-(1-Methylamino-ethyl)benzylalkohol (+)-Isoephedrin L-threo-2-Methylamino-1-phenyl-1-propanol (+)-psi-Ephedrin	
11	Safrol	1	5-Allyl-1,3-benzodioxol	94-59-7	2932 94 00	2932.94	1-Allyl-3,4-methylendioxybenzol 5-(2-Propenyl)-1,3-benzodioxol 3[3,4-(;ethylendioxy)phenyl]propen Shikomol	Vorkommen in: Sassafrasöl
24	(1R,2S)-(-)-Chlorephedrin	1	(1R,2S)-N-Methyl-1-chlor-1-phenylpropan-2-amin	110925-64-9	2939 79 90	2939.99	Chlorephedrin	

ID	Stoff	Kat.	systematischer Name	CAS-Nr.	KN-Code	HS-Code	Synonyma	Bemerkungen
25	(1S,2R)-(+)-Chlor-ephedrin	1	(1S,2R)-N-Methyl-1-chlor-1-phenylpropan-2-amin	1384199-95-4	2939 79 90	2939.99	Chlorephedrin	
26	(1S,2S)-(+)-Chlorpseu-doephedrin	1	(1S,2S)-N-Methyl-1-chlor-1-phenylpropan-2-amin	73393-61-0	2939 79 90	2939.99	Chlorpseudoephedrin	
27	(1R,2R)-(-)-Chlorpseu-doephedrin	1	(1R,2R)-N-Methyl-1-chlor-1-phenylpropan-2-amin	771434-80-1	2939 79 90	2939.99	Chlorpseudoephedrin	
13	Essigsäureanhydrid	2(A)	Acetanhydrid	108-24-7	2915 24 00	2915.24	Acetyloxid	Unterteilung in Kategorie 2A und 2B nur in Verord-nung (EG) Nr. 273 / 2004
37	Roter Phosphor	2(A)		7723-14-0	2804 70 10			Unterteilung in Kategorie 2A und 2B nur in Verord-nung (EG) Nr. 273 / 2004
12	Anthranilsäure	2(B)	2-Aminobenzoesäure	118-92-3	2922 43 00	2922.43	o-Aminobenzoesäure Vitamin L(1) Carboxanilin HSDB 1321 NCI-C01730 A13-02408	Unterteilung in Kategorie 2A und 2B nur in Verord-nung (EG) Nr. 273 / 2004
20	Kaliumpermanganat	2(B)	Kaliumpermanganat	7722-64-7	2841 61 00	2841.61	Permangansäure, Kaliumsalz Übermangansaures Kali	Unterteilung in Kategorie 2A und 2B nur in Verord-nung (EG) Nr. 273 / 2004
14	Phenylessigsäure	2(B)	Phenylessigsäure	103-82-2	2916 34 00	2916.34	Benzolessigsäure alpha-Tolylsäure	Unterteilung in Kategorie 2A und 2B nur in Verord-nung (EG) Nr. 273 / 2004
15	Piperidin	2(B)	Piperidin	110-89-4	2933 32 00	2933.32	Hexahydropyridin Pentamethylimin Cyclopentimin	Unterteilung in Kategorie 2A und 2B nur in Verord-nung (EG) Nr. 273 / 2004
16	Aceton	3	Propanon	67-64-1	2914 11 00	2914.11	2-Propanon Dimethylketon beta-Ketopropan Pyroessig(säure)ether	
17	Ethylether	3	Diethylether	60-29-7	2909 11 00	2909.11	Aether Ether Schwefelether Solvent Ether Ethyloxid Ethoxyethan Oxydiethan 1,1'-Oxybisethan	
18	Methylethylketon	3	Butan-2-on	78-93-3	2914 12 00	2914.12	2-Butanon 2-Oxobutan Ethylmethylketon Ketobutan MEK Methylaceton Meetco HSDB99 UN 1193 UN 1232	

ID	Stoff	Kat.	systematischer Name	CAS-Nr.	KN-Code	HS-Code	Synonyma	Bemerkungen
19	Toluol	3	Toluol	108 88-3	2902 30 00	2902.30	Methylbenzol Phenylmethan Methacid Benzylwasserstoff	
21	Schwefelsäure	3	Schwefelsäure x%	7664-93-9	2807 00 00	2807.00	Akkumulatorensäure Dihydrosulfat Monothionsäure Vitrioloel Oleum (für rauchende Schwefelsäure; enthält freies SO3)	
22	Salzsäure	3	Chlorwasserstoffsäure	7647-01-0	2806 10 00	2806.10	Hydrogenchlorid	
3	Ephedrin und seine Salze enthaltende Arzneimittel und Tierarzneimittel	4			3003 41 00 3004 41 00			Verordnung (EG) Nr. 111 / 2005
10	Pseudoephedrin und seine Salze enthaltende Arzneimittel und Tierarzneimittel	4			3003 42 00 3004 42 00			Verordnung (EG) Nr. 111 / 2005

Tabelle 33: Synonyma und KN-Code für Grundstoffe aus dem DrogS

5.8 Gefahrenklassen deutsch – englisch

Kodierungen der Gefahrenklassen und Gefahrenkategorien

Die Einstufung für die einzelnen Einträge basiert auf den Kriterien des Anhangs I gemäß Artikel 13 Buchstabe a und wird in Form von Abkürzungen dargestellt, die für die Gefahrenklasse und die Gefahrenkategorie oder Gefahrenkategorien / -unterklassen / -typen innerhalb dieser Gefahrenklasse stehen.

Die Gefahrenklassen und die für die einzelnen Gefahrenkategorien einer Klasse verwendeten Abkürzungen sind in der folgenden Tabelle angegeben.

CLP-VO (EG) Nr. 1272 / 2008 Anhang I	Gefahrenklasse – deutsch	Kodierungen der Gefahrenklassen und Gefahrenkategorien – englisch
Teil 2 2.1.	Explosive Stoffe / Gemische und Erzeugnisse mit Explosivstoff	Unst. Expl. Expl. 1.1 Expl. 1.2 Expl. 1.3 Expl. 1.4 Expl. 1.5 Expl. 1.6
Teil 2 2.2.	Entzündbare Gase (einschließlich chemisch instabile Gase)	Flam. Gas 1 A Flam. Gas 1 B Flam. Gas 2 Pyr. Gas Chem. Unst. Gas A Chem. Unst. Gas B
Teil 2 2.3.	Aerosole	Aerosol 1 Aerosol 2 Aerosol 3
Teil 2 2.4.	Oxidierende Gase	Ox. Gas 1

CLP-VO (EG) Nr. 1272 / 2008 Anhang I	Gefahrenklasse – deutsch	Kodierungen der Gefahrenklassen und Gefahrenkategorien – englisch
Teil 2 2.5.	Gase unter Druck	Press. Gas Comp. Press. Gas Liq. Press. Gas Diss. Press. Gas Ref. Liq.
Teil 2 2.6.	Entzündbare Flüssigkeiten	Flam. Liq. 1 Flam. Liq. 2 Flam. Liq. 3
Teil 2 2.7.	Entzündbare Feststoffe	Flam. Sol. 1 Flam. Sol. 2
Teil 2 2.8.	Selbstzersetzliche Stoffe oder Gemische	Self-react. A Self-react. B Self-react. CD Self-react. EF Self-react. G
Teil 2 2.9.	Pyrophore Flüssigkeiten	Pyr. Liq. 1
Teil 2 2.1.	Pyrophore Feststoffe	Pyr. Sol. 1
Teil 2 2.11.	Selbsterhitzungsfähige Stoffe oder Gemische	Self-heat. 1 Self-heat. 2
Teil 2 2.12.	Stoffe und Gemische, die in Berührung mit Wasser entzündbare Gase entwickeln	Water-react. 1 Water-react. 2 Water-react. 3
Teil 2 2.13.	Oxidierende Flüssigkeiten	Ox. Liq. 1 Ox. Liq. 2 Ox. Liq. 3
Teil 2 2.14.	Oxidierende Feststoffe	Ox. Sol. 1 Ox. Sol. 2 Ox. Sol. 3
Teil 2 2.15.	Organische Peroxide	Org. Perox. A Org. Perox. B Org. Perox. CD Org. Perox. EF Org. Perox. G
Teil 2 2.16.	Korrosiv gegenüber Metallen	Met. Corr. 1
Teil 2 2.17.	Desensibilisierte explosive Stoffe / Gemische	Desen. Expl. 1 Desen. Expl. 2 Desen. Expl. 3 Desen. Expl. 4
Teil 3 3.1.	Akute Toxizität (oral, dermal, inhalativ)	Acute Tox. 1 Acute Tox. 2 Acute Tox. 3 Acute Tox. 4
Teil 3 3.2.	Ätzwirkung auf die Haut / Hautreizung	Skin Corr. 1 Skin Corr. 1A Skin Corr. 1B Skin Corr. 1C Skin Irrit. 2
Teil 3 3.3.	Schwere Augenschädigung / Augenreizung;	Eye Dam. 1 Eye Irrit. 2
Teil 3 3.4.	Sensibilisierung der Atemwege / Haut	Resp. Sens. 1, 1A, 1B Skin Sens. 1, 1A, 1B

CLP-VO (EG) Nr. 1272 / 2008 Anhang I	Gefahrenklasse – deutsch	Kodierungen der Gefahrenklassen und Gefahrenkategorien – englisch
Teil 3 3.5.	Keimzell-Mutagenität	Muta. 1A Muta. 1B Muta. 2
Teil 3 3.6.	Karzinogenität	Carc. 1A Carc. 1B Carc. 2
Teil 3 3.7.	Reproduktionstoxizität	Repr. 1A Repr. 1B Repr. 2 Lact.
Teil 3 3.8.	Spezifische Zielorgan-Toxizität (einmalige Exposition)	STOT SE 1 STOT SE 2 STOT SE 3
Teil 3 3.9.	Spezifische Zielorgan-Toxizität (wiederholte Exposition)	STOT RE 1 STOT RE 2
Teil 3 3.10.	Aspirationsgefahr	Asp. Tox. 1
Teil 3 3.11.	Endokrine Disruption mit Wirkung auf die menschliche Gesundheit	ED HH 1 ED HH 2
Teil 4 4.1.	Gewässergefährdend	Aquatic Acute 1 Aquatic Chronic 1 Aquatic Chronic 2 Aquatic Chronic 3 Aquatic Chronic 4
Teil 4 4.2.	Endokrine Disruption mit Wirkung auf die Umwelt	ED ENV 1 ED ENV 2
Teil 4 4.3.	Persistente, bioakkumulierbare und toxische Eigenschaften oder sehr persistente und sehr bioakkumulierbare Eigenschaften	PBT vPvB
Teil 4 4.4.	Persistente, mobile und toxische Eigenschaften oder sehr persistente, sehr mobile Eigenschaften	PMT vPvM
Teil 5 5.1.	Schädigt die Ozonschicht	Ozone 1

Tabelle 34: Kodierungen der Gefahrenklassen und Gefahrenkategorien in Deutsch und Englisch

5.9 Adressen der Landeskriminalämter

(für verdächtige Transaktionen bei Explosivstoffen, siehe https://www.bmi.bund.de/SharedDocs/downloads/DE/veroeffentlichungen/themen/sicherheit/ausgangsstoffgesetz-chemikalien.pdf?__blob=publicationFile&v=2)

Bei Verdacht informieren Sie bitte Ihr zuständiges Landeskriminalamt

(oder jede andere Polizeidienststelle, im Notfall 110 wählen)

Baden-Württemberg,
0711/5401-3333
monitoring-ausgangsstoffgesetz@polizei.bwl.de

Bayern,
089/1212-0
blka.sg624.sprengstoffmonitoring@polizei.bayern.de

Berlin,
030/4664-909909
lkakostst5dauerdienst@polizei.berlin.de

Brandenburg,
03334/388-0
monitoring-ausgangsstoffgesetz@polizei.brandenburg.de

Bremen,
0421/362-3888
monitoring-ausgangsstoffgesetz@polizei.bremen.de

Hamburg,
040/4286-72611
monitoring-ausgangsstoffgesetz@polizei.hamburg.de

Hessen,
0611/83-8486
monitoring-ausgangsstoffgesetz.hlka@polizei.hessen.de

Mecklenburg – Vorpommern,
03866/64-8603
monitoring-ausgangsstoffgesetz@lka-mv.de

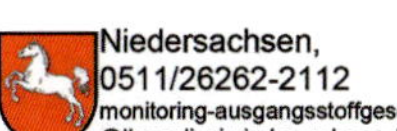
Niedersachsen,
0511/26262-2112
monitoring-ausgangsstoffgesetz@lka.polizei.niedersachsen.de

Nordrhein-Westfalen,
0211/939-0
monitoring-ausgangsstoffgesetz@polizei.nrw.de

Rheinland-Pfalz,
06131/65-2350
lka.monitoring-ausgangsstoffgesetz@polizei.rlp.de

Saarland,
0681/962-2133
lpp-monitoring-ausgangsstoffgesetz@polizei.slpol.de

Sachsen,
0351/855-100
monitoring-ausgangsstoffgesetz.lka@polizei.sachsen.de

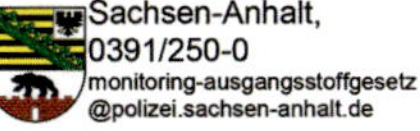
Sachsen-Anhalt,
0391/250-0
monitoring-ausgangsstoffgesetz@polizei.sachsen-anhalt.de

Schleswig-Holstein,
0431/160-43002
monitoring-ausgangsstoffgesetz@polizei.landsh.de

Thüringen,
0361/57 4311224
monitoring-ausgangsstoffgesetz@polizei.thueringen.de

Vorsicht

beim Verkauf von Chemikalien, die für die illegale Herstellung von Sprengstoff verwendet werden können!

Verdächtige Transaktionen, Abhandenkommen erheblicher Mengen und Diebstähle von Stoffen und Gemischen, die die nachstehenden Chemikalien* enthalten, sind der Polizei nach der Verordnung (EU) 2019/1148 in Verbindung mit dem Ausgangsstoffgesetz** innerhalb von 24 Stunden zu melden.**

Chemikalie:	Wird verwendet als:
Salpetersäure	Ätzmittel, Metallbehandlung
Wasserstoffperoxid	Desinfektionsmittel, Bleichmittel
Schwefelsäure #	Abflussreiniger, Batteriesäure
Nitromethan #	Treibstoff für Modellmotoren
Ammoniumnitrat #	Düngemittel, Kühlkompressen
Kaliumchlorat **Kaliumperchlorat** **Natriumchlorat** **Natriumperchlorat**	Bleichmittel, Sauerstofferzeuger
Hexamin	Brennstofftabletten
Aceton	Lackentferner, Lösungsmittel
Kaliumnitrat, Natriumnitrat, Kalziumnitrat	Düngemittel, Nitratpökelsalz
Kalziumammoniumnitrat	Düngemittel
Magnesiumnitrathexahydrat	Düngemittel
Aluminiumpulver*** **Magnesiumpulver*****	Farbpulver, Farbpaste

#: Beachten Sie bitte die neuen Konzentrationsgrenzen für die Abgabe an Privat!

*Bei Konzentrationen über 1% und weniger als fünf Bestandteilen in einer Stoffmischung.

**Verordnung erhältlich unter eur-lex.europa.eu; Ausgangsstoffgesetz im Bundesgesetzblatt Nr. 59/2020

***Partikelgröße unter 200µm und mindestens 70% w/w Anteil als Stoff oder in Gemischen

Bundeskriminalamt, Stand: April 2021

Verdachtskriterien*

(insbesondere für den stationären Handel)

1. **Auftreten des Kunden:**
   - Nervöser Eindruck, unsicheres Auftreten
   - Gibt ausweichende Antworten auf Nachfragen
2. **Identität des Kunden:**
   - Kunde ist nicht bereit seine Identität, seinen Wohnsitz oder ggf. Eigenschaft als gewerblicher Verwender oder Wirtschaftsteilnehmer nachzuweisen.
   - Kunde ist nicht bereit zur Überprüfung der Identität einen gültigen amtlichen Ausweis vorzulegen bzw. eine Anschrift und Telefonnummer anzugeben.
   - Die Bestellung geht von einer unbekannten Firma aus.
3. **Geschäftspraktiken:**
   - Als Lieferanschrift oder Absender der Bestellung ist eine Privatadresse oder ein Postfach angegeben.
   - Bestellungen in unregelmäßigen, nicht nachvollziehbaren Abständen, einer ungewöhnlichen Menge, Kombination oder Konzentration bzw. ohne offensichtlichen Bedarf
   - Kunde besteht auf ungewöhnlichen Zahlungsmethoden (z.B. Barzahlungen, Ablehnung von anderen Zahlungsweisen, Anbieten eines überhöhten Preises).
   - Bestellungen von Universitäten oder bekannten Firmen zu den üblichen Konditionen sollen an eine Privatperson geliefert werden.
   - Ohne erkennbaren Grund veränderte Bestellpraxis oder keine schriftliche Bestellung
4. **Liefermethoden:**
   - Verdächtige Übergabemodalitäten (z.B. Übergabe an Parkplatz oder Bahnhof)
   - Liefer- und Beförderungskosten übersteigen Warenwert
5. **Verwendung der Erzeugnisse:**
   - Kunde verweigert konkrete Angaben zur Verwendung.
   - Kunde scheint sich über Verwendung nicht im Klaren, mit ihr nicht vertraut, kann sie nicht plausibel begründen.

* Weitere Kriterien siehe Leitlinien der EU (erhältlich unter eur-lex.europa.eu)

Handlungsempfehlungen

- **Setzen Sie sich keiner Gefahr aus!**
- **Verweigern Sie im Zweifelsfall den Verkauf.**
- **Beachten Sie die gesetzlichen Abgabevorschriften (insbesondere Art. 5 der Verordnung (EU) 2019/1148).**
- **Zulässige Überwachungskameras in Betrieb halten.**
- **Informieren Sie unverzüglich die Polizei!**

Was ist zu melden?*

- Genaue Angaben zum Ankaufversuch (Ort, Zeit, Chemikalie, Menge, Angaben des Kunden)
- Personalien des Kunden
- Möglichst detaillierte Beschreibung des Kunden (Größe, Körperbau, Frisur, Haarfarbe, scheinbares Alter, Tätowierungen, Piercings, Narben, Brille und / oder andere Unterscheidungsmerkmale)
- Angaben zum Kundenfahrzeug (Kennzeichen / Typ / Farbe)

Bewahren Sie alle Quittungen, personenbezogene Angaben und Aufzeichnungen von Videoüberwachungssystemen sorgfältig auf. Dokumente, die der Kunde angefasst hat, sind aufgrund der Fingerabdrücke und DNA-Spuren aufzubewahren.

Die Meldung hat innerhalb von 24 Stunden zu erfolgen, nachdem die Transaktion als verdächtig eingestuft wurde (auch wenn die Transaktion abgelehnt wurde).

* Weitere Hinweise zur Abgabe der Meldung siehe Leitlinien der EU (erhältlich unter eur-lex.europa.eu)

5.10 Empfangsschein eines Gefahrstoffs für die Abgabe eines dokumentationspflichtigen Stoffes

Die Dokumentation einer Abgabe eines Gefahrstoffes erfolgt grundsätzlich im Abgabebuch. Der Empfang des Stoffes / Gemisches kann zusätzlich auch auf einem gesonderten Empfangsschein vom Erwerber durch Unterschrift bestätigt werden. Der Empfangsschein muss die Angaben nach Abgabebuch enthalten. Das Abgabebuch und die Empfangsscheine sind fünf Jahre aufzubewahren.

Empfangsschein eines Gefahrstoffs

Name und Anschrift des Erwerbers: ______________________________

____

☐ Die Person ist persönlich bekannt.
☐ Die Person hat sich ausgewiesen durch Personalausweis Nr. ______________
☐ Der Erwerber ist 18 Jahre alt.

Und ggf. Name und Anschrift der abholenden Person: ______________________________

____

☐ Die abholende Person ist persönlich bekannt.
☐ Die abholende Person hat sich ausgewiesen durch Personalausweis Nr. ______________
☐ Die abholende Person ist 18 Jahre alt.
☐ Eine Auftragsbestätigung mit Verwendungszweck und Angabe zur Identität des Erwerbers liegt vor.

Bezeichnung des Stoffes / Gemisches (mit Konzentrationsangaben)

____

Menge: ______________, Verwendungszweck: ______________________________.

Der Gefahrstoff wird ausschließlich in erlaubter Weise verwendet.

Die Verwendung erfolgt zu

☐ privaten Zwecken, ☐ beruflichen / gewerblichen Zwecken.

Bei der Abgabe an öffentliche Forschungs- Untersuchungs- und Lehranstalten:

Abgabe zu ☐ Forschungs- ☐ Analyse- oder ☐ Lehrzwecken.

☐ Ein Sicherheitsdatenblatt wurde ausgehändigt (bei beruflich / gewerblicher Zweckbestimmung).
Die Abgabe erfolgte in Verbindung mit der Information über die mit der Verwendung des Stoffes oder des Gemisches verbundenen Gefahren, die notwendigen Vorsichtsmaßnahmen beim bestimmungsgemäßen Gebrauch und für den Fall des unvorhergesehenen Verschüttens oder Freisetzens sowie die ordnungsgemäße Entsorgung.

Name, Anschrift, der Apotheke: ______________________________

Datum der Abgabe: ______________ Name des Abgebenden: ______________

Unterschrift des Erwerbers / des Abholenden: ______________________________

Der Empfangsschein ist zusammen mit den Eintragungen im Abgabebuch 5 Jahre aufzubewahren.

5.11 Kundenerklärung für Explosivstoffe (Doku)

Bei Abgabe der beschränkten Stoffe in Anhang I ExplV oberhalb der angegebenen Konzentration an gewerblich / berufliche Verwender, ist eine Kundenerklärung nach Anhang IV der Verordnung (EG) Nr. 2019 / 1148 über die Vermarktung und Verwendung von Ausgangsstoffen für Explosivstoffe (ExplV), auszustellen.

Muster einer Kundenerklärung:

ERKLÄRUNG DES KUNDEN

zu der bzw. den speziellen Verwendung(en) eines beschränkten Ausgangsstoffs für Explosivstoffe gemäß der Verordnung (EU) 2019 / 1148 des Europäischen Parlaments und des Rates (1)

(In Großbuchstaben auszufüllen) (*)

Der Unterzeichner,

Name (Kunde): ____________________

Ausweis (Nummer, ausstellende Behörde): ____________________

Bevollmächtigter des Unternehmens (Auftraggeber): ____________________

Mehrwertsteuernummer oder andere Kennnummer des Unternehmens (**) / Anschrift:

____

Gewerbe / Geschäftstätigkeit / Beruf: ____________________

Handelsname des Produkts	Beschränkter Ausgangsstoff für Explosivstoffe	CAS- Nummer	Menge (kg / l)	Konzentration	Beabsichtigte Verwendung

Hiermit erkläre ich, dass die Handelsware und der darin enthaltene Stoff oder das darin enthaltene Gemisch nur für den angegebenen Verwendungszweck verwendet wird, der in jedem Fall rechtsmäßig ist, und nur dann an einen anderen Kunden verkauft oder geliefert wird, wenn dieser eine ähnliche Erklärung zur Verwendung abgibt, wobei die in Verordnung (EU) 2019 / 1148 festgelegten Beschränkungen für die Bereitstellung an Mitglieder der Allgemeinheit einzuhalten sind.

Unterschrift: ____________________ Name: ____________________

Funktion: ____________________ Datum: ____________________

(1) Verordnung (EU) 2019 / 1148 des Europäischen Parlaments und des Rates vom 20. Juni 2019 über die Vermarktung und Verwendung von Ausgangsstoffen für Explosivstoffe, zur Änderung der Verordnung (EG) Nr. 1907 / 2006 und zur Aufhebung der Verordnung (EU) Nr. 98 / 2013 (Abl. L 186 vom 11.7.2019, S. 1).

(*) Die Tabelle der Stoffe kann um die erforderlichen Zeilen ergänzt werden.

(**) Die Gültigkeit einer MwSt-Identifikationsnummer eines Wirtschaftteilnehmers kann auf der MIAS-Website der Kommission nachgeprüft werden. Je nach den nationalen Datenschutzvorschriften werden einige Mitgliedstaaten auch den Namen und die Anschrift bereitstellen, die zu einer bestimmten MwSt-Identifikationsnummer gehören, wie sie in den nationalen Datenbanken verzeichnet sind.

5.12 Erklärung für den beauftragten Verantwortlichen

Beim in Verkehr bringen von Stoffen der Kategorie 1 und Kategorie 2 aus Anhang I der Verordnung (EG) Nr. 273/2004 des Europäischen Parlaments und des Rates betreffend Drogenausgangsstoffe hat nach Artikel 3 (1) die Benennung eines verantwortlichen Beauftragten zu erfolgen. Dieser Grundstoffverantwortliche, ist befugt, den Inhaber der Betriebserlaubnis im Rahmen des Verkehrs mit Grundstoffen zu vertreten.

Das aktuelle Formular ist auf der Seite des BfArM zu finden (https://www.bfarm.de/SharedDocs/Formulare/DE/Bundesopiumstelle/Grundstoffe/erklaerung-verantw_de.html) und hier als Muster abgebildet.

Für Apotheken muss kein verantwortlicher Beauftragter benannt werden, da für Stoffe der Kategorie 1 eine Sondererlaubnis vorliegt und für Stoffe der Kategorie 2 in der Regel die Schwellenwerte nicht überschritten werden.

Erklärungsformblatt für den beauftragten Verantwortlichen:

Erklärung

nach Art. 3 Abs. 1 der Verordnung (EG) Nr. 273 / 2004, Art. 3 und Art. 5 der Verordnung (EU) 2015 / 1011 für den verantwortlichen Beauftragten

Ich / Wir,
Name: ______________________________

Die als verantwortlicher Beauftragter (Grundstoffverantwortlicher) benannte Person hat darüber zu wachen, dass der Verkehr mit Grundstoffen (Drogenausgangsstoffen)[1] gemäß den geltenden Rechtsbestimmungen durchgeführt wird und die Anordnungen der Überwachungsbehörden eingehalten werden.

Von der Einrichtung / Geschäftsleitung der Firma

____

(Name und Anschrift der Einrichtung / Firma)

wird folgende Erklärung abgegeben:

Herr / Frau ______________________________ ,
(Name, Vorname)

Anschrift ______________________________ ,
(Straße, Hausnummer, Postleitzahl, Ort; dienstl. Erreichbarkeit: Telefon, Fax; Email)

ist *(zutreffendes ankreuzen)*

- ☐ Vorstandsmitglied
- ☐ Geschäftsführer
- ☐ Vertretungsberechtigter Gesellschafter
- ☐ Mitarbeiter / in der Einrichtung / des Unternehmens
- ☐ Wirtschaftsbeteiligter selbst.

Er / Sie ist mit der Wahrung der Aufgaben eines verantwortlichen Beauftragten nach den Ver-ordnungen (EG) Nrn. 273 / 2004 und 111 / 2005 sowie den Verordnungen (EU) 2015 / 1011 und 2015 / 1013 beauftragt. Die Geschäftsleitung bestätigt, dass die als verantwortlich benannte Person alle erforderlichen Vollmachten erhalten hat und die Fähigkeiten besitzt, die es ihr ermöglichen, die ihr nach den Vorschriften dieser Verordnungen obliegenden Verpflichtungen ständig eigenverantwortlich zu erfüllen.

____

(Ort Datum, Unterschrift einer laut Handelsregister zur Vertretung der Firma berechtigten Personen bzw. der Ver-waltung der Einrichtung)

Ich erkläre mich mit der Benennung als Verantwortlicher einverstanden.

____

(Ort, Datum, Unterschrift des Verantwortlichen)

Hinweis:
Zusätzlich zu dieser Erklärung ist dem Erlaubnisantrag zum Umgang mit Kategorie 1-Stoffen ein aktuelles polizeiliches Führungszeugnis beizufügen!

(1) Gem. Verordnungen (EG) Nr. 273 / 2004 und 111 / 2005 als „erfasste Stoffe" definiert

5.13 Kundenerklärung für erfasste Drogenausgangsstoffe (DrogS) (Doku)

Bei der Abgabe von Grundstoffen aus der **Kategorie 1 bzw. 2A / B** (nur bei Schwellenwertüberschreitung), siehe Punkt 4c) ist eine Kundenerklärung nach Anhang III der Verordnung (EG) Nr. 273 / 2004 betreffend Drogenausgangsstoffe (DrogS), auszustellen. Das Genehmigung- / Erlaubnis- / Registrierungskennzeichen ist anzugeben. Eine Kopie der Kundenerklärung mit Stempel und Datum ist als Transportpapier für den Kunden auszustellen.

Die Kundenerklärung ist nach den Bestimmungen der Verordnung (EG) Nr. 273 / 2004 betreffend Drogenausgangsstoffen **3 Jahre** aufzubewahren; es ist zu empfehlen, diese analog der anderen Dokumentation 5 Jahre aufzubewahren.

Muster einer Erklärung für einmalige Vorgänge (Kategorie 1 oder 2):

ERKLÄRUNG DES KUNDEN ÜBER DEN (DIE) GENAUEN VERWENDUNGSZWECK(E)
DES ERFASSTEN STOFFES DER KATEGORIE 1 ODER 2

(einmaliger Vorgang)

Ich / Wir,
Name: ____________________

Anschrift: ____________________

____

Genehmigungs- / Erlaubnis- / Registrierungskennzeichen: ____________________
(Nichtzutreffendes streichen)

ausgestellt am ____________ von ____________________
(Name und Anschrift der Behörde)

____

und unbefristet gültig / gültig bis ____________________
(Nichtzutreffendes streichen)
habe(n) bei
Name: ____________________

Anschrift: ____________________

____

den folgenden Stoff bestellt:

Stoffbezeichnung: ____________________

____

KN-Code: ____________ Menge: ____________

Der Stoff wird ausschließlich verwendet für ____________________

____

Ich / Wir bestätige(n), dass der vorstehend genannte Stoff nur unter der Bedingung weiterverkauft oder anderweitig an einen anderen Kunden geliefert wird, dass dieser eine diesem Muster entsprechende Erklärung über den Verwendungszweck oder für Stoffe der Kategorie 2 eine Erklärung über mehrmalige Vorgänge abgibt.

Unterschrift: ____________ Name: ____________
(in Blockschrift)

Stellung im Unternehmen: ____________ Datum: ____________

Muster einer Erklärung für mehrmalige Vorgänge (Kategorie 2):

ERKLÄRUNG DES KUNDEN ÜBER DEN (DIE) GENAUEN VERWENDUNGSZWECK(E)
DES ERFASSTEN STOFFES DER KATEGORIE 2

(mehrmaliger Vorgang)

Ich / Wir,
Name: ____________________

Anschrift: ____________________

____

Registrierungskennzeichen: ____________________

ausgestellt am ____________________ von ____________________
(Name und Anschrift der Behörde)

____

und unbefristet gültig / gültig bis ____________________
(Nichtzutreffendes streichen)
beabsichtige(n) bei
Name: ____________________

Anschrift: ____________________

____

den folgenden Stoff zu bestellen:

Stoffbezeichnung: ____________________

____

KN-Code: ____________________ Menge: ____________________

Der Stoff wird ausschließlich verwendet für ____________________

____

und stellt eine Menge dar, die gewöhnlich als Vorrat für __________ Monate angesehen wird.
(maximal 12 Monate)

Ich / Wir bestätige(n), dass der vorstehend genannte Stoff nur unter der Bedingung weiterverkauft oder anderweitig an einen andern Kunden geliefert wird, dass dieser eine ähnliche Erklärung über den Verwendungszweck oder eine Erklärung über einmalige Vorgänge abgibt.

Unterschrift: ____________________ Name: ____________________
(in Blockschrift)

Stellung im Unternehmen: ____________________ Datum: ____________________

5.14 Liste der Prüfmittel

Prüfmittel

Die Auflistung zeigt die in der Apothekenbetriebsordnung (ApBetrO) vom 2.12.2008 in der Anlage 1 vorgeschriebenen Prüfmittel. Zwar ist die Anlage mit Inkrafttreten der ApBetrO vom 5. Juni 2012 entfallen. Dennoch sind die Stoffe meist in Apotheken vorhanden, da sie bis zu diesem Zeitpunkt rechtlich verbindlich vorgeschrieben waren.

Auch nach den neuen Rechtsbestimmungen besteht die Verpflichtung, Ausgangsstoffe zu prüfen. Es gilt weiterhin, dass bei Stoffen / Gemischen, die mit einem ordnungsgemäßen Prüfzertifikat geliefert werden, zumindest die Identität in der Apotheke festzustellen ist (§ 11 ApBetrO). Die folgende Liste dient der Übersicht, welche der Prüfmittel als Gefahrstoffe einzuordnen sind und welche nicht.

Prüfmittel nach ApBetrO vom 2.12.2008 (* keine Gefahrstoffe)

Acetanhydrid	50 ml
Aceton	500 ml
Aescin	0,2 g
Aloin*	0,2 g
Ameisensäure, wasserfreie	50 ml
Aminoazobenzol	1 g
4-Aminophenol	5 g
Ammoniaklösung, konzentrierte	50 ml
Ammoniumacetat*	30 g
Ammoniumcarbonat	35 g
Ammoniumchlorid	25 g
Ammoniumeisen(II)-sulfat*	50 g
Ammoniumeisen(III)-sulfat*	50 g
Ammoniummolybdat*	10 g
Ammoniumoxalat	40 g
Ammoniumsulfat*	50 g
Ammoniumthiocyanat	30 g
Ammoniumvanadat	10 g
Anethol	5 g
Anisaldehyd (4-Methoxybenzaldehyd)	25 ml
Arbutin*	1 g
Arsen(III)-oxid (Urtitersubstanz)	10 g
Atropinsulfat	1 g
Bariumchlorid	50 g
Bariumhydroxid	50 g
Benzoylchlorid	50 ml
Benzylbenzoat	5 g
Benzylcinnamat	5 g
Bismutumnitrat basisches	20 g
Blei(II)-acetat	50 g
Blei(II)-nitrat	25 g
Blei(IV)-oxid	20 g
Borneol	1 g
Bornylacetat*	5 ml
Borsäure	25 g
Brenzcatechin	5 g
Bromkresolgrün*	1 g
Bromkresolpurpur*	1 g
Bromphenolblau*	1 g
Bromthymolblau*	1 g
1-Butanol	500 ml
Butylacetat	50 ml
Calciumcarbonat*	20 g
Calciumchlorid	50 g
Calciumhydroxid	25 g
Calciumsulfat-Hemihydrat*	30 g
Carvon	5 ml
Chininhydrochlorid	1 g
Chloracetanilid	2 g
Chloralhydrat	25 g
Chloramin-T	25 g
Chloroform	500 ml
Chlorogensäure	0,1 g
Chromotrop 2B*	1 g
Chromotropsäure*	3 g
Cineol (Eucalyptol)	5 ml
Citral	5 ml
Citronensäure	50 g
Cobalt(II)-chlorid	10 g
Cobalt(II)-nitrat	10 g
Coffein	1 g
Cresolrot	1 g
Cyclohexan	500 ml
Dibutylphthalat	50 ml
2,6-Dichlorchinonchlorimid	3 g
1,2-Dichlorethan	100 ml
Dichlormethan	500 ml
Diethanolamin	10 ml
Diethylamin	40 g
4-Dimethylaminobenzaldehyd	10 g
Dimethylgelb (4-Dimethylaminoazobenzol)	10 g
Dinitrobenzol	20 g
3,5-Dinitrobenzoylchlorid	10 g
2,4-Dinitrophenylhydrazin	10 g
Diphenylamin	10 g
Diphenylboryloxyethylamin	1 g
Diphenylcarbazid*	1 g
Diphenylcarbazon*	1 g
Dithizon	1 g
Echtblausalz B	1 g
Eisen(III)-chlorid	40 g

Eisen(II)-sulfat	50 g
Emetindihydrochlorid	0,1 g
Emodin	0,1 g
Eriochromschwarz T	25 g
Essigsäure 30 %	500 ml
Essigsäure, wasserfreie	100 ml
Ethanol, wasserfreies	50 ml
Ethanol 96 % (ml / ml)	500 ml
Ether (Diethylether)	500 ml
Ethoxychrysoidinhydrochlorid*	1 g
Ethylacetat	50 ml
Ethylenglycol	50 ml
Ethylmethylketon	50 ml
Eugenol	5 g
Fluorescein-Natrium	3 g
Formaldehydlösung	50 ml
Formamid	100 ml
Furfural	10 ml
Gallussäure	1 g
Glycerol, wasserfreies*	100 ml
Glycerol 85 %*	50 ml
Glycyrrhetinsäure*	0,5 g
Glyoxalbishydroxyanil*	1 g
Guajatinktur (Guajakharz z. Herstellung)	10 g
Guajazulen	5 g
Heptan	100 ml
Hexan	100 ml
Hydroxylaminhydrochlorid	20 g
Hyperosid	10 mg
Indophenolblau	0,1 g
Isoamylalkohol	50 ml
Isobutylmethylketon	50 ml
Isopropylalkohol	500 ml
Jod	50 g
Kaffeesäure (3,4-Dihydroxyzimtsäure)	1 g
Kaliumbromat	50 g
Kaliumbromid	50 g
Kaliumcarbonat	50 g
Kaliumchlorid	50 g
Kaliumchromat	50 g
Kaliumdichromat	50 g
Kaliumdihydrogenphosphat*	50 g
Kaliumhexacyanoferrat(II)	50 g
Kaliumhexacyanoferrat(III)*	50 g
Kaliumhydrogenphthalat	50 g
Kaliumhydrogensulfat	50 g
Kaliumhydroxid	50 g
Kaliumjodat	25 g
Kaliumjodid-Stärkepapier*	1 Pckg.

Kaliumjodid*	50 g
Kaliumnatriumtartrat*	50 g
Kaliumnitrat	50 g
Kaliumpermanganat	50 g
Kaliumsulfat	60 g
Kaliumthiocyanat	50 g
Kationenaustauscher, stark sauer	50 ml
Kieselgur	50 g
Kongorot	1 g
Kristallviolett	2 g
Kupfer*	25 g
Kupfer(II)-nitrat	10 g
Kupfer(II)-sulfat	50 g
Lackmuspapier, blaues*	1 Pckg.
Lackmuspapier, rotes*	1 Pckg.
Lanthannitrat	5 g
Linalool (3,7-Dimethyl-1,6-octadien-3-ol)	5 ml
Linalylacetat (1,5-Dimethyl-1-vinyl-4-hexenylacetat)	5 ml
Macrogol 400*	50 ml
Magnesiumoxid*	10 g
Magnesiumpulver	10 g
Magnesiumsulfat*	50 g
Mangan(II)-sulfat	25 g
Mannitol (D(-)Mannit)*	15 g
Menthol	5 g
Menthylacetat	5 ml
Metanilgelb	10 g
Methanol	500 ml
Methenamin (Hexamethylentetramin)	30 g
Methoxyphenylessigsäure	1 g
Methylenbisdimethylanilin	10 g
Methylenblau	10 g
Methyl-4-hydroxybenzoat	5 g
Methylorange	10 g
Methylrot*	1 g
Molybdatophosphorsäure	10 g
2-Naphthol	20 g
Naphtholbenzein*	2 g
Naphthylethylendiamindihydrochlorid	3 g
Natriumacetat*	50 g
Natriumbismutat*	5 g
Natriumcarbonat	40 g
Natriumcarbonat (Urtitersubstanz)	20 g
Natriumchlorid*	500 g
Natriumdiethyldithiocarbamat	1 g
Natriumdisulfit	50 g
Natriumdodecylsulfat	20 g
Natriumedetat*	25 g

Natriumfluorid	10 g
Natriumhexanitrocobaltat(III)	10 g
Natriumhydrogencarbonat*	50 g
Natriumhydroxid	50 g
Natriumhypophosphit*	50 g
Natriumjodid*	25 g
Natriummonohydrogenphosphat*	40 g
Natriumnitrit	40 g
Natriumpentacyanonitrosylferrat(II)	25 g
Natriumperjodat	10 g
Natriumsulfat, wasserfreies*	50 g
Natriumsulfid	40 g
Natriumsulfit*	40 g
Natriumtetraborat	40 g
Natriumtetraphenylborat	1 g
Natriumthiosulfat*	50 g
Ninhydrin	10 g
3-Nitrobenzaldehyd*	5 g
Nitrobenzol	50 ml
Nitrobenzoylchlorid	10 g
0,01 M Osmium(VIII)-oxid-Lsg. i. 0,1 N H_2SO_4 oder Osmium(VIII)-oxid	20 ml
Oxalsäure	40 g
Paracetamol (4-Hydroxyacetanilid)	25 g
Paraffin, dickflüssiges*	50 ml
Petrolether	500 ml
Phenanthrolinhydrochlorid	1 g
Phenazon	10 g
Phenolphthalein	20 g
Phenolrot*	1 g
Phloroglucin	7 g
Phosphor(V)-oxid	40 g
Phosphorsäure konzentrierte	50 ml
Pikrinsäure	40 g
Piperidin	50 ml
Polysorbat 80*	20 ml
1-Propanol	500 ml
Propyl-4-hydroxybenzoat	5 g
Pyridin	50 ml
Quecksilber(II)-acetat	25 g
Quecksilber(II)-iodid (rot)	10 g
Resorcin	25 g
Rhaponticin*	0,1 g
Rhein*	20 mg
Rutosid (Rutin)*	1 g
Salicylsäure	25 g
Salpetersäure, konzentrierte	50 ml
Salzsäure, konzentrierte	50 ml
Saponin	1 g
Schwefelsäure, konzentrierte	50 ml
Scopolaminhydrobromid	0,5 g
Scopoletin	0,1 g
Silbernitrat	10 g
Stärke, lösliche*	10 g
Sudanrot G*	1 g
Sulfaminsäure	20 g
Sulfanilamid*	1 g
Sulfanilsäure	25 g
Tannin*	10 g
Tetramethylammoniumhydroxid-Lösung	50 ml
Thioacetamid	25 g
Thioglycolsäure	50 ml
Thioharnstoff	25 g
Thujon	5 ml
Thymol	5 g
Thymolblau*	1 g
Thymolphthalein*	1 g
Titangelb*	3 g
Toluol	500 ml
Tragant gepulvert*	15 g
Trichloressigsäure	25 g
Triethanolamin	50 ml
Triphenyltetrazoliumchlorid	5 g
Vanillin*	25 g
Weinsäure	50 g
Xanthydrol*	0,5 g
Xylenolorange*	2 g
Xylol	500 ml
Zink*	25 g
Zink (Urtitersubstanz)*	50 g
Zinkstaub	100 g

Maßlösungen

0,1 N Ammoniumthiocyanat-Lösung*

0,1 N Jod-Lösung*

0,1 N Kaliumbromat-Lösung

0,1 N Kaliumpermanganat-Lösung

0,1 M Natriumedetat-Lösung*

1 N Natriumhydroxid-Lösung

0,1 N Natriumhydroxid-Lösung*

0,1 N Natriumthiosulfat-Lösung*

0,1 N Perchlorsäure

1 N Salzsäure*

0,1 N Salzsäure*

1 N Schwefelsäure*

0,1 N Silbernitrat-Lösung

0,1 M Zinksulfat-Lösung

* keine Gefahrstoffe

5.15 Rechtsgrundlagen

Übersicht der herangezogenen Rechtsgrundlagen mit Stand:

CLP Verordnung
Verordnung (EG) Nr. 1272 / 2008 des Europäischen Parlaments und des Rates vom 16. Dezember 2008 über die Einstufung, Kennzeichnung und Verpackung von Stoffen und Gemischen, zur Änderung und Aufhebung der Richtlinien 67 / 548 / EWG und 1999 / 45 / EG und zur Änderung der Verordnung (EG) Nr. 1907 / 2006, in der Fassung der 18. ATP (Anpassung an den technischen und wissenschaftlichen Fortschritt)

REACH Verordnung
Verordnung (EG) Nr. 1907 / 2006 des Europäischen Parlaments und des Rates vom 18. Dezember 2006 zur Registrierung, Bewertung, Zulassung und Beschränkung chemischer Stoffe (REACH), zur Schaffung einer Europäischen Chemikalienagentur, zur Änderung der Richtlinie 1999 / 45 / EG und zur Aufhebung der Verordnung (EWG) Nr. 793 / 93 des Rates, der Verordnung (EG) Nr. 1488 / 94 der Kommission, der Richtlinie 76 / 769 / EWG des Rates sowie der Richtlinien 91 / 155 / EWG, 93 / 67 / EWG, 93 / 105 / EG und 2000 / 21 / EG der Kommission, Kommission. Letzte Änderung durch Verordnung (EU) 2020 / 2096

Grundstoffüberwachungsgesetz
Gesetz zur Überwachung des Verkehrs mit Grundstoffen, die für die unerlaubte Herstellung von Betäubungsmitteln missbraucht werden können, Grundstoffüberwachungsgesetz vom 11. März 2008 (BGBl. I S. 306), geändert durch Artikel 5 des Gesetzes vom 6. März 2017 (BGBl. I S. 403) erfasste Stoffe, siehe u. a. Verordnung (EG) Nr. 273 / 2004 (DrogS), Änderungsverordnung (EU) Nr. 1258 / 2013, Verordnung (EG) Nr. 111 / 2005, Änderungsverordnung (EU) Nr. 1259 / 2013. Zuletzt geändert durch Art. 3e G v. 28.6.2022 I 938

Ausgangsstoffe für Explosivstoffe
Verordnung (EU) 2019 / 1148 des Europäischen Parlaments und des Rates vom 20. Juni 2019 über die Vermarktung und Verwendung von Ausgangsstoffen für Explosivstoffe, zur Änderung der Verordnung (EG) Nr. 1907 / 2006 und zur Aufhebung der Verordnung (EU) Nr. 98 / 2013 (ABl. L 186 vom 11.7.2019, S. 1-20)

Chemikaliengesetz – ChemG
Gesetz zum Schutz vor gefährlichen Stoffen (Chemikaliengesetz - ChemG); in der Fassung der Bekanntmachung vom 28. August 2013 (BGBl. I S. 3498, 3991), zuletzt geändert durch Art. 115 G v. 10.8.2021 I 3436

Gefahrstoffverordnung – GefStoffV
Verordnung zum Schutz vor Gefahrstoffen (Gefahrstoffverordnung-GefStoffV) vom 26. November 2010 (BGBl. I S. 1643), zuletzt geändert durch Artikel 2 der Verordnung vom 21. Juli 2021 (BGBl. I S. 3115)

Chemikalien-Verbotsverordnung – ChemVerbotsV
Verordnung über Verbote und Beschränkungen des Inverkehrbringens und über die Abgabe bestimmter Stoffe, Gemische und Erzeugnisse nach dem Chemikaliengesetz. Chemikalien-Verbotsverordnung - ChemVerbotsV vom 20. Januar 2017 (BGBl. I S. 94; 2018 I S. 1389), zuletzt geändert durch Art. 300 V v. 19.6.2020 I 1328

Apothekenbetriebsordnung – ApBetrO
Verordnung über den Betrieb von Apotheken (Apothekenbetriebsordnung – ApBetrO) in der Fassung der Bekanntmachung vom 26. September 1995 (BGBl. I S. 1195), zuletzt geändert durch Art. 3d G v. 28.6.2022 I 938

Technische Regel für Gefahrstoffe – TRGS 201
Einstufung und Kennzeichnung bei Tätigkeiten mit Gefahrstoffen (TRGS 201)
Ausgabe: Februar 2017, GMBl 2017, S. 218 228 [Nr. 12] (vom 06.04.2017), zuletzt geändert und ergänzt: GMBl 2018 S. 234-235 vom 06.04.2018 [Nr. 12 / 13]

Technische Regeln für Gefahrstoffe – TRGS 510
Lagerung von Gefahrstoffen in ortsbeweglichen Behältern (TRGS 510)
Ausgabe Dezember 2020 GMBl 2021 S. 178-216 [Nr. 9-10] (v. 16.2.2021)

Technische Regel für Gefahrstoffe – TRGS 905
Verzeichnis krebserzeugender, keimzellmutagener oder reproduktionstoxischer Stoffe (TRGS 905)
Ausgabe: März 2016 GMBl 2016 S. 378-390 [Nr. 19] vom 03.05.2016, zuletzt geändert und ergänzt: GMBl 2021, S. 899 [Nr. 41] v. 13.07.2021

Delegierte Verordnung zur CLP-Verordnung mit 4 neuen Gefahrenklassen
Delegierte VO (EU) 2023/707 der Kommission vom 19.12.2022 zur Änderung der VO (EG) Nr. 1272/2008 in Bezug auf die Gefahrenklassen und die Kriterien für die Einstufung, Kennzeichnung und Verpackung von Stoffe und Gemischen (Abl. L93/7 vom 31.03.2023)

Die neuen Gefahrenklassen können ab dem Tag des Inkraftretens der delegierten Verordnung angewendet werden. Für Stoffe besteht ein Übergangszeitraum von zwei Jahren und für Gemische von drei Jahren.

6 Häufig gestellte Fragen

Welche Gefahrenpiktogramme sind auf dem Etikett anzugeben?

Siehe Kapitel 1, Tabelle 1 „Apothekenübliche Gefahrstoffe", Spalte 3:

Das Kennzeichnungsetikett enthält das / die relevanten Gefahrenpiktogramm(e) (nach Kapitel 1 Apothekenübliche Gefahrstoffe) zur Vermittlung einer bestimmten Information über die betreffende Gefahr.

Die Gefahrenpiktogramme ergeben sich aus den, dem Stoff zugeordneten Gefahrenklassen und Gefahrenkategorien gemäß Artikel 19 CLP-Verordnung in Verbindung mit Anhang I. Stoffe, die harmonisiert eingestuft sind, werden in Anhang VI CLP-Verordnung in englischer Sprache aufgeführt. Zur ordnungsgemäßen Kennzeichnung siehe Kapitel 2 und Kapitel 4.

H-Sätze, Gefahrenhinweise. Kann der Text der Gefahrenhinweise verändert werden?

Siehe Kapitel 1, Tabelle 1 „Apothekenübliche Gefahrstoffe", Spalte 5:

Nein, die Gefahrenhinweise sind standardisiert vorgegeben. Die Gefahrenhinweise lauten wie in der CLP-Verordnung, Anhang III vorgegeben. (Artikel 21 Abs. 4 CLP-Verordnung in Verbindung mit Anhang III)

P-Sätze, Sicherheitshinweise. Können die P-Sätze frei formuliert oder textlich abgewandelt werden?

Siehe Kapitel 1, Tabelle 1 „Apothekenübliche Gefahrstoffe", Spalte 8:

Nein, die Sicherheitshinweise sind standardisiert vorgegeben. Die Sicherheitshinweise lauten wie in der CLP-Verordnung, Anhang IV Teil 2 vorgegeben. (Artikel 22 Abs. 4 CLP-Verordnung in Verbindung mit Anhang IV).

Auf dem Kennzeichnungsetikett erscheinen in der Regel nicht mehr als sechs Sicherheitshinweise, es sei denn, die Art und die Schwere der Gefahren machen eine größere Anzahl erforderlich. (Artikel 28 CLP-Verordnung)

Was bedeutet UFI-Code?

Der UFI-Code ist ein 16-stelliger alphanumerischer Rezepturidentifikator, welcher aus der Umsatzsteueridentifikationsnummer der Apotheke sowie einem apothekeninternerm Rezepturcode besteht: UFI: XXX-XXX-XXX-XXX (wobei X Ziffern oder Buchstaben sein können). Der Code kann am einfachsten mit dem UFI-Generator der ECHA (https://ufi.echa.europa.eu/ - /create) erstellt werden und ist gebührenfrei. Er sollte deutlich sichtbar, gut lesbar und in der Nähe des Stoffnamens oder der Gefahrenpiktogramme angebracht sein.

Die Meldung kann sowohl über das BfR im PCN-Format (Poison Centres Notification) erfolgen, ist jedoch auch über die ECHA möglich.

Folgende Angaben zum gefährlichen Gemisch oder Biozid werden gemeldet (VO (EU) 2017/2008 vom 22.03.2017):

- Produktidentifikator
  - vollständiger Handelsname
  - UFI-Code
  - andere Identifikatoren (Zulassungsnummer, Produktcodes der Unternehmen)
  - chemische Identität und die Konzentrationen der Gemisch-Bestandteile
  - CAS-Nr.
- Name, vollständige Anschrift, Telefonnummer und E-Mail-Adresse des Mitteilungspflichtigen
- Name, Telefonnummer und E-Mail-Adresse für schnellen Zugriff auf zusätzliche Produktinformationen
- Gefahrenklasse und -kategorie
- Gefahrenpiktogramm-Codes
- Signalwort
- Toxikologische Angaben (Abschnitt 11 des Sicherheitsdatenblatts)
- Zusätzliche Informationen z.B. Farbe, pH-Wert, physikalische Beschaffenheit, Art und Größe der Verpackung, Produktkategorisierung, Verwendung

Die Erstellung eines UFI-Codes ist aufwendig. Es ist sinnvoller fertige Produkte zu beziehen. Hierbei muss dann das komplette Gebinde abgebeben werden (siehe „Leitlinie zu harmonisierten Informationen für die gesundheitliche Notversorgung – Anhang VIII der CLP-VO der ECHA" Version 5.0 vom April 2022).

Was bedeutet „Kennzeichnung nach CLP"?

Siehe Kapitel 1, Tabelle 1 „Apothekenübliche Gefahrstoffe", Spalte 6:

Die CLP-Verordnung (EG Verordnung 1272 / 2008, CLP-Verordnung und Anpassungen an den technischen Fortschritt) Anhang VI enthält eine Liste mit Stoffen, die in Europa legal eingestuft sind. Diese Einstufung ist rechtsverbindlich. Die Liste liegt nur in englischer Fassung vor; eine Suche über die EG- oder CAS-Nummer ist gut möglich, ansonsten muss der chemische Stoff erst in ins Englische übersetzt werden. Die Kennzeichnung nach Anhang VI ist auch in der Datenbank des C&L-Verzeichnisses (Einstufung und Kennzeichnung) der ECHA aufgenommen.

In welchem Fall erfolgte die Kennzeichnung in Tabelle 1: Apothekenüblichen Gefahrstoffe (Spalte 6) nach Sicherheitsdatenblatt?

Waren Stoffe / Gemische weder in der CLP-Verordnung, Anhang VI noch im ECHA-Verzeichnis (C&L Inventory) aufgeführt, so wurden die Sicherheitsdatenblätter der Hersteller / Inverkehrbringer zur Kennzeichnung heran gezogen.

Die Verantwortung für die Sicherheitsdatenblätter liegt beim Hersteller / Inverkehrbringer.

Was bedeutet „Kennzeichnung nach ECHA"?

Siehe Kapitel 1, Tabelle 1 „Apothekenübliche Gefahrstoffe", Spalte 6:

ECHA (**E**uropean **C**hemicals **A**gency), die europäische Chemikalien Agentur in Helsinki, erfasst in einem Einstufungs- und Kennzeichnungsverzeichnis die nach REACH-Verordnung registrierten Stoffe. Diese Liste (C&L Inventory) enthält die Einstufung und Kennzeichnung unterschiedlicher Hersteller und Importeure. Hersteller und Importeure können einen Stoff abweichend von der bereits in das Einstufungs- und Kennzeichnungsverzeichnis aufgenommenen Einstufung abweichend einstufen, sofern sie der Agentur die Gründe für diese Einstufung zusammen mit der Meldung vorlegen (Artikel 16 CLP Verordnung). Diese Abweichungen sind nur möglich, wenn keine harmonisierte Einstufung nach Anhang VI CLP-Verordnung vorliegt.

Anhand dieser Liste (Einstufungs- und Kennzeichnungsverzeichnis) ist auch ersichtlich, wie viele Hersteller und Importeure den Stoff entsprechend den Daten in der Liste eingestuft haben.

Für die vorliegende Liste wurde die Kennzeichnung nach folgenden Kriterien ausgewählt: die Anzahl der eingereichten Dossiers mit der gleichen Einstufung / Kennzeichnung wie auch die toxikologischen Eigenschaften des Stoffes.

Das Verzeichnis bei der ECHA entspricht den dort gesammelten Vorschlägen der Hersteller.

„ECHA" (in Spalte 6) bedeutet: die Informationen in der Tabelle für diesen Gefahrstoff kommen aus der Datenbank des C&L-Verzeichnisses (Einstufung und Kennzeichnung) der ECHA mit angemeldeten und registrierten Stoffen, die bei der Stoffregistrierung nach der REACH-Verordnung oder bei der Notifizierung nach der CLP-Verordnung an die ECHA übermittelt wurden (mit statistischen Auswertungen der unterschiedlichen Einstufungen, die Hersteller und Importeure übermittelt haben), einschließlich der harmonisierten Einstufung. Harmonisierte Stoffe (nach Anhang VI CLP-Verordnung) sind mit „CLP" gekennzeichnet.

Was ist eine TRGS?

Siehe Kapitel 1, Tabelle 1 „Apothekenübliche Gefahrstoffe", Spalte 6:

Die **T**echnischen **R**egeln für **G**efahr**s**toffe (TRGS) geben den Stand der Technik, Arbeitsmedizin und Arbeitshygiene sowie sonstige gesicherte wissenschaftliche Erkenntnisse für Tätigkeiten mit Gefahrstoffen, einschließlich deren Einstufung und Kennzeichnung, wieder. Sie werden vom **Ausschuss für Gefahrstoffe (AGS)** aufgestellt und von ihm der Entwicklung entsprechend angepasst.

Der Ausschuss für Gefahrstoffe ermittelt nach § 20 GefStoffV den Stand der Wissenschaft, Technik, Arbeitsmedizin und Arbeitshygiene sowie sonstige gesicherte Erkenntnisse für Tätigkeiten mit Gefahrtstoffen einschließlich deren Einstufung und Kennzeichnung.

Das Technische Regelwerk konkretisiert auch Regelungen aus konkreten EG-Vorschriften. (TRGS 001, Übersicht TRGS-Regelungen)

Warum wurde im Einzelfall die Kennzeichnung nach GESTIS berücksichtigt?

Siehe Kapitel 1, Tabelle 1, „Apothekenübliche Gefahrstoffe", Spalte 6. Die Stoffdatenbank der GESTIS vom Institut für Arbeitsschutz der Deutschen Gesetzlichen Unfallversicherung (IFA) enthält Stoffdatenblätter mit Informationen zu Gefahrstoffen angelehnt an die Form der Sicherheitsdatenblätter. Die Pflege der dortigen Daten erfolgt zeitnah zu Änderungen oder neuen wissenschaftlichen Erkenntnissen.

Wofür stehen die Buchstaben CMR?

Siehe Kapitel 1, Tabelle 1 „Apothekenübliche Gefahrstoffe", Spalte 7:

C: Carcinogene / krebserzeugende Gefahrstoffe der Kategorie 1A, 1B und 2

M: keimzellenmutagene / erbgutverändernde Eigenschaften der Kategorie 1A, 1B und 2

R: Reproduktionstoxische / fortpflanzungsgefährdende Eigenschaften der Kategorie 1A, 1B und 2; (D, d = Development = Entwicklung des Kindes im Mutterleib. F, f = Fertility = Fruchtbarkeit).

Nach welchen Kriterien wurden die P-Sätze (Sicherheitshinweise) ausgewählt?

Siehe Kapitel 1, Tabelle 1 „Apothekenübliche Gefahrstoffe", Spalte 8:

Das Kennzeichnungsetikett enthält die relevanten Sicherheitshinweise. Sie werden aus den Sicherheitshinweisen in den Tabellen der CLP-VO in Anhang I Teile 2 bis 5 ausgewählt, in denen die für die einzelnen Gefahrenklassen erforderlichen P-Sätze aufgeführt sind. Die P-Sätze wurden gemäß den in Anhang IV Teil 1 der CLP-VO festgelegten Kriterien ausgewählt, wobei die Gefahrenhinweise und die beabsichtigte(n) oder ermittelte(n) Verwendung(en) des Stoffes oder Gemisches berücksichtigt wurden (siehe Artikel 22 CLP Verordnung).

Welche P-Sätze sind bei der Abgabe an private Endverbraucher / breite Öffentlichkeit zu ergänzen?

Siehe Kapitel 1, Tabelle 1 „Apothekenübliche Gefahrstoffe", Spalte 8:

Wird der Stoff oder das Gemisch an die breite Öffentlichkeit abgegeben, trägt das Kennzeichnungsetikett nach Maßgabe der Kennzeichnungstabelle 5.3 einen Sicherheitshinweis zur Entsorgung des Stoffes oder Gemisches oder der Verpackung (meistens P501 oder auch P502), es sei denn, dies ist nach Artikel 22 CLP-Verordnung nicht erforderlich. In allen anderen Fällen ist kein Sicherheitshinweis zur Entsorgung erforderlich, sofern klar ist, dass die Entsorgung des Stoffes, des Gemisches oder der Verpackung keine Gefahr für die menschliche Gesundheit oder die Umwelt darstellt. (Artikel 28 CLP Verordnung).

Bei der Abgabe an private Endverbraucher ist es zusätzlich sinnvoll, einen der P-Sätze der 100er Reihe zu verwenden (meistens P102 – Darf nicht in die Hände von Kindern gelangen).

Was bedeutet „rot" gemäß Farbcodierung nach BAK-Konzept in der Tabelle 1?

Siehe Kapitel 1, Tabelle 1 „Apothekenübliche Gefahrstoffe", Spalte 9:

Die Farbcodierung ist eine zusätzliche innerbetriebliche Kennzeichnung und dient der Auswahl der persönlichen Schutzkleidung. Es ist eine Empfehlung der Bundesapothekerkammer; sie ist rechtlich nicht vorgeschrieben. Sie wird bei der Abgabe von Gefahrstoffen nicht verwendet.

Die Angabe „rot" bedeutet nach BAK-System Schutzhandschuhe, Atemschutz und Schutzbrille. Auf weitere Angaben wie „gelb", „blau" und / oder „orange" kann somit verzichtet werden (siehe hierzu Kapitel 3). Die Angabe „rot" bedeutet immer ein Beschäftigungsverbot für Schwangere und Stillende.

Welche Stoffe / Gemische sind in der Apotheke unter Verschluss zu lagern?

Siehe Kapitel 1, Tabelle 1 „Apothekenübliche Gefahrstoffe", Spalte 10

Im Rahmen des Arbeitsschutzes, also betriebsintern in der Apotheke (§ 8 Abs. 7 GefStoffV) sind Stoffe und Gemische, die als akut toxisch Kategorie 1, 2 oder 3, spezifisch zielorgantoxisch Kategorie 1, krebserzeugend Kategorie 1A oder 1B oder keimzellmutagen Kategorie 1A oder 1B eingestuft sind, unter Verschluss oder so aufzubewahren oder zu lagern, dass nur fachkundige und zuverlässige Personen Zugang haben.

Die Angabe „Lagerung unter Verschluss" im Gefahrstoffverzeichnis Spalte 10 beruht auf der Grundlage von § 8 (7) GefStoffV (siehe Kapitel 3.2) und gilt für den Apothekenbetrieb.

Der Sicherheitshinweis (P-Satz) „Unter Verschluss aufbewahren" (P405) ist bei der Lagerung beim Endverbraucher zu beachten. Der P405 gilt nicht bei der innerbetrieblichen Lagerung, z. B. im Apothekenbetrieb.

Was bedeutet der Begriff „Verbot" in der Spalte 13 der Tabelle 1?

Verbot bedeutet, dass die Abgabe **an private Endverbraucher** / breite Öffentlichkeit verboten ist. In diesem Fall ist kein kindergesicherter Verschluss (KiSi) bzw. kein tastbares Warnzeichen (TaWa) rechtlich vorgeschrieben; die Angabe in Klammern entspricht einer Empfehlung.

Beim Hinweis „Verbot" kann dennoch eine legale Abgabe an berufliche oder gewerbliche Verwender zulässig sein.

Was bedeutet „BtM / Verbot" in Spalte 13 der Tabelle 1?

Der Stoff ist in der Anlage III Betäubungsmittelgesetz (zu § 1 Abs. 1 BtMG) (verkehrsfähige und verschreibungsfähige Betäubungsmittel) oder in Anlage II (verkehrsfähige und nicht verschreibungsfähige Betäubungsmittel) gelistet. Diese Stoffe dürfen nach den betäubungsmittelrechtlichen Bestimmungen nicht weitergegeben werden und sind unter Verschluss zu lagern. Da sowohl eine Abgabe an private Endverbraucher als auch die Abgabe an gewerbliche / berufliche Verwender nicht erlaubt ist, wurde auf die Angabe zum kindergesicherten Verschluss (KiSi) bzw. zum tastbaren Warnzeichen (TaWa) verzichtet.

Was bedeutet „Rx / Verbot" in Spalte 13 der Tabelle 1?

Der Stoff ist in der Anlage 1 der Arzneimittelverschreibungsverordnung erfasst (AMVV Anlage 1). Verschreibungspflichtig sind, sofern im Einzelfall nicht anders geregelt, auch Arzneimittel, die die jeweiligen Salze enthalten oder denen diese zugesetzt sind.

Die Stoffe dürfen auch gefahrstoffrechtlich nicht an Privatpersonen abgegeben werden. Die Abgabe als Arzneimittel erfolgt nur nach Vorlage einer gültigen Verschreibung.

Der Stoff kann ggf. zu technischen Zwecke an berufliche Verwender, die erlaubterweise mit Arzneimitteln umgehen, z. B. ein analytisches Labor, ein Arzt, abgegeben werden. In diesem Fall sind die gefahrstoffrechtlichen Vorgaben nach ChemVerbotsV einzuhalten, z. B. die Informationspflicht oder auch die Dokumentationspflicht. Die Abgabe an gewerbliche Verwender wie z. B. den Schlosser, den Optiker ist unzulässig.

Verbot bedeutet, dass die Abgabe **an private Endverbraucher** / breite Öffentlichkeit verboten ist. In diesem Fall ist kein kindergesicherter Verschluss (KiSi) bzw. kein tastbares Warnzeichen (TaWa) rechtlich vorgeschrieben; die Angabe in Klammern entspricht einer Empfehlung. Eine legale Abgabe an berufliche oder gewerbliche Verwender kann zulässig sein.

Was bedeutet „REACH"?

REACH die Abkürzung des englischen Titels einer Verordnung: „Regulation concerning the **R**egistration, **E**valuation, **A**uthorisation and Restriction of **Ch**emicals." Die REACH-Verordnung gilt als eines der strengsten Chemikaliengesetze der Welt.

Was bedeutet das „REACH / Verbot" in Spalte 13 der Tabelle 1?

Im Anhang XVII der REACH-Verordnung (Verordnung (EG) Nr. 1907 / 2006) wird die Herstellung, das Inverkehrbringen und die Verwendung bestimmter gefährlicher Stoffe, Gemische und Erzeugnisse geregelt. Die Verbote und Beschränkungen (siehe Kapitel 5.6) sind vor der Abgabe nach der REACH-Verordnung zu überprüfen.

Stoffe / Gemische, die in Anhang VI der CLP-Verordnung ((EG) Nr. 1272 / 2008) mit CMR-Eigenschaften der Kategorie 1A und 1B aufgeführt sind, dürfen nach Anhang XVII REACH-Verordnung (REACH-Anhang XVII Ziffer 28–30), grundsätzlich nicht an private Endverbraucher / breite Öffentlichkeit abgegeben werden.

Was beschreibt der Hinweis „Expl" bzw. „Verbot Expl / Verbot" in Spalte 13 der Tabelle 1?

Im Anhang I der EU-Verordnung 2019/1148 über die Vermarktung und Verwendung von Ausgangsstoffen für Explosivstoffe (ExplV) werden Abgabeverbote und Beschränkungen an private Endverbraucher für bestimmte Stoffe definiert. Die dort aufgelisteten Stoffe dürfen an Privatpersonen bis zu der angegebenen Konzentration abgegeben werden. Oberhalb der angegebenen Konzentrationen ist die Abgabe an Privatpersonen nicht erlaubt.

Die Abgabe an gewerbliche / berufliche Verwender, analytische Labore kann jedoch zulässig sein. In diesem Fall sind die ggf. zu beachtenden Dokumentationspflichten in der folgenden Spalte aufgelistet.

Was bedeutet „ExplT" in Spalte 13 der Tabelle 1?

Nach Anhang II EU-Verordnung 2019/1148 über die Vermarktung und Verwendung von Ausgangsstoffen für Explosivstoffe (ExplV) besteht eine Meldepflicht bei den dort aufgelisteten Stoffen bei verdächtigen Transaktionen, bei Abhandenkommen und bei Diebstahl an das zuständige Landeskriminalamt. (Artikel 9 EU-Verordnung 2019/1148). In Kapitel 4, Punkt 4b ist beschrieben, was unter verdächtigen Transaktionen zu verstehen ist.

Liegen keine Hinweise zu verdächtigen Transaktionen vor, also die Abgabe der gelisteten Stoffe ist plausibel und nicht verdächtig, so erfolgt die Abgabe unter Berücksichtigung der Vorgaben der Chemikalien-Verbotsverordnung. Bei der Abgabe der gelisteten Stoffe wird die Dokumentation empfohlen; dies ist in der Tabelle mit „(Doku)" in Klammern gekennzeichnet.

Was bedeutet „DrogS" in Spalte 13 der Tabelle 1?

Die EU-Verordnungen betreffend Drogenausgangsstoffen sowie das Grundstoffüberwachungsgesetz regeln die Überwachung bestimmter Stoffe, die häufig zur unerlaubten Herstellung von Suchtstoffen oder psychotropen Stoffen verwendet werden. Die überwachten Stoffe sind in Kapitel 4 Punkt 4c aufgeführt. Dort findet man auch weitere Hinweise auf Beschränkungen wie auch Vorschriften zur Abgabedokumentation.

Was bedeutet „ChemVerbotsV / Verbot" in Spalte 13 der Tabelle 1?

Nach § 3 (2) der Chemikalien-Verbotsverordnung sind auf nationaler Ebene das Inverkehrbringen von Stoffen und Gemischen, die in der Anlage 1 bezeichnet sind, sowie von Stoffen, Gemischen und Erzeugnisse, die diese freisetzen oder enthalten können, verboten oder auch beschränkt.

Der Umfang der Verbote / Beschränkungen ist in der ChemVerbotsV Anlage 1, Spalte 2 definiert, die Ausnahmen in der Spalte 3 beschrieben. Erfasst werden folgende Stoffe: Formaldehyd, Dioxine und Furane, Pentachlorpehnol und Biopersistente Fasern.

Was bedeutet „Info" in Spalte 14 der Tabelle 1?

Die sachkundige Abgabeperson hat eine mündliche Informationspflicht (§ 8 (3) ChemVerbotsV) und hat den Erwerber mündlich zu unterweisen über:

a. die mit dem Verwenden des Stoffes oder des Gemisches verbundenen Gefahren,
b. die notwendigen Vorsichtsmaßnahmen beim bestimmungsgemäßen Gebrauch und für den Fall des unvorhergesehenen Verschüttens oder Freisetzens sowie
c. die ordnungsgemäße Entsorgung.

Was bedeutet „Doku" in Spalte 14 der Tabelle 1?

Bei der Abgabe bestimmter Stoffe / Gemische ist nach den Rechtsvorschriften zwingend ein Abgabebuch zu führen. Der Erwerber /der Abholende kann (anstatt bei den Eintragungen im Abgabebuch) auch auf einer Empfangsbestätigung unterschreiben; diese ist dann möglichst fortlaufend nummeriert in Verbindung mit den Eintragungen im Abgabebuch aufzubewahren.

Wie ist die Abgabe an berufliche / gewerbliche Verwender zu dokumentieren?

Siehe Kapitel 1, Tabelle 1 „Apothekenübliche Gefahrstoffe", Spalte 14:

Erfolgt die Abgabe an berufliche / gewerbsmäßige Verwender, so sind die Dokumentationsvorgaben ebenfalls zu beachten. Zusätzlich ist ein aktuelles Sicherheitsdatenblatt abzugeben. Es ist zu empfehlen, die Abgabe des Sicherheitsdatenblattes im Abgabebuch oder auf dem getrennten Empfangsschein zu vermerken.

Erfolgt die Abgabe an öffentliche Forschungs-, Untersuchungs- oder Lehranstalten, so ist zusätzlich die Angabe, ob die Abgabe zu Forschungs-, Analyse- oder Lehrzwecken erfolgt, zu dokumentieren.

Wie lange ist die Dokumentation aufzubewahren?

Siehe Kapitel 1, Tabelle 1 „Apothekenübliche Gefahrstoffe", Spalte 14:

Die Dokumentation nach ChemVV ist 5 Jahre aufzubewahren. Die Kundenerklärung nach Drogs ist 3 Jahre, nach ExplV 18 Monate aufbewahren. Es ist zu empfehlen, diese analog der anderen Dokumentationen 5 Jahre aufzubewahren.

Abkürzungen

ATP	Adaption to Technical Progress (Anpassung an den technischen Fortschritt). Regelmäßige Aktualisierungen im europäischen Vorschriftenbereich.
BtM	Betäubungsmittel
C&L	C&L Inventory (amtliche Bestandsliste) der ECHA
CAS-Nummer	CAS = Chemical Abstracts Service; internationaler Bezeichnungsstandard für chemische Stoffe, sie dient der eindeutigen Identifizierung
ChemVerbotsV	Chemikalienverbots-Verordnung
CLP	VO (EG) 1272 / 2008
DrogS	Drogenaausgangsstoffe nach Verordnung (EG) Nr. 273 / 2004 und Folgeverordnungen
ECHA	European Chemicals Agency
Expl	Ausgangsstoffe für Explosivstoffe: Abgabeverbote und Beschränkungen nach Anhang I VO (EG) 2019/1148
ExplT	Ausgangsstoffe für Explosivstoffe: Meldepflicht für verdächtige Transaktionen nach Anhang II VO (EG) 2019/1148
GESTIS	Gefahrstoffinformationssystem der Deutschen Gesetzlichen Unfallversicherung (IFA)
KN-Code	„Kombinierte Nomenklatur" = 8-stellige Warennomenklatur für den Außenhandel nach der Verordnung (EWG) Nr. 2658 / 87 des Rates vom 23. Juli 1987 über die zolltarifliche und statistische Nomenklatur sowie über den Gemeinsamen Zolltarif
REACH	Regulation concerning the Registration, Evaluation, Authorisation and Restriction of Chemicals
Rx	verschreibungspflichtige Substanz
SDBl	Sicherheitsdatenblatt
TRGS	Technische Regeln für Gefahrstoffe (ergänzt um die Nummer der Regel)
UFi	Unique Formula Identifier (eindeutiger Identifikator für Gemische)

Dokumentation: Jährliche Überprüfung des Gefahrstoffverzeichnisses

Verzeichnis der Gefahrstoffe

Stempel der Apotheke oder Name der Apotheke und Anschrift eintragen

Das betriebsspezifische Verzeichnis der Gefahrstoffe ist fortzuschreiben und einmal jährlich zu prüfen und gegebenenfalls zu ergänzen.

Dokumentation über die jährliche Prüfung

Neue Gefahrstoffe wurden in das Verzeichnis mit Einstufung / Kennzeichnung, dem verwendeten Mengenbereich und den Arbeitsbereichen mit aufgenommen. Die Mengenbereiche der bereits erfassten Gefahrstoffe wurden überprüft.
Die Aktualität der Sicherheitsdatenblätter wurde überprüft.
Das Verzeichnis entspricht dem aktuellen Stand.

Datum Unterschrift / Beauftragte(r) Unterschrift Apothekenleiter(in)

Neue Gefahrstoffe wurden in das Verzeichnis mit Einstufung / Kennzeichnung, dem verwendeten Mengenbereich und den Arbeitsbereichen mit aufgenommen. Die Mengenbereiche der bereits erfassten Gefahrstoffe wurden überprüft.
Die Aktualität der Sicherheitsdatenblätter wurde überprüft.
Das Verzeichnis entspricht dem aktuellen Stand.

Datum Unterschrift / Beauftragte(r) Unterschrift Apothekenleiter(in)

Neue Gefahrstoffe wurden in das Verzeichnis mit Einstufung / Kennzeichnung, dem verwendeten Mengenbereich und den Arbeitsbereichen mit aufgenommen. Die Mengenbereiche der bereits erfassten Gefahrstoffe wurden überprüft.
Die Aktualität der Sicherheitsdatenblätter wurde überprüft.
Das Verzeichnis entspricht dem aktuellen Stand.

Datum Unterschrift / Beauftragte(r) Unterschrift Apothekenleiter(in)

Neue Gefahrstoffe wurden in das Verzeichnis mit Einstufung / Kennzeichnung, dem verwendeten Mengenbereich und den Arbeitsbereichen mit aufgenommen. Die Mengenbereiche der bereits erfassten Gefahrstoffe wurden überprüft.
Die Aktualität der Sicherheitsdatenblätter wurde überprüft.
Das Verzeichnis entspricht dem aktuellen Stand.

Datum Unterschrift / Beauftragte(r) Unterschrift Apothekenleiter(in)

Neue Gefahrstoffe wurden in das Verzeichnis mit Einstufung / Kennzeichnung, dem verwendeten Mengenbereich und den Arbeitsbereichen mit aufgenommen. Die Mengenbereiche der bereits erfassten Gefahrstoffe wurden überprüft.
Die Aktualität der Sicherheitsdatenblätter wurde überprüft.
Das Verzeichnis entspricht dem aktuellen Stand.

Datum Unterschrift / Beauftragte(r) Unterschrift Apothekenleiter(in)

Neue Gefahrstoffe wurden in das Verzeichnis mit Einstufung / Kennzeichnung, dem verwendeten Mengenbereich und den Arbeitsbereichen mit aufgenommen. Die Mengenbereiche der bereits erfassten Gefahrstoffe wurden überprüft.
Die Aktualität der Sicherheitsdatenblätter wurde überprüft.
Das Verzeichnis entspricht dem aktuellen Stand.

Datum Unterschrift / Beauftragte(r) Unterschrift Apothekenleiter(in)

Neue Gefahrstoffe wurden in das Verzeichnis mit Einstufung / Kennzeichnung, dem verwendeten Mengenbereich und den Arbeitsbereichen mit aufgenommen. Die Mengenbereiche der bereits erfassten Gefahrstoffe wurden überprüft.
Die Aktualität der Sicherheitsdatenblätter wurde überprüft.
Das Verzeichnis entspricht dem aktuellen Stand.

Datum Unterschrift / Beauftragte(r) Unterschrift Apothekenleiter(in)

Neue Gefahrstoffe wurden in das Verzeichnis mit Einstufung / Kennzeichnung, dem verwendeten Mengenbereich und den Arbeitsbereichen mit aufgenommen. Die Mengenbereiche der bereits erfassten Gefahrstoffe wurden überprüft.
Die Aktualität der Sicherheitsdatenblätter wurde überprüft.
Das Verzeichnis entspricht dem aktuellen Stand.

Datum Unterschrift / Beauftragte(r) Unterschrift Apothekenleiter(in)

Neue Gefahrstoffe wurden in das Verzeichnis mit Einstufung / Kennzeichnung, dem verwendeten Mengenbereich und den Arbeitsbereichen mit aufgenommen. Die Mengenbereiche der bereits erfassten Gefahrstoffe wurden überprüft.
Die Aktualität der Sicherheitsdatenblätter wurde überprüft.
Das Verzeichnis entspricht dem aktuellen Stand.

Datum Unterschrift / Beauftragte(r) Unterschrift Apothekenleiter(in)

Neue Gefahrstoffe wurden in das Verzeichnis mit Einstufung / Kennzeichnung, dem verwendeten Mengenbereich und den Arbeitsbereichen mit aufgenommen. Die Mengenbereiche der bereits erfassten Gefahrstoffe wurden überprüft.
Die Aktualität der Sicherheitsdatenblätter wurde überprüft.
Das Verzeichnis entspricht dem aktuellen Stand.

Datum Unterschrift / Beauftragte(r) Unterschrift Apothekenleiter(in)